管理

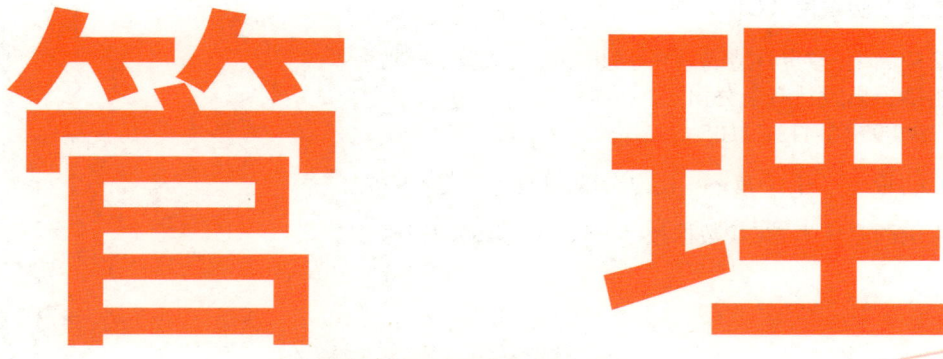

高手

7步打造
高绩效小团队

范 敏 著

MANAGEMENT
MASTER

中国铁道出版社有限公司
CHINA RAILWAY PUBLISHING HOUSE CO., LTD.

图书在版编目（CIP）数据

管理高手：7步打造高绩效小团队 / 范敏著. —北京：中国铁道出版社有限公司，2024.11
　ISBN 978-7-113-31105-6

　Ⅰ.①管… Ⅱ.①范… Ⅲ.①团队管理 Ⅳ.①C936

中国国家版本馆CIP数据核字（2024）第058437号

书　　名：管理高手——7步打造高绩效小团队
GUANLI GAOSHOU：7 BU DAZAO GAOJIXIAO XIAOTUANDUI
作　　者：范　敏

责任编辑：奚　源　　编辑部电话：（010）51873005　　投稿邮箱：zzmhj1030@163.com
封面设计：东合社　刘　莎
责任校对：安海燕
责任印制：赵星辰

出版发行：中国铁道出版社有限公司（100054，北京市西城区右安门西街 8 号）
网　　址：http://www.tdpress.com
印　　刷：河北宝昌佳彩印刷有限公司
版　　次：2024 年 11 月第 1 版　2024 年 11 月第 1 次印刷
开　　本：710 mm×1 000 mm　1/16　印张：17.5　字数：222 千
书　　号：ISBN 978-7-113-31105-6
定　　价：78.00 元

版权所有　侵权必究

凡购买铁道版图书，如有印制质量问题，请与本社读者服务部联系调换。电话：（010）51873174
打击盗版举报电话：（010）63549461

推荐序

对于企业管理者来讲，核心的管理能力是什么？

答案无疑是团队管理。打造和管理好一支高绩效的团队，是各级管理者基础的管理能力。上至大集团总裁，下至车间班组长，实际上都需要通过有效的团队管理完成工作任务、达成工作目标。

无论是哪个层级的管理者，能不能把事情做好，主要不取决于自己是否十八般武艺样样精通，而是学会如何有效地组建团队并依靠团队的力量完成工作。对于公司来讲，无论接下来要做什么，都必须先解决好管理人员的团队管理能力问题。而且，当企业中高层管理人员能够先掌握带好一支团队的方法，就可以一层带动一层、一层做给一层看，带动广大中基层管理人员团队管理提升能力，为公司各项工作的有序开展打好基础。

团队管理有多重要，我们不妨一起看一下小米创业团队和携程创业团队的案例。

小米从零起步，营业收入超过 500 亿元仅用了不到四年，营业收入超过 1 000 亿元仅用了不到七年。之所以能够有如此了不起的成就，关键在于小米创始人雷军搭建的"七人组"。这个七人组被业内称为"梦幻团队"。携程创业团队四人组，则被称为"第一团队"。他们从零开始用四年半的时间将携程网推进到纳斯达克上市，又从零开始用四年时间将如家酒店集团推进到纳斯达克上市。

令人遗憾的是，虽然团队管理如此重要，但是关于团队管理方法的书籍却良莠不齐。要么是偏重组织行为学理论，重原理而轻方法，读懂了团队管理的底层逻辑，却找不到改善团队管理的出手点。要么是偏重操作层面的技巧和招数，缺乏对底层逻辑的追问，最终学习到的团队管理方法缺乏清晰骨架，结果是一盘散沙，无法应对复杂的工作场景要求。

范敏女士的这本书，无疑在管理理论和实操方法之间取得了很好的平衡。

首先，这本书通过知人善任（组建团队）、高能沟通（凝聚团队）、人才培养（建设团队）、绩效考核（工作评价）、激活个体（激励团队）、提升效率（优化团队）、自我精进（持续成长）七个方面搭建了完整的团队管理方法体系，并通过自我精进阐述了团队管理者有效管理自我的作用和重要性。整个方法论体系完整而清晰，可以为团队管理者改善工作方法提供有力的参考。

同时，这本书又避免了面面俱到，而是在每个管理方向上分别选择了常见的关键问题进行阐述，通过"以点带面"使这本书阐述的团队管理方法能够和管理场景有效契合，让整个方法论体系变得鲜活而有力量。

此外，这本书还有一个很鲜明的特点，将会使读者受益匪浅。那就是每个关键点，都阐述得翔实而充分，无论是经典理论、工具方法，还是各种知名案例、具体实例，信手拈来，可以让读者不仅能够习得具体的方法，还能够深刻理解背后的原理。这充分说明，范敏女士写这本书的时候做了深入思考，否则很难做到这一点。

这本书写得有质量有诚意有温度，希望读到这本书的企业管理者，能够从中获得有益的启发和借鉴。

徐继军

华夏基石管理咨询集团副总裁、高级合伙人

华沣管理研究院院长

序

你好，我是范敏，见字如面，感谢你翻开这本书。

巴金先生说："我写作不是我有才华，而是我有感情。"写作这件事情，就好像一条冥冥之中我要走的路一样，在我眼前逐渐不再遥远，逐渐延展、逐渐明朗、逐渐成为现实。我越来越相信，这是一件只要用真心对待就一定会产生"作品"，值得我去做的事情。

2002年获得诺贝尔经济学奖的丹尼尔·卡尼曼在他的书《思考，快与慢》中写道："我想每位作者都会在脑海中勾勒读者因为读自己的书而受益的情形。我希望这本书能丰富人们的词汇。这样大家在谈论别人的判断与决策、企业新政策或是同事的投资时，这些新词汇就能派上用场了。"作为一个一直梦想出一本书的我，也和丹尼尔·卡尼曼一样，也希望这本书能够让读者受益，希望这本书成为畅销的经典之作。

在最初进行选题策划的时候，有一个来自内心的声音告诉我，写我看到的、感受到的、经历过的、让我领悟最深的。那什么是我看到的、感受到的、经历过的、让我领悟最深的？这不就是我每天用时最长、付出最多，一直想做出一番事业的职场吗？职场上的选题又可以细分很多，比如管理类、个人成长类、职业转型类等，最终我决定写一本管理类的书。

人人都想成为了不起的管理者，可是要想成功，必须先是高手才行，不然凭什么了不起？凭什么成功的人是你？相信很多人和我一样，小时候很喜欢看武侠剧，特别是每当剧中的高手出现时，就会满怀期待，两眼放光盯着屏幕看他的一招一式，并发自内心无比崇拜。

虽然"高手"这个词最常出现在武侠小说和武侠剧中，但是在现实的职场中，相信也有很多管理者想成为一名管理高手。那如何才能成为管理高手？如何才能轻松打造出高绩效的团队？除了有高于别人的"武功"，还必须要有人际敏感度，能够刚柔并济，更重要的是要终身学习。

有一点容易被大家忽略，那就是最终成为管理高手的人，都是从练好一招一式开始的，而练好一招一式就是要先"回归基本"，处理好工作中经常出现的一些场景中的问题。

职场中小团队的管理者是一个"被管理"和"管理"的双重角色。上有主管领导，下有团队成员，有很多不容易的地方。只有自己不断修炼才能让这些不容易变成容易，让自己的管理变得轻松，最终带领团队获得满意的业绩，大家一起发光发亮。

管理有很多共性的地方。而这些共性的地方就是回归基本，从管理好每天发生在职场中的小事开始。

小团队管理者和团队成员之间应该是一场双向奔赴和双赢。这里的双赢指的是下属因管理者的培养而心怀感激，团队因管理者的管理而卓有成效。管理者也在成长为更好的自己，在实现梦想的这条路上，内心丰盈，大步向前，最终跃迁。

感谢正在看这本书的你，因为这本书我们结缘。希望这本书能够带给你全新的感知！

愿这本书能够让更多人受益，愿每一位有缘看到这本书的人都成为管理高手。

愿我们在人生更高处相见！

范　敏

2024 年 3 月

明线与暗线

有人说，这个时代唯一不变的就是变化本身。的确，我们现在处于VUCA（变幻莫测）时代。在这样的时代，员工越来越不稳定，好不容易搭建的团队或许会因为骨干成员离职而导致项目停滞、工作节点延期等。作为一名小团队管理者，必然要承受巨大的管理压力。

如果你是一名小团队管理者，或许经常会在公司管理层会议上被点名，被说业绩下滑或管理上出现问题等。如何才能不再让自己倍感管理压力？如何才能打造出一支高绩效的团队？

明线

本书围绕团队管理中重要的七大管理方向展开，分别是知人善任、高能沟通、人才培养、绩效考核、激活个体、提升效率、自我精进。这七大方向会帮助管理者解决日常管理中很多棘手的问题，这也是帮助小团队管理者打造高绩效团队的过程。通过书中的核心方法，你一定可以打造出一支高绩效团队。这就是本书的明线。

暗线

小团队管理者从如何精准识人、如何高效沟通、如何培养人、如何评价人、如何激励人、如何做好时间管理，到如何自我精进实现跃迁，这不就是一个人的自我成长吗？这也是管理者多维度提升自己的过程。就像原子一样，最终会裂变，让自己升级到更高阶。

在本书最后一节，写了一段话，希望能够直击每一个看到这本书的人的心底，触发内心中的"心灵扳机"。这段话我是这样写的：

你现在是一个小团队管理者，那你以后想做什么？你想将来继续在企业里一路高升成为核心高管，还是想有朝一日成立自己的公司做自己公司的CEO？万事皆有可能。你自己的愿景是什么？

目 录

01 第一章
知人善任，人才甄选与配置的底层逻辑

第一节　搭班子，如何快速找到满意的人才 / 2

第二节　了解员工特质，让管理更轻松 / 12

第三节　能力不差，为何不出业绩 / 18

第四节　定岗定编，因人设岗还是因岗换人 / 24

第五节　提拔下属，如何才能让其他人心服口服 / 28

02 第二章
高能沟通，没有点情商怎么带团队

第一节　作为"空降者"新官上任，如何快速了解团队真实状态 / 36

第二节　部署工作时，如何讲员工才会发自内心听并立刻行动 / 42

第三节　员工犯错时，如何"批"才能让所有成员引以为戒 / 47

第四节　员工汇报时找借口推卸责任，如何回应能"一箭双雕" / 53

第五节　讨论方案时，员工对可行性质疑并当场反驳怎么办 / 59

第六节　核心骨干提离职时，如何让他们回心转意 / 64

03 第三章
人才培养，授之以渔而非授之以鱼

第一节　如何让新员工快速上手，跟上团队的工作节奏 / 74

第二节　如何把胆怯的下属培养成跨团队沟通能手　/ 82
第三节　如何让老员工的能力多元化，及时满足新项目需求　/ 86
第四节　培训这样做，大家才会抢着参加并有"收获感"　/ 94
第五节　想提升团队效能，就要将优秀人才的经验"复利化"　/ 100
第六节　如何激发员工自主学习力，高效解决工作中的问题　/ 106

04 第四章
绩效考核，你用好这把"双刃剑"了吗

第一节　弄清这三个问题，团队考核已经成功了一半　/ 116
第二节　用对考核方法，团队业绩至少提升 3 倍　/ 119
第三节　制定考核指标，不应该是你的"单人舞"　/ 123
第四节　考核实施时，如何避免员工怒气冲天来找你　/ 128
第五节　不要忽略这个环节，让自己成为金牌教练　/ 135
第六节　谈退员工时，如何既达到目的又不伤感情　/ 138

05 第五章
激活个体，让大家都发自内心想跟你干

第一节　如何让员工即时满足，让团队充满"战斗力"　/ 148
第二节　如何提升员工内驱力，让你不再又忙又累做"监工"　/ 155
第三节　如何营造"Z 世代"员工喜好的氛围，让"后浪"有激情　/ 160
第四节　如何减少老员工"躺平"现象，让团队更有活力　/ 167
第五节　如何提升员工职场安全感，让工作投入度更高　/ 175
第六节　组织什么样的团建活动，会让大家满意度爆棚　/ 182

06 第六章
提升效率，让团队单位时间价值最大化

第一节　如何让你不再做"救火队长"，告别越管越忙　/ 188
第二节　专注的上午，深度聚焦开展核心工作　/ 194
第三节　社交的中午，让午餐时间和社交时间折叠　/ 199

第四节　跟进的下午，高效能团队的会议这样开　/ 206
第五节　充电的晚上，心流时间下的"游戏式学习坊"　/ 213
第六节　AI 时代，高效能员工的时间管理秘诀　/ 220

07 第七章
自我精进，你是高绩效团队里的"灯塔"

第一节　要管理好一个团队，首先要管理好自己　/ 228
第二节　双向发展，既是"管理精英"也是"业务专家"　/ 236
第三节　学会宣传，你和团队的品牌价值千万　/ 240
第四节　深度复盘，从反思中找到提升效率的捷径　/ 246
第五节　逆向思考，你需要做一些有"远见"的事　/ 253
第六节　持续学习，高绩效团队打造路上的必修课　/ 258

结束语 / 267
致　谢 / 268

第一章 01

知人善任，
人才甄选与配置的底层逻辑

> 我成功的秘密就是，我们费尽力气招募全世界最出类拔萃的精英。
>
> ——史蒂夫·乔布斯

第一节　搭班子，如何快速找到满意的人才

如果你是一个刚开始起步的创业者，除了有资金需求之外还需要快速找到能够和你一起打拼，可以助力你创业成功的初创团队核心人才。如果你是一名在企业工作，新官上任的小团队管理者，你会因为团队中原有的人和你的目标人才画像不匹配，而产生想快速招聘新人的想法。成为团队管理者，你在寻找满意的千里马时，多了一个新身份，那就是"伯乐"。如何为你的团队快速找到让你满意的人才？

一、课题分离，做第一责任人

GE（通用电气）公司前董事长兼首席执行官杰克·韦尔奇在GE任职期间，公司的市值从130亿美元增长到超过4 000亿美元。杰克·韦尔奇被《财富》杂志评为"世纪经理人"，他曾一针见血地指出：尽管科技革命给市场带来了诸多杂音，然而你不能迷失商业中最核心的东西。

遵循商业规则，回归商业本质，才是任何想"赢"的管理者必须遵循的规则。杰克·韦尔奇认为招聘人才、做好营销、应对危机等都应该是管理者关心的问题。特别是在招聘人才方面，他把找到合适的人放在了他的工作中最重要的位置。

1. 主动参与

在企业中，很多小团队管理者觉得自己每天有太多重要的事情要处理，等着人力资源部门的HR把候选人约到公司，自己只负责面试即可，很多人觉得简历筛选等招聘过程都与己无关。其实，招聘到合适的人才并没有这么简单。

第一章
知人善任，人才甄选与配置的底层逻辑

越是成功的管理者越把招聘人才这件事情放在工作日程的第一位。小米创始人雷军，创业前半年花了至少80%的时间在找合适的人，他通过努力在那段时间找到了三个本土人才加上五个"海归"精英，他们的技术背景及经验非常丰富，分别来自金山、谷歌、微软、摩托罗拉等企业，具有管理较大规模团队的经历。

杰克·韦尔奇在著作《赢》中写道："要记住，每次在人员招聘上的失败都是你自己的责任。你一定要亲自把这件事情处理好，不能把后果推到人力资源部门身上。你应该担负起责任，妥善而公平地安排好结局。"

事实上，现实中不论是向上汇报还是在自己内心中，很多小团队管理者认为人员迟迟招聘不到位是HR的效率太低，而不是自己的问题。

在对一个问题拖延没有解决是谁的责任界定上面，如果涉及跨团队协作，人性的本然往往会先归因在别人身上，忽视自己该承担的责任。

假如你管理一个小团队，急需为自己找到一个满意的得力干将。在招聘期间，人力资源部门有他们在招聘上要做的事情，你有你在招聘上要做的事情，两者完全可以并行，并不冲突。但是在实际工作中很常见的一种现象是，管理者虽然急着用人，但是一直在等待人力资源部门推送简历，如果迟迟没有收到推送的简历，就会很自然地认为是HR效率太低，导致招聘进度缓慢。但在收到HR推送的简历后，挑来挑去发现并不合适，又让HR人员继续筛选简历，重新推送，就这样来来回回循环多次，忽略了其中昂贵的时间成本。很多团队管理者往往会忽略，企业的人力资源部门不是仅为一个团队服务，在招聘上他们也会有响应优先级。对于不主动积极沟通的招聘需求团队，结果可想而知，响应优先级一定不会被排在前面。

奥地利心理学创始人阿尔弗雷德·阿德勒曾提出了著名的"课题分离"理论。简单来讲，就是将自己的课题与别人的课题分离开来，然后面对自己的课题全力以赴。至于别人的课题，选择尊重就好。

在人才招聘这件事情上，作为需求方的团队负责人，是否可以抽出一部分时间筛选一些自己认为更匹配岗位需求、更精准的简历？毕竟，想给团队招募什么样的人，没有人比自己更清楚。从"课题分离"角度来讲，作为招聘需求方，是否可以先做好属于自己的课题？比如更主动参与，而不是被动等待。在简历筛选环节，与其等待不如主动出击。

可能会有团队管理者提出自己没有简历筛选渠道等问题。出现这种情况时，可以申请让人力资源部门帮你分配常用的比如猎聘、智联招聘、BOSS直聘等招聘平台账号，把发布的招聘岗位协同给你，你就能随时查看到投递到这个岗位的所有简历，也可以随时搜索想要找的人才，更可以随时和你看好的候选人进行在线沟通。这样的一手资源远远比别人给到的二手资源更有新鲜感，更符合自己的需求。

2. 掌握人才获取的内核战术

有很多非常优秀想换工作的人很少在招聘网站上公开简历，对于没有公开简历的人，很难通过招聘网站搜索的方式与其取得联系。越是高级的人才，被直接搜索到的可能性就越小，因为这类人想换工作时通常采取的方式是精准投递或人际对接。

别人知道的永远只是别人的，只有自己知道的才能随时拿来就用，技多不压身。 在搭班子为自己的团队招聘合适的人才这件事情上，你还需要知道一些在专业网站寻找人才之外的战术，比如通过个人私域流量获取人才。

战术一：私域流量人才获取

在招聘高级人才方面，猎头们都会用个人私域流量。比如，曾经联系过的高级别的某个候选人，如果当时没有推荐到合适的工作，猎头们会坚持长期主义，一直保持对这个人的关注。有对口岗位时，不论对方是否有换工作的意向，他们都会主动打电话联系这个人，告诉对方有一个很适合他的很好的职位想推荐。不要小看这种突如其来的推荐方式，很多人就是因为被猎头的这种主动联系，被新岗位所吸引而最终换了工作。

小团队管理者也可以用类似的方法。能够成为管理者的人，大多数已经在职场摸爬滚打很多年。在个人微信上，不论是自己主动添加别人为好友，还是被动被别人添加为好友，与自己业务相关的人一定有很多，这些人就是你的私域人才资源池。新媒体时代不仅销售推广要重视私域流量，人才招聘同样也要重视私域流量的运用。

曝光效应：心理学中有一个著名的理论是"曝光效应"，也叫多看效应、暴露效应、接触效应等，是一种心理现象。曝光效应指的是人们会偏好自己熟悉的事物，社会心理学又把这种效应叫作熟悉定律。

在招聘中使用曝光效应的方法，简单来说，就是在自己常用的社交媒体上发布有特色的招募信息。这些社交媒体不限于现在人们常用的微信、微博、小红书、知乎等，还有一些个人品牌打造的网站，比如：在行和其他一些专业论坛网站等，以及你一直处于隐身状态的QQ群、潜水的各种专业微信社群等。

值得注意的是，在动用个人私域流量招募人才时，你发布的内容要与身份相匹配。在措辞和文案上要有一定的设计感，有吸引力。不要像在专业招聘网站上发布的那样过于具体和古板，要做到有趣、有亮点。在这个方法中，你的战术是先用曝光效应吸引潜在人才通过留言、私信等方式主动联系你，然后再主动联系对方，最终进一步详细沟通。

不要小看社交媒体上的宣传效应，即使平时零互动的粉丝也会在潜水状态下特别关注你的动态。

战术二：带着目的参加活动

团队管理者一般有很多参加外部专业论坛或行业峰会的机会，参加这些会议的人基本是同行，想为团队招募一些高级人才时，主动和这类人群中的一些人进行交流，互相添加微信，主动建立联系，也会为团队后续人才获取积累目标人才。

战术三：直接猎取目标人才

为什么叫作猎取目标人才？是因为在实施这种招聘方式时需要像专业猎头一样有敏锐的洞察力、快速的信息搜集能力、沟通能力、跟进能力，最终才能获得成功。以下是三个关键步骤：

第一步：获取目标团队名单。

在开始猎取目标人才之前，需要通过一些渠道对竞争对手企业的员工有一定的了解，最好拿到一份目标团队名单，了解你想招聘的岗位所对应的目标团队员工的基本信息。这些基本信息将帮助你确定哪些人与你的团队需求最匹配，在和目标人员沟通时会更有侧重点。基本信息不限于联系电话、岗位、年龄、毕业院校、专业，最好能够扩充到个人爱好、职场经历、现公司晋升的时间轴信息等。越全的人员信息，对你越有帮助。

第二步：制定人才猎取策略。

制订一份详细的人才招聘策划，包括要猎取的目标人员数量、具体沟通时间表，以及你可以提供给对方的薪酬福利上限、职位空间等。

第三步：快速开展联系行动。

所有前期准备都做好后，接下来最重要的就是快速行动。一般情况下直接电话联系对方，也可以尝试先添加对方微信等联系方式。在第一次电话联系对方时，要注意联系时间最好选择在对方的非工作时间。

要吸引竞争对手公司的员工，就要有团队的"诱点"，不仅是有竞争力的薪酬福利、发展空间、良好的工作环境、积极的文化氛围等，更需要的是有良好的团队声誉。

很多时候团队管理者亲自出面猎取的成功率要高很多。从效果层面看，想要快速招聘到让你满意的人，那就需要全程参与、重点把控。

第一章
知人善任，人才甄选与配置的底层逻辑

在给自己团队招聘新人这件事上，只有亲力亲为，才能找到赛场上最适合的选手。

二、与 HR 携手合作

与 HR 团队携手合作，是快速招聘到满意人才的重要因素。

1. 积极完善人才需求画像

一个 HR 就职于一家全球知名的上市外企，其公司主要为国内外知名企业提供人才招聘服务。在曾经对接的国内外各种人才项目中，这名 HR 做得最得心应手的是某国内巨头的人才招聘项目。因为项目方给了最全的"人才需求画像"，并且不断根据招聘进展，从 1.0 版本人才画像迭代为更详细的 2.0 版本甚至 3.0 版本。不仅有最详细的人才需求岗位描述，相关项目负责人还定期主动沟通，反馈项目组面试中看中的候选人最关键的技能和特质是什么。当招聘需求一遍又一遍澄清后，招聘结果可想而知，这名 HR 带领的团队快速完成了人才交付。

如果你是一个团队负责人，你想让别人快速帮你招聘到想要的人，那就必须毫无保留地给出你心中的人才画像全貌，并且不断迭代，越详细越好。

2. 积极参与并重视每场面试

小团队负责人即使再忙，也应该尽最大可能亲自参加每场面试。经常有管理者因为忙派下属进行初试，自己只参加复试。下属初试刷掉的他们认为不合适的候选人就一定不合适吗？不一定。每个人的管理幅度不同，认知高度就会不同；格局不同，选人的尺度就不一样。初试被刷下去的人中不乏有能力强的人，或许他们和初试面试官的人才喜好不匹配。

不仅如此，即使初试通过了一些候选人，但是因为团队负责人没时间，需要候选人再来参加复试，这样就拉长了面试周期，而面试周期拉长容易流失掉合适的候选人。

在招聘人才这件事情上，趁早和推迟之间，结果大有不同。作为面试官，要为面试提前安排好时间，只有愿意付出时间，才能选到满意的人才。

三、让每一场面试卓有成效

有了满意的目标人选后，接下来重要的一个环节就是面试。如何在面试环节聊出候选人的真正实力？

1. 不要忽视面试前的流程

对于面试这件事情，很多小团队管理者在认知上有两个常见误区：一个是流程过于简单，一个是流程过于固化。有的管理者想让候选人快速到岗，一次面试后就定了结果，这就是典型的流程过于简单。这样会让有才华的候选人觉得招聘流程很不正规，对团队和企业的正规性产生疑虑。

还有一种现象是，全员"一刀切"的面试流程，面试时没有针对不同级别的候选人设置不同的面试环节。举个例子，有一位已经是高级工程师的朋友给我分享过他去一家企业面试的经历。朋友说他原本没有换工作的想法，但是一个竞争对手公司的团队负责人主动联系他，他们在电话中沟通得很好，他被打动了就和对方约好去对方单位详细沟通。结果到了对方公司，接待他的一个技术人员先给了他一张信息登记表和一套笔试卷子，让他在前台所在大厅一张简陋的桌子上填写。他没有写一个字就走了，直接放弃了。

其实，笔试适合初入职场和工作时间较短的候选人，目的是考查其基本专业知识。对于经验丰富的高级别的候选人，一般情况下就没有必要笔试了。不仅如此，对于重要的候选人，在接待时还要重视环境选择，帮他们保护好个人隐私。前台并不是一个适合让候选人长待的接待地点，会议室更正式、更适合。

在招聘的各个环节中，如果一些细节没有提前考虑到位，前期的很多工作就会白白浪费。

同时，候选人不论是否为心仪的对象，一定要重视职场礼仪。把控好面试时间的长短也很重要，因为过短的面试会让候选人对面试真诚度产生怀疑。

2.STAR 行为面试法

不同的面试官有不同的面试流程和方式。相对而言，在面试中如果能够针对团队中出现的现实问题，设计一些情景化的场景来和候选人探讨，这样会比照着简历问过往有深度得多。这样的面试可以考察候选人的专业知识能力、结构化表达能力、问题解决思维能力等。

在招聘面试中，仅通过应聘者的简历无法全面了解应聘者知识、经验、技能的掌握程度及其工作风格、性格特点等方面的情况。使用 STAR 行为面试法可以对应聘者做出相对客观的评价。

S 代表 situation（环境）：通过不断提问与工作业绩有关的背景问题，才能判断出应聘者讲的所取得的业绩中有多少是真正的业绩，有多少是虚构的业绩。

T 代表 task（任务）：需要详细了解应聘者为了完成业务工作，都有哪些工作任务，每项工作任务的具体内容是什么。通过这些可以了解应聘者的工作经历和经验，以确定他所从事的工作与获得的经验是否适合空缺的职位。

A 代表 action（行动）：了解应聘者是如何完成工作的，都采取了哪些行动，所采取的行动是如何帮助其完成工作的。通过这些，可以进一步了解应聘者的工作方式、思维方式和行为方式。

R 代表 result（结果）：最后一定要回归结果这个话题，因为结果是工作能力的直接体现。问应聘者在采取了行动之后的结果是什么，是好还是不好，好是因为什么，不好又是因为什么。

通过 STAR 式发问，一步步将应聘者的陈述引向深入，一步步挖掘出应聘者潜在的信息，为是否招聘到合适的人提供了充分的决策依据。

用一句话来概括这个面试方法就是：在什么情况下，承担什么任务，采取什么行动，最后结果如何。对方的行动必须符合背景和任务，且保证确实对所达成的结果具有贡献。

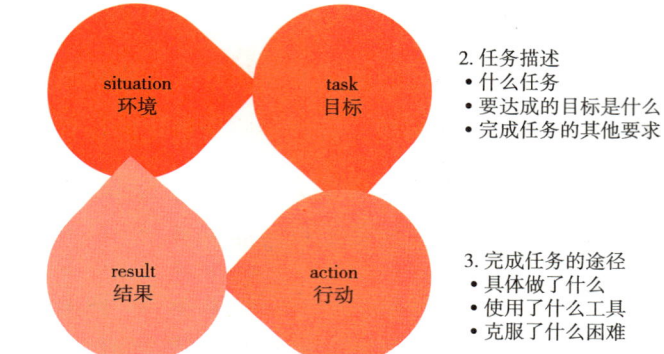

3. 用愿景吸引人才

华为还仅是一个销售额在千万级的贸易商时郭平加入了，据说当初加入华为完全是因为和任正非聊了一晚上，相信以后的通信行业一定会有华为的一席之地。后来，他成为华为轮值 CEO。

小米创办初期，不仅规模小并且连产品都没有，为了组建极强的团队，为了让员工和投资人相信小米能做大，雷军花大量的时间和目标人谈话，最终建立起一个雄心勃勃、志向高远的创始团队。

所有的大团队都是从最初的小团队发展起来的。优秀的团队管理者大多具备愿景型领导力。富有激情、精力充沛、善于描绘未来、与员工分享梦想的人，更容易吸引优秀的人才加入。愿景型团队管理者通过高远的目标、宏伟的抱负吸引候选人，使候选人对团队未来的发展很有信心。

小团队管理者在为自己寻找"千里马"时，一定要善于发挥自己的"造梦"能力。被你看上的千里马是否愿意加入你的团队，最终让他决心加入一定是源于两个字，那就是"相信"。

候选人因为相信你说的话从而相信你的小团队会有远大的未来。当然，团队管理者讲的团队宏伟蓝图一定要基于客观依据和逻辑结构的基础之上，现在只是时间和努力实现的问题。

4. 让面试尾声有温度

一家世界500强企业的副总分享了他人生中一次深刻的面试经历。他说，几年前在他还是经理级打算跳槽时，收到了新能源行业当时排名第一的全球某知名企业集团总部一位技术总监打来的电话。以前他觉得那家新能源企业的上班地点太远，通勤时间过长，为了职场幸福指数拒绝了对方HR的邀约。但是那天他突然接到了集团技术总监的电话，对方邀请他当面沟通。因为总监亲自联系觉得受宠若惊，于是他爽快答应了，并且按照约定的时间在下班后6点多到了那家公司。

按照故事的发展脉络，这位副总应该和总监聊得很顺畅，肯定通过了总监的面试，毕竟总监在面试之前的诚意让副总感动。但是，与所有吸引人的电影情节一样，中间总会有意想不到的反转。

总监约副总到办公室进行沟通后，当时副总觉得双方没有达到沟通的预期。结束后因为车那天限号，副总准备打出租车离开。但是技术总监再三挽留，一定要送副总回家。在车上，技术总监并没有说副总的面试是否通过，他们又交流了很多工作价值观、工作习惯、职场沟通等话题，总监还分享了自己的育儿观念等。

虽然那次面谈的结果不是最好的，但是副总对那位总监亲自送他回家这件事情心存感激，而且永远都会记住那次特殊的经历。后来，副总去了另一个大平台做了企业高管，他给那位技术总监又推荐了很多优秀的人才。副总说，虽然他没有加入那家企业，但是从那次面谈后一直在关注那家企业，默默祝福并期望那家企业越来越好，祝福那位总监工作顺利。

每一次面试不仅是一次人才招募，更是面试官个人品牌打造的过程。

如果坐在你面前和你交流的候选人通过了面试，最终成为你的下属，那在他的职业生涯中对你印象最深的肯定是那天的面试。

如果坐在你面前和你交流的候选人没有通过面试，没有成为你的下属，可能你会成为他厌恶的一位差评者。

如果坐在你面前和你交流的候选人没有通过面试，没有成为你的下属，但你也可能会成为他职业生涯中的一位仰慕者。

作为面试官，你想成为哪一个？

第二节　了解员工特质，让管理更轻松

你的人生中有没有这样一个时刻：突然间你突破了一个好长时间都无法突破的瓶颈，跨越式向前迈了一大步，仅仅是因为你轻轻推开了某扇窗户。

一、放轻松，让管理更自在

我小时候没有学习过游泳，再加上小时候听多了家人说游泳危险等安全警告，直到长大了也没有想过要学游泳。直到几年前，在做新年计划时郑重地给自己定了一个目标，那就是学会游泳。立下这个计划的半年后，我在炎热的夏天开始有仪式感地学起了游泳。先挑选了市区里口碑最好的一个游泳健身中心，办了VIP卡，报了1对1的私教游泳课，并且选了游泳健身中心最高级别的游泳教练。原本以为有优秀的游泳教练，有认真并愿意刻苦学习的心态，一定会快速学会。但是，没有想到在上了第一节水下换气的基础课程后，即使教练做了很多次标准示范，无论怎么认真，就是漂浮不起来。竟然卡在了最简单的第一步，越是着急越做无用功。后来，教练用一句话点醒了我，他说："放轻松！"果然，当全身放松的那一刻，整个人瞬间在水面漂浮了起来，我觉得自己仿佛鱼儿一样在清澈见底的水里自由自在。

放轻松，不仅是游泳、滑雪等很多运动中的要点，也是很多小团队管理者在工作中成为"高手"的秘密。

放轻松也适用于带团队。为什么有的小团队管理者看起来神采奕奕，管理做得很轻松，而有的小团队管理者每天劳心劳力、满脸焦虑特别累？如何才能轻松带出高效的好团队？

老子在《道德经》中说："知人者智，自知者明；胜人者有力，自胜者强。"认识自己是大智慧，了解别人同样重要。作为团队管理者，只有了解了员工才能把员工放在正确的岗位上；只有了解并理解员工，才能让自己成为一个睿智的领导，在任用员工时才会看得准、用得对，才能把管理做轻松。做管理要先识人，只有知己知彼，了解下属，管理团队才没有那么累。所以，放轻松，只要掌握管理的核心要点，你就不会越管越累。

也许你认为自己很了解下属，他们每个人每天在干什么，进度如何都在掌控中。但是，你让下属干的是他们自己真正喜欢干的吗？那恐怕不一定。假如你不了解你的下属，给下属安排的是他们不喜欢并且不擅长的工作内容，可想而知结果就是完成任务式交差。假如你给下属安排的是他们喜欢并擅长的工作，那工作产出和效果一定会远远超出你的预期。你还用为下属们工作不给力而操心，并亲力亲为花时间、花精力去补救吗？

"认识并不等于了解"这句话对吗？或许你思考几秒后会点点头说："嗯，是的。"那你了解你的团队成员吗？恐怕你不敢百分之百说是。

领导的任务不是改变人，是发现人。用人得当的前提在于知人、识人。

带领小团队既想做好业绩，又想作为小领导能够轻松点，两者能兼得吗？那就要看你是管理付出，还是激发投入。

如果你是某知名IT公司的一个小团队管理者，你每天开会、写PPT、给上级汇报各种工作进度忙得不可开交。团队里来了几个新人，你除了看到他们每天坐在几平方米的工位上看似认真工作外，除了开团队会议时给大家分配工作任务，大家给你汇报进度时有几句沟通外，你对他们还了解多少？你为了让项目进度不受影响，每天给他们部署明确的工作任务，要求完不成就要加班，严重者扣绩效奖金。请问一下，员工完成任务后还愿意多做一些工作吗？恐怕不会。

什么叫激发投入？比如你的团队中有个成员虽然是技术人才，但是你知道他也很喜欢培训讲课。如果你让他准备一场针对新员工的技术分享，那他一定会在你期望之上打磨出超出你预期的好课。因为他爱好讲课，正好有机会施展才华，自然会多做一些给你惊喜。这就是激发员工的投入。

可想而知，如果激发了员工的工作投入度，那你还会因为员工工作拖延等问题而生气吗？还会因为团队业绩不佳被上级领导痛批而觉得压力大吗？

二、先识别，再管理

如果以轻松管理为目标，就要先从提升人际敏感度开始。在管理中提升人际敏感度要做到的是：先识别，再管理。

要真正识别团队成员，从深度了解知名全球的冰山模型开始。

1. 了解冰山模型

1973年时，心理学家麦克利兰提出了一个著名的模型，这个模型将每一个人的个体素质的不同表现划分为"冰山以上部分"和"冰山以下部分"，这就是著名的冰山模型。"冰山以上部分"包括基本知识、基本技能，是外在表现，是容易了解与测量的部分，相对而言也比较容易通过培训来改变和发展。

而"冰山以下部分"包括特质和动机等，是人内在的、难以测量的部分。它们不太容易通过外界的影响而得到改变，却对人员的行为与表现起着关键性的作用。

每个人冰山以下的部分，比如动机等是外人很难觉察的，能觉察和观察到的就是冰山以上的东西。要想改变员工冰山以上的部分，就需要先了解员工的行为特质。

2. 认识 DISC 模型

在目前全球很多知名理论模型中，DISC 是一个应用广泛的模型工具，在沟通方面可以起到非常重要的作用，是一个很不错的识别行为特质的工具。DISC 是著名心理学家马斯顿博士在 1928 年出版的《常人之情绪》一书中最早提出的行为风格测评工具。人的行为风格被分离成四项重要因子，分别是支配（dominance）、影响（influence）、稳健（steadiness）和严谨（conscientiousness），合起来称之为 DISC。DISC 把人的行为风格分为四种，分别是 D、I、S、C 四种类型，每个人身上都有这四种特质，一个人哪种特质最高，就称为哪种类型。当然，四种特质没有好坏之分。

除了用 DISC 专业测评法在对应的系统中进行专业测评外，还有两种非常简单实用并且可以帮助管理者在团队管理中快速区分员工特质的方法，分别是坐标轴法和观察识别法。

下面介绍一下坐标轴法。

为了便于更好地理解，接下来不妨拿起画笔画一下。

第一步：画坐标轴

在白纸上画出相互交叉的横坐标和纵坐标，横坐标轴的左边代表关注事，右边代表关注人；纵坐标轴上面代表行动快，下面代表行动慢。

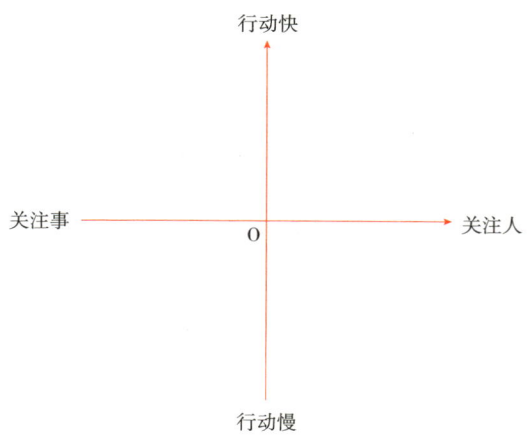

第二步：分区域

在左上方的关注事、行动快这个区域内写上"D（dominance）支配型"，在右上方关注人、行动快这个区域内写上"I（influence）影响型"，在右下方关注人、行动慢这个区域写上"S（steadiness）稳健型"，在左下方关注事、行动慢这个区域写上"C（conscientiousness）严谨型"。

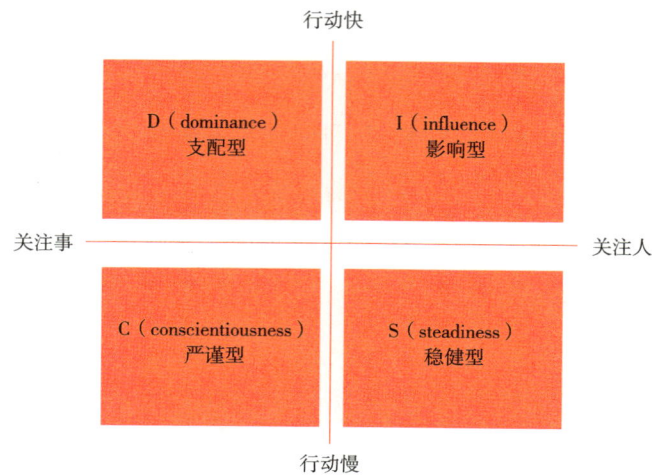

第三步：识别员工特质

坐标轴法中有两个维度，第一个维度就是看一个人在日常工作中是比较关注事还是比较关注人，其实指的是一个人是任务导向型还是人际关系导向型。

举个例子：有个员工敲开你办公室的门，上气不接下气对你说："领导，小 A 和小 B 在办公室里打起来了。整个办公室现在一片狼藉，我的设计稿得晚点交您。"那这个员工就是典型的关注事、任务导向型员工。假如他敲开你办公室的门，很担忧地说："领导，小 A 和小 B 在办公室里打起来了把办公室弄得一片狼藉，小 A 心情很不好，我陪他去茶水间疏导下情绪。"那这个员工就是典型的关注人、人际关系导向型。

坐标轴法中第二个维度行动快还是行动慢，其实指的是一个人做事情比较直接还是比较间接。

举个例子：有个员工想申请调整岗位，如果员工对你说："领导，我想申请从前台设计调到后台开发岗，您看可以吗？"那这个员工就是典型的行动快、直接型。如果员工对你说："领导，我在前台设计岗已经工作 1 年多时间了，学到很多宝贵的东西，也得到了很多锻炼。我想再提升一个其他方面的能力，不知道有没有机会？也不知道后台开发岗的工作适不适合我，想听听您的意见。"那这个员工就是典型的行动慢、间接型。

当充分了解了不同员工的行为特质之后，你更能理解为什么有的员工总是爱带队伍，因为他是 D 型员工。为什么有的员工总是话多，着装色泽亮丽、个性张扬，因为他是 I 型。为什么有的员工总是喜欢做一成不变的工作追求稳定，因为他是 S 型员工。你也就更会明白为什么有的员工特别较真，总要提出一些质疑，有时候会对领导的答案保持怀疑，因为他是严谨的 C 型员工。

下面是通过坐标轴法快速识别员工风格的参照表：

行为特质类型		表现	如何通过坐标轴进行识别
D 型	支配型	关注事，任务导向；行动快，做事情直接	如果员工小 A 平时很关注事，就先移到坐标轴左边，同时他又是个急性子，那就移到坐标轴左上角。他的典型行为风格：支配型
I 型	影响型	关注人，人际关系导向；行动快，做事情直接	如果员工小 A 平时很关注人，就先移到坐标轴右边，同时他又是个急性子，那就移到坐标轴右上角。他的典型行为风格：影响型
S 型	稳健型	关注人，人际关系导向；行动慢，做事情间接	如果员工小 A 平时很关注人，就先移到坐标轴右边，同时他又做事特别慢，那就移到坐标轴右下角。他的典型行为风格：稳健型
C 型	谨慎型	关注事，任务导向；行动慢，做事情间接	如果员工小 A 平时很关注事，就先移到坐标轴左边，同时他做事情顾虑多行动慢，那就移到坐标轴左下角。他的典型行为风格：谨慎型

第三节 能力不差，为何不出业绩

如果公司把一个重要的项目任务交给你的团队做，上级领导对你说人不够可以加，你接下来会怎么做？你可能会窃喜，终于不控制编制了，抓住机会赶快招一些高水平的人加入。可是，你的团队真的缺高水平的人吗？如果团队里全是高水平的人，项目就一定会按照预期开展得很顺利吗？团队业绩就一定会比原来高吗？

通常，只要团队任务无法完成，大家的第一反应就是团队里现有的人不行，要么是执行力不行，要么是能力不行，要么是态度不行。怎么看，都是团队里的人水平低，就想赶快招聘一些自己心中勾勒出来的"高水平"的人。

一、管理中 1+1 等于 2 吗

在著名的"拉绳实验"中，实验人员将参与的测试者分成 4 组，分别为 1 人组、2 人组、3 人组和 8 人组。测试者们要求各组用尽全力拉绳，同时用灵敏的测力器分别测量拉力。测量的结果有些出人意料：2 人组的拉力是

2人单独拉绳时拉力总和的95%，3人组的拉力是3人单独拉绳时拉力总和的85%，而8人组的拉力则降到8人单独拉绳时拉力总和的49%。也就是说，合力取决于每个人出力的大小、方向及成员之间的协同能力。"拉绳实验"说明：在群体组织中，并不必然得出1+1>2的结果。

职场中经常会有这样一种现象，团队里都是高水平的人，但就是不出业绩。这种现象常常让人费解，如果一个团队拥有高水平的人，理论上应该能够取得出色的业绩，但是实际并不一定是这样。小时候都听过"一个和尚有水吃，两个和尚抬水喝，三个和尚没水吃"的故事，这个故事的寓意也同样适用于团队管理。

著名的皮尔卡丹定律也很好地诠释了这种现象。著名企业家、时装设计大师皮尔卡丹认为：在用人上1加1不一定等于2，搞不好等于0。也就是说，即使聚集一群智慧相当的人，也不一定能使工作顺利进行，只有合理分工后，才能取得辉煌的成果。

要发挥团队整体效能，做好团队人才组合至关重要。

人不是静止的物，更像方向不同的能量，相互推动时事半功倍，相互抵触时就有可能一事无成。对小团队管理者来说，不但要做到知人，还要会善任，只有这样，才能使人的才能得到最大限度发挥，产生1+1等于或大于2的效果。

因此，如果团队里都是高水平的人，但是业绩很差，那可能的原因有：

1. 没有考虑人才性价比

在商场购物时，导购员们经常会说这个商品性价比很高，很值得购买，她们会以高性价比为亮点极力给你推荐。那什么是性价比？

性价比其实就是商品的性能值与价格值比，是反映物品的可买程度的一种量化的计量方式。性价比全称是性能价格比，指的是性能与价格之间的比例关系。

购买物品要考虑性价比，那么在给团队招聘人才时也要考虑"人才性价比"。 简单来说，就是要考虑"这个人"产生的工作价值和你为之付出的人工成本相比的结果是高还是低。

很多小团队管理者觉得管理的员工越多，团队规模越大，越彰显自己的权威，所以在团队扩充时都想人越多越好、能力越强越好。但是招聘的高水平的人越多，就得承担相对更高的人工成本。

很多创业公司的团队管理者在初期都是饥渴式招人，当业务运转一两年经营遇到困难时，又首先会在人员上做文章，因为他们觉得人工成本高得超出了可以承担的范围。创始人为了减少成本，一定会以降本增效为由，想办法让一些高水平的人离开。在很多企业的实际案例中最先被列入裁员名单的就是之前招聘的冗余的高水平、高薪资的人。最终不仅在人才利用率上很低，并且也花费了大量的时间成本、金钱成本、信誉成本、组织形象成本，这就是典型的"低性价比现象"。还有一种现象是原本初级的工作岗位招聘了高级别的人来做，高级别的人对应高的薪酬支出，这也是一种典型的人才性价比低的现象。

2. 没有明确重点培养方向

招聘时在决定录用一个候选人的时候就要考虑好，要把新招聘到的人放到该放的岗位上。有的管理者喜欢搞均衡制约制，以为把能力很高的人放一起会互相竞争、激发效能。本意是通过竞争激发潜能，但实际中可能是员工之间明枪暗箭、钩心斗角。高水平的人都有很强的悟性，你的心思对方都懂，时间长了员工会觉得现实与预期不符，觉得自己不被重视，从而只是表面努力，不真实干事，更不排除后续的另谋高就。

人才组合策略，就是要做好现有人员和计划招聘到位人员的高中低搭配，通过合理组合让团队处于最佳人员布局状态。

同时，如果一个团队里的人全都是技术能力特别强的人，人员之间没有能力阶梯，管理者在分配工作时也会不太顺畅。因为能力强的人，自然希望做高价值、高产出、高回报的工作，如果你把能力强的人分去干一些辅助性的初级人员都能做的工作，在分派工作时，难免会出现能力强的员工不愿意干并且推诿拖延的情况。

3. 团队协作问题

团队协作是团队取得优异业绩的基础。如果招聘了多个技术水平一样高的人加入，有时也难以取得好的业绩，因为他们心中都有一股"傲气"，并且在团队协作方面可能存在以下问题：

➤ 信任缺失：团队成员之间缺乏相互信任，对他人的能力和意图持怀疑态度，难以形成良好的工作合作关系。

➤ 沟通不畅：团队成员没有建立起畅通的沟通渠道，导致信息传递不及时、不明确，从而影响团队工作效率。

➤ 合作不紧密：团队成员之间缺乏互助精神和合作意识，为了个人利益而忽视整个团队的利益。

二、最佳人才组合策略

曾经有学者做了这样一个实验：把六只猴子分别关入提前准备好的两间空房子里，每间三只，房子里分别放置一定数量的食物，但放的位置高度不一样。第一间房子里的食物放在地上，第二间房子里的食物悬挂在房顶。一定时间后，实验者发现第一间房子里的猴子两死一伤，第二间房子里的三只猴子都死了。原来，第一间房子里的猴子一进房子就看到了地上的食物，三只能力很强的猴子为了争夺唾手可得的食物大动干戈，结果两死一伤；第二间房子里的猴子虽然做了努力，但因食物太高，三只猴子都觉得自己能力强、很高傲，不想求助于另一方进行合作，最后各自为战，都活活饿死了。

在小团队中人才的最佳组合至关重要。管理者不仅要网罗一流人才，也要注重人才在企业中的合理配置，让一个团队中的人才形成互补、做好搭配。没有完美的个人，但有完美的团队。

1. 二八定律搭配法

经典的"二八定律"，又称"帕累托定律"，是意大利经济学家帕累托在1897年注意到英国人的财富和收益模式，便开始研究这一模式。他研究发现，在任何一组东西中，最重要的部分只占20%，其余的80%虽然是多数，却是次要的。二八定律在职场中无处不在，比如销售额80%来自20%的销售人员，80%的订单来自20%的客户等。

在考虑团队人才组合时就要先考虑哪些岗位哪些人是重点要布局的20%人数占比的人才。 这20%需要什么样高水平的人？同时要做好这些人之间的能力互补。其余的80%的岗位人才再根据具体需求安排对应能力的人。

2. 优势互补法

在华为内部流传着这样一个故事：当年李先生在华为担任研发副总裁时，他在产品规划和研发方面的能力非常强，但是在管理上过于刚性，给下属员工强烈的高压感，所以导致很多员工辞职，团队人才流失严重。总裁得知后，就挑选了一个在团队建设方面很厉害的管理者加入李先生的团队，做李先生的副职。后来李先生的团队成了高效团队且业绩倍增，员工在和谐的团队氛围中干劲十足。

总裁为什么没有因为觉得李先生管理能力不足，再选一个能力很强的人和李先生一起，而是为李先生选了一个副职呢？很显然，他明白"一山不能容二虎"的道理，他采取的是价值趋同、优势互补的人才组合策略。

要打造一个高效团队，不在于给团队配备多少个高水平的人，关键是做好人才优势互补。

三、行为特质分工策略

如何让自己有一个满意的"团队"？很重要的一点是把员工放在适合其

发挥潜力的岗位上，激活其潜能。根据人员各自优势，将员工的职责进行调整，重新分工也是一种好办法。

很多管理者都喜欢和自己性格相近的员工，喜欢把重要的工作交给和自己性格相近的人去做，但其实这种分工模式未必是最好的工作安排。你的喜好、你的直觉真的准吗？如果你不再凭感觉去判断一个人，而是有一套真正能够帮你了解人、识别人的工具或方法，那你的管理策略才会"与时俱进"，你的团队分工才会更合理。

给员工定岗时，正确的策略是让自信的 D 特质员工做项目负责人，让性格外向的 I 特质员工做外联，让喜欢踏实做服务工作的 S 特质员工做综合，让严谨细致的 C 特质员工做数据分析类工作。

给员工进行工作分派时，只有了解员工行为特质，才能更好地做好员工岗位分工。虽然是一个小团队，但是小团队里又会经常细分出很多"附属职责"。以研发技术团队为例，虽然大家都是做技术的，但是因为小团队是企业里的一分子，需要与外部对接的事务性事情很多，因此除了做好研发业务外，还需要有人兼职培训对接人、兼职综合事务对接人、兼职信息化专员等。虽然都是小事情，如果让一个既不喜欢又不擅长的高水平的人兼职做，那一定会引来对方的反抗情绪，心生不满。如果让对应特质的人兼职做，对方会很开心并愿意为之付出更多。

还有要注意的是凡事提前考虑。假如每次遇到这类小事时临时指派给某个员工去做，员工会觉得自己的工作被打乱，收到的结果也会不好。相反，提前梳理管理中各种工作项目，提前按照人员特质锁定人选做好分工，这就是管理的激发。分享一个小技巧，那就是提前以群接龙的形式让大家自己上报认领分工，自己报的基本是喜欢并擅长的内容。

很多新晋团队管理者，每天忙得连饭都顾不上吃，奔波于各种重要和不重要的会议，汇总表格、上报统计信息等都是亲力亲为。被日常需配合其他团队做的管理上的琐事缠身，不善于分工，也是管理者管得累的原因。

把每个人放在擅长的岗位，善于利用长处，抓大放小也是一种能力。

第四节　定岗定编，因人设岗还是因岗换人

很多企业会定期梳理人员编制。梳理编制这项工作自上而下需要通力配合才能有效实施。事实上，很多团队负责人对这项工作表面在执行，实际内心比较排斥。不同的人对编制这个词有不同的理解，较多认同的一种定义是：编制是指各种机构的设置及其人员数量定额、结构和职务配置等。小团队管理者应该如何看待梳理编制这项工作？

一、扩充认知

有一些团队管理者会觉得在竞争激烈的大环境下还梳理岗位编制意义不大，所以不愿意花时间去做这件事情；还有一些人会认为公司部署的编制梳理工作其实是换种方式限制各级团队管理者的招聘权力。

任何人都不要被自己狭隘的思维方式所束缚，一定要有透过现象看到本质的能力。

从企业角度讲，梳理编制可以规范企业岗位名称、岗位数量，更好地预测企业一定时期内的人员结构和数量上限。对于每个小团队而言，梳理编制是帮助团队管理者重新审视团队内岗位设置的合理性，进行人员需求预测，甚至是解决一些问题的好时机。

早期，工业时代的定岗定编理论强调先定岗、再定编，然后定员的逻辑顺序，俗称"三定"。但是随着现代社会的飞速发展，出现了很多新兴的多元化现象。用正向思维抓住编制梳理的契机，你打算因人设岗，还是因岗换人？

1. 因人设岗

因人设岗，通俗来讲是原来的编制中没有对应的岗位，但因为一些特殊人员加入后需要设置新的岗位。

很多知名企业经常会有因人设岗的现象。比如腾讯 2005 年收购 Foxmail 后为吸引传奇工程师张小龙，专门成立了广州研发中心，并设置了专属职位，后来有了"微信"的横空出世。在因人设岗方面，阿里巴巴也是经常实施。阿里巴巴的曾鸣做战略很厉害，在其他公司一般都会有战略官这样的高级管理职位，但是阿里巴巴没有设置这样的职位，而是让曾鸣做了总参谋长，并且明确提出要求做有结果产出的总参谋长。类似腾讯张小龙、阿里巴巴曾鸣这样的案例还有很多，这就是先有人，再设置岗位，也就是典型的"因人设岗"。

小团队是否要因人设岗？在企业内一般每新增一个人员、每新增一个岗位都需要逐级审批。理由充分的因人设岗不是没有可能，只是内部审批流程会比较长。

是否需要因人设岗主要取决于团队目前所处的发展阶段。如果团队处于快速发展期，有明确的未来发展规划，因人设岗就是可以考虑的方式。因为组织环境和人员的业务能力需要一个成长周期，因人设岗是创造条件的过程。

因人设岗值得吗？需要具体问题具体看待。如果这个人可以为团队带来新的业务方向，是一匹"千里马"，就值得启动"因人设岗"。

2. 因岗换人

因岗换人，指的是岗位职责明确，现有人员达不到目前岗位要求，需要对这个岗位职责进行重新评估，具体要区分是工作职责不合理还是现有人员能力不胜任岗位需求。如果评估得出的结果是员工不胜任，就需要考虑置换人员。

很多小团队管理者苦恼于现有的编制太少，现有员工的工作效率低，上级领导又不给增加新人的机会。如果是这种情况，在梳理编制时，就要考虑是不是要将效率低并且不合适的人调离，把编制留给新的有能力的员工。比如：有的集团化管理的公司对分子公司各个团队的人员管控采取的是"一进一出"原则，简单来讲，就是每个团队只有离职一个老员工，才可以录用一个新员工。这就是典型的因岗换人策略。

在编制梳理时，团队管理者有必要特别考虑三个方面：
➢ 现有岗位之外还需要增加什么岗位？
➢ 现有岗位中哪些岗位需要删减？
➢ 各个岗位的人数如何设置，相对来说最合理？

岗位编制梳理其实也是团队管理者在人员配置方面全盘思考的好时机。积极参与，真实呈现，按你的构想梳理出适合团队发展的岗位编制，有着长远的意义。

二、人才供应链思维

企业中的 HR 经理经常和团队管理者有这样的对话场景：

团队管理者："帮我们团队赶快招点人吧。"

HR 经理："你们团队的岗位编制满了，不能再进新人了。"

团队管理者："新任务来得有些突然，我之前也没预见到要增加人员，帮我们解一下这燃眉之急吧。"

很多团队管理者在梳理编制时没有长远规划和考虑，到需要招聘增加新人时，才发现团队现有人员已经超编，陷入被动局面。要规避这些问题发生，最好的办法就是从源头开始重视。在开展编制梳理工作时，变被动参与为主动思考。不是把这项工作当作任务，而是把这项工作当作团队长远规划中的一项重要工作。

不确定时代中，团队管理者要有人才供应链思维，做好超前半步的人才储备。

为什么是超前半步，而不是超前一步？因为要考虑人才的闲置成本。超前半步的意思是零时差、无闲置、无等待。

编制人数，是在合理预测的基础上，对这个岗位未来最大人员配备需求的预估数量。这是一个预估数字，并不是现在就要招聘这么多人放在这个岗位上。所以，编制人数可以多，前提是论据充分，能够得到上级支持。迭代后的各岗位编制是为管理服务的，所以要主动构想人员分布板块图。

对团队未来业务进行预测后，如果发现目前岗位和人员不足以支撑未来1~2年团队业务发展需求，就需要明确提出团队发展需要的岗位和人数需求。

有必要新增的岗位，就要去沟通、去争取。 在企业中，如果团队领导在梳理编制时不争取，在编制确定后再想增加岗位、增加人员，那就很被动了，甚至会让上级领导对团队领导的管理能力产生怀疑。

编制不是恒久不变的，随着业务变化而迭代，团队管理者需要站在公司管理角度考虑这个问题。也很有必要和人力资源部门负责人做好沟通，积极了解并给出想法，从专业角度听取专业建议。

如果是在公司想通过控制人员规模、降低人工成本的大背景下，想逆流而上增加编制，就要有充分的论据支撑你的需求。 向上沟通时尽可能进行视觉化呈现。所谓视觉化呈现就是把要表达的通过表格分析、人员定位画像、业务规划导图等向公司领导呈现。

三、进行断舍离

在梳理编制这个契机下，你可以想想团队中是否有某个员工的技术方向与团队现在及未来业务所需技术完全不匹配，但是由于历史原因这个人一直在你的团队中。这样的员工在团队中会找不到自己的工作成就感，长久下去会处于一种职场"躺平"状态，整个团队氛围也会随之受影响。

还有一类是可有可无岗位上的人。比如：在接管的研发团队中，有人承担的是行政保障性工作，但因为原来团队的岗位编制中没有与其工作相匹配的岗位，所以在考核、激励时没有很好的对标考核体系，这个岗位员工的职业发展路径也很不明确。所以，作为团队管理者就需要抓住编制梳理的机会解决这些问题。

理清团队目前及未来发展人才需求，对于不需要的岗位，有必要在编制梳理时直接断舍离。

但有一点要做好，剥离不需要的岗位时，要为这个岗位上的人做好后续职位安排，帮助协调到最适合的团队。不仅如此，有温度的做法是做员工最好的背书，肯定员工的能力表现。

把原来的下属扶上马，送至适合他们的新岗位，始终坚持利他思维，管理就会顺畅很多。

第五节　提拔下属，如何才能让其他人心服口服

在团队里，除了给予核心骨干物质奖励外，还需要给予他们一定的上升空间。提拔下属既是未雨绸缪为团队培养后备干部，又对被提拔的员工有着很好的激励作用。但是，团队中经常会有一些员工不服气别人晋升情况，甚至有时候一些没有得到晋升的员工会因为觉得不公平而提出离职。所以，要想打造一支高凝聚力、高绩效的团队，在提拔下属这件事情上，一定要做到让大家心服口服。

一、人才盘点

每个小团队管理者的心里都有一杆秤，可能基于员工平时表现，已经有了想提拔的人选。但是，眼见就真的为实吗？你认为优秀的那个员工一定就是最适合被提拔的那个人吗？

在《思考，快与慢》这本书中，丹尼尔·卡尼曼举了一个很好的例子：如果给你这样一幅图，上面画着两条线，你觉得哪条最长？

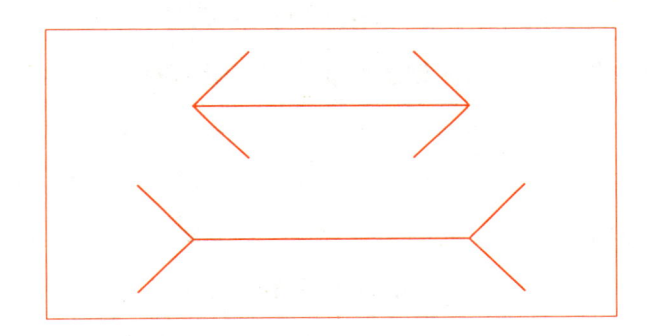

很多人会说肯定是第二条线长，但是事实并不是这样的。这幅图上其实是两条一样长度的水平线，只是在两端分别添加了朝向不同的箭头。让你产生了第二条线长的错觉，但是只要找一把尺子量一下就会发现其实两条线一样长。

丹尼尔·卡尼曼在《思考，快与慢》中写道："你知道这两条线是等长的，当被问及它们的长度时，也会如实说。然而，你肉眼所见依然是下面的那条线比较长。你选择相信测量结果，但无法控制住画面带给你的直观感受，即使你知道两条线长度相同，仍然无法把它们视为等长的线。想要消除这种错觉，唯一能做的就是当你再看到两条平行线，并且线的两端有朝向不同的箭头时，必须学会怀疑自己的感觉。"

通常，团队领导心中肯定有一个自己觉得很不错的员工，会把更多注意力放在他身上，用较少的注意力去关注其他员工，即使还有几个员工和优秀

的那个员工能力相当。

关于提拔下属这件事，很难做到完全客观。

在"有才华、不听话"和"有才华、听话"的两类人之间，很多管理者都喜欢提拔"有才华、听话"的下属。

听话的人，一般是职场中情商高、服从度高，基本不提反驳意见、执行力强的一类人。不听话的人，就真的不值得提拔吗？不是的。举个例子，对于要求技术创新度高的小团队，"有才华、不听话"的员工反而更能够提出很多前所未有的创意，为团队创造业绩。"不听话的下属"可能只是个人的性格特质原因不善于向上沟通，为人更直接一些。但从另一个角度讲，这样的人更真实、更可靠，应该也被重视。所以，不能在一开始就独断主义，闭门造车直接就定了你认为优秀的人。

保持开放，在提拔下属时也同样重要。如何保持开放？"人才盘点100-1-10法"就是一个很好的工具。这个工具就像《思考，快与慢》这本书中提到的用来测量两条线长度的那把尺子。这把尺子，可以帮助你精确地看到下属的全貌，在提拔谁这件事情上，帮助你做出更准确的判断。保持开放，用"人才盘点100-1-10法"对自己的团队进行全面盘点。"100"指的是100%的员工全部参与本次人才盘点工作，"1"指的是1个人进行汇总校正，"10"指的是最后要圈出排名前10%的明星员工。

1. 全员参与

以人才提拔为目的而开展的人才盘点一定要全员100%参与。让大家对自己近3年考核成绩、获奖情况、突出业绩进行全面回顾并填报。全员参与的目的是让团队所有人知道，这次人才提拔是对大家过往业绩综合评判的结果。

2. 汇总校正

由你1个人进行汇总并校正。收到大家上报的自我盘点结果后，你需要做的是汇总起来，在原始数据基础之上再加入你对员工稳定性、潜能、培养方向等方面的评估。同时，为了避免有的员工填报内容有错误，你需要根据原来的数据材料进行校正，最后进行综合分析并对所有人员大排序。

3. 人员圈定

圈出排名前 10% 的明星员工。当人才盘点表在一张纸或一个表格上呈现出来时，你会更直观地看到团队成员的所有情况，而不是凭你的个人主观印象来判断员工。圈出人才盘点出的前 10% 员工，让他们都入围可能要提拔的后备人才库中。通过人才盘点，你会全面了解团队人员的现状，做到心中有数。

之所以要全员参与，一方面让员工通过自我盘点激发其看到短板更加努力；另一方面是为了在晋升名单确定后，员工会因为参与了过程自评对结果接受度更高。

二、公开透明

麻雀虽小五脏俱全，小团队的员工晋升也需要公开透明。

1. 明确晋级标准

提拔下属前，应明确提拔标准。这既能让下属们了解晋升的机会和条件，也能让他们明确自己的努力方向。

2. 建立竞争机制

提拔下属时要建立公正和合理的竞争机制，可以通过内部竞聘、评估考核等方式来选拔合适的人选。在竞争中，要公平对待每个下属，不偏袒任何一方，确保选拔的公正性和透明度。

3. 真实客观评价

评价应基于下属的能力和表现，而非个人情感或偏见。要善于发现下属的优点和潜力，同时也要客观看待下属的不足和改进空间。在评价过程中，要与下属进行有效沟通和反馈，帮助他们认识自己的优势和不足，并提供改进建议和机会。

三、提前铺路

实际工作中，总会有一些小团队管理者是固执的。即使做了人才盘点，发现了与自己心中最佳人选能力和资历相当的人，在提拔名额只有一个的情况下，人性的偏见让他们还是想优先选择自己最初看好的那个人。

如果心中已经有了看好的"良将"，如何让他的提拔"顺理成章"，不被大家质疑？

1. 坚持原则

在团队中，如何让大家心服口服是一个关键性问题。要提拔的人身上应该有三个特质：志向高远、全局观、躬身入局。

志向高远：要提拔的下属应该是志向高远的人，否则被提拔的下属会因为短视而缺乏自我驱动力。

有全局观：有全局观的员工在平时分析问题时一定会有体系，能看清事物各个要素之间的关系，而不是以点概面。

躬身入局：这个人需要有丰富核心岗位经验。如果没有丰富的核心岗位经验，没有躬身入局过核心工作一线，他将无法理解团队中急需解决的痛点问题。

2. 做一个好师父

作为直属管理者，与员工之间除了上下级关系之外还有一种关系是师徒关系，师父应该指引徒弟更好成长。

在电视剧《西游记》中，孙悟空拜师菩提老祖学艺时，在众多弟子中菩提老祖只看好孙悟空有培养潜力。菩提老祖为了避免别的弟子说他对孙悟空偏心，在别人半夜睡觉的时候，菩提老祖传给了孙悟空七十二般变化、筋斗云等，帮助孙悟空快速在众多弟子中凸显了出来，最后大家都对技艺高超的孙悟空无比佩服。

不可能每个团队管理者都像菩提老祖那样有高超的绝学，也不可能每个

员工都像孙悟空那样聪明机智。但是，作为小团队管理者，你就是团队中员工的师父，如果看好一位员工，那你就要毫不吝啬教他高超的"武功"，让他脱颖而出。

只有在竞争者中凸显后续，被提拔的员工才能让其他人心服口服。比如：作为管理者，你之前都是亲自在年度总结中汇报工作，你可以让你想培养提拔的员工代你汇报一次，目的是帮助其在更高层面的会议中展示才华，让大家认识并记住这位新人，也可以理解为是曝光效应的另一种运用。

每个人都有自己的特长和优势，团队领导需要善于发现和激发员工的潜力。通过与其沟通和交流，给予适合的培训机会。同时，充分的信任和支持，让良将有机会展示才华和能力。

除此之外，还有一种方式是岗位练兵，提前让"良将"进行多方位锻炼。比如技术岗的员工除了精通技术外，还需要在管理方面提升。那就用增加角色法，让其承担一些管理职责。

对这位"良将"的所有历练，都是在帮助他快速成长，让他成长到真正配得起被提拔的职位时，一切也就顺理成章。

像管理高手一样思考

（1）如果招聘人才这项工作的投入度最低是0分，最高是10分，你给自己打几分？为什么？

_____

_____

（2）在成为"伯乐"这件事情上，你打算如何改变？

_____

_____

（3）你的团队中D、I、S、C四种特质的人分别都有谁？写在对应矩阵中。

D	I
C	S

（4）你的团队中需要招聘技术很高的人吗？团队人员如何搭配最合理？

_____

_____

（5）按照人才供应链思维，你的团队今年的编制应该如何定？

_____

_____

（6）"人才盘点100-1-10法"的实施步骤是什么？

_____

_____

第二章 02

高能沟通，没有点情商怎么带团队

如果你用一个人听得懂的语言跟他交流，他会记在脑子里；如果你用他自己的语言跟他交流，他会记在心里。

——纳尔逊·曼德拉

第一节 作为"空降者"新官上任，如何快速了解团队真实状态

在职场精英类的影视剧中，编剧们经常会设置这样一个情节：当团队负责人的角色空缺时，大家都觉得一定是团队中业绩第一、深得同事好评的副职会成为新领导。但是每当任命文件宣读完毕，都会出乎大家意料，表现出各种诧异夸张，很多人甚至觉得不公平。因为新的团队管理者是一名"空降领导"。同时，剧情中原本以为稳操胜券的副职必然内心不服，要么忍辱负重继续工作，要么选择体面地离职走人。不仅如此，剧情中每当出现空降者新官上任时，全体团队成员表面上毕恭毕敬热烈欢迎，但其实暗地里议论纷纷。

剧情大都源于现实。现实中很多人都经历过空降领导的到来，并且很多时候都会看到空降管理者新上任时都有十足的范儿。

可能很多年前你曾是一个坐在办公室的小工位里迎接空降领导的职场新人，但是很多年后你成了一个"空降管理者"，成功跳槽加入了一个新的企业去管理一个对你来说全新的团队。作为新上任的团队负责人，如何做才能快速了解团队成员的真实状态？

一、穿上"战袍"

把第一次见新团队的出场服装比作"战袍"，看似有点夸张，但其实并不夸张，因为这是一种职场仪式感。穿上"战袍"，你会更加重视你的第一次出场。但是，"战袍"并不特指什么名牌服饰，而是指适合你所在场域的与你的行业、职位、气场相匹配的服装。

关于服装，不同的行业不同的企业有着不同的着装文化，所以你的"战

袍"首先要适合你所在行业的着装文化。比如政府部门穿正装就比较适合，互联网大厂大家着装一般都比较简洁、追求舒适，就像大家熟知的苹果创始人乔布斯，他在很多重要场合穿的都是牛仔裤。然而，传媒类企业里的人着装颜色都比较鲜艳，通过赤橙黄绿青蓝紫等色泽搭配彰显不同的个性，这个行业里越高级的人越有自己独特的色彩标识。

第一次和团队成员正式见面时，出场服装不一定是什么国际大牌，但一定要有质感，彰显个人特色，同时还要注意一些细节。对于男性管理者而言，不论穿的是西装还是衬衫，或者是T恤，一定要熨烫平整、干净整洁。对于女性管理者而言，穿有质感的西装套装或彰显气质的套裙、连衣裙等，搭配一双精致的高跟鞋，就会很有气场。女性管理者首次出场，如果选穿西装，那最好避开黑色等色彩饱和度较低的色系，优先选择色彩饱和度高的色系，这样才会显得更干练并充满活力。配饰方面，女性管理者如果佩戴了耳环就建议不再佩戴项链，二选一，更能突出重点。女性管理者首次出场的"战袍"切记不要透和漏，要服众就要从着装上先让团队成员无可非议。**女性管理者在职场上，"端庄大气"更能服众，更适合众多人的审美。**

对于管理者，不论男女都建议佩戴手表，因为手表代表一个人的时间管理意识。

在什么场合就应该穿得像什么场合的人，这也是对职业和职位的尊重。

二、团队破冰

破冰，很多时候被用在培训中，目的是消除成员之间的陌生感，让成员放松下来更快熟悉彼此。对于空降管理者来讲，做好团队破冰很重要。推荐两种不错的破冰方法："护送式破冰法"和"刺激多巴胺破冰法"。

1. 护送式破冰法

护送式破冰，是指"空降管理者"去新团队上任第一天，有更高级别的领导专程到场，并且对新上任的管理者进行隆重介绍。

新官上任，如果有更高级别的人物出面"站台"，这种强大的支持效应一定会让新任管理者后续的管理顺畅很多。当然，能否真正融入新的团队并施展管理才华，从长远来看都要靠新任管理者自己。

2. 刺激多巴胺破冰法

有一部很不错的职场电视剧《盛装》，讲述的是媒体行业在纸媒没落后期，空降女主编和原杂志社副主编之间激烈的职位竞争的故事。其中空降女主编第一次来到新团队时，走的是温暖路线并成功破冰，收获了很多老员工的心。剧情中空降女主编第一次来到办公区时，不是先去她的豪华办公室，而是先走到办公区最中间的员工工位旁边，简单做了一个自我介绍。然后很有诚意地说："大家工作辛苦了，我给大家定了美味的下午茶。"她给所有人定的是那个城市五星级酒店里最知名、最高规格的限量版下午茶。就这样，在多巴胺刺激下的员工们，在首映效应的影响下先入为主，觉得这位新主编是一个非常暖心的好领导。

剧情中空降女主编穿着一件亮黄色、面料高级的齐膝连衣裙，她身上的"战袍"给人一种强大的气场，她落落大方地和员工一个接一个打了招呼，亲和力十足。新主编的这个出场方式就是一种成功的刺激多巴胺破冰法。

相比严肃型出场，彰显亲和力更能够快速拉近人与人之间的距离。

彰显权威有很多种：一种是一上来就很霸气的管理法，这样的结果是很多人表面顺从，实则不服，长久下去管理的结果可想而知；另一种是一开始刚柔并济、融入团队，再逐步加强管理，进而做出业绩。

3. 聚餐破冰法

日常中很普遍的一种破冰法就是组织团队聚餐，但要注意的是，聚餐前要立好规矩。比如某集团总部空降的一位高层领导第一次去子公司调研工作，中午和子公司中高层管理人员一起用餐时，空降领导首先就声明他肠胃不好，从不喝酒，只允许给他倒茶水。他的很多言谈举止以及细节都让在场的人员暗自佩服，这就是一次很成功的职场破冰法。

新官上任定好规矩很重要，无规矩不成方圆。越是级别高的领导，越会在不经意间让团队成员佩服不已。

当然，因为不同行业有不同行业的规则，如果要采用聚餐破冰法，那就要掌握好所在行业的度。

三、1对1访谈

不论以什么样的方式出场，开场最重要的是了解团队的真实现状，并得到人心。在了解别人时只有亲自沟通观察，才会得到原汁原味的信息。

1. 避免沉锚效应

新接管一个团队后，最重要的就是要避免沉锚效应。在心理学中，沉锚效应指的是人们在对某人某事做出判断时，很容易受到第一印象或第一信息的支配，就像沉入海底的锚一样，把自己的思想固定在某处，第一印象和先入为主就是常见的表现形式。

对于空降管理者，只有先详细了解团队成员每个人的情况、团队优势、团队"软肋"等，才能快速开展工作，创造管理效益。

职场中有两类人：一类是积极主动展示型，一类是默默奉献老黄牛型。积极主动展示型的人会找各种机会给你输入很多信息，有的可信有的不一定可信；默默奉献老黄牛型的人和你之间的距离感让你掌握不了其真实的工作期待。

避免沉锚效应最重要的就是自己做好信息收集，用好信息收集地图。信息收集地图原本是职业生涯领域咨询师对前来咨询的人在沟通中进行信息收集所使用。职场中如果想快速从比较陌生的人员中了解他们的真实期望和你想获取的信息，信息收集地图就是非常好的工具。

2. 收集信息地图法

"纸上得来终觉浅"，要想真正了解一个团队的情况，首先要从与团队成员的 1 对 1 面谈开始。**二手信息永远和一手信息相差甚远。只有有了交流，你才会掌握属于你的一手信息，而不是别人加工多次后呈现给你的"完美"报告。**杜坚的信息收集地图就是 1 对 1 访谈时非常简单好用的工具。

现状（困惑具体化）	期待（愿景、目标、价值）
障碍（当前的阻碍）	回应（对问题的思考，尝试）

第一步：聊现状

你可以从随便聊聊开始，目的是了解员工目前的具体处境是什么，是什么因素令其有工作上的困惑。要注意的是，这里的随便聊聊要从最轻松的话题展开。

只有让人放下戒备心，对方才会愿意多分享。只有让对方觉得你聊的话题是关心他的，而不是要从他那里索取的，他才会更愿意和你多聊一些。以利他为牵引，让对方打开话匣子，这就是聊现状的核心技巧。

第二步：问期待

理解员工想要什么，这个期待包含了愿景、目标以及价值诉求等内容。让对方觉得你是以他的需求为出发点，要确保你们之间的对话更具有吸引力。很多人会觉得这是一个可以讲出自己多年压在心底的愿望的一个好时机，期待眼前的领导可以帮助自己改变，大多数情况下会讲出真实的期望，比如期望职位上升，比如期望更公平的考核等。值得注意的是，在这个过程中你需要给对方足够的安全感，比如给下属倒一杯茶，用微笑和点头表示你在认真听他的期待，用你的和蔼、真诚推动你们之间的交流。

你是否耐心地在听，你是否面带微笑，你是否充满好奇等细节都会决定

对方是否愿意多讲。如果是有价值的内容，你需要做的是鼓励对方多讲。

第三步：听回应

了解员工如何看待问题，并做了哪些解决问题的尝试，以此评估他的盲点与资源。常用的沟通技巧可以是这样："你都为实现你的目标或者解决这个问题做了哪些工作？"或者问对方："你能具体说说吗？""还有吗？"用这样的沟通技巧可以鼓励对方深入将一些事例、数据类的细节讲给你。

第四步：问障碍

这个环节，你要做的是评估是什么阻碍了他的问题解决，找到问题切入点。具体要梳理清楚员工在工作中遇到了什么困难，涉及哪些问题，核心问题是什么。

厉害的管理者在和下属交流中会获取到他想要的信息，同时让下属在愉快的交流中毫不设防地发自内心地表达。

这样的沟通会让你更全面了解下属，也侧面了解了团队内部情况，了解了团队内外的配合度，最重要的是也了解到前任管理者在管理中让核心成员不满意的地方等。既得到了你想要的信息，也让对方觉得你在帮助他解决问题。这样的第一次沟通足以拉近你和下属之间的距离。

信息收集越详细，后面的管理越有对标性。就好比一个医生只有知道患者的病痛，才能对症下药，最后既帮助患者快速康复又收获了感谢和声望。

信息收集成功的秘诀在于让对方同时感受到你在为他的期待寻找解决方案。

了解团队成员的其他方法		
序号	方式	具体实施	效果
1	查看文件记录	查看之前的文件、报表、记录等了解团队，比如会议纪要、历史邮件、宣传报道、绩效考核表等	这些文件可能包含很多工作流程信息，对于不清楚的可以找员工了解
2	观察并记录	观察团队成员之间的互动和沟通方式及分工协作情况	这将帮助你获得有关团队文化、工作流程和团队动态的重要信息

了解团队成员的其他方法		
序号	方式	具体实施	效果
3	了解员工反馈	了解员工对团队现状的看法，例如是否认为团队协作紧密、工作氛围良好、管理效能高等。可以通过匿名问卷的形式调研，收集成员的意见并进行分析	通过了解员工对团队现状的看法，可以更好地改善团队现状
4	产品或服务	如果所在团队是提供产品或服务的，可以针对客户满意度评价了解团队的表现	从客户角度寻找改进机会
5	与上下游交互	与其他相关团队负责人或合作伙伴进行交流	从外部获取信息，第三方视角信息也值得收集

第二节 部署工作时，如何讲员工才会发自内心听并立刻行动

作为团队负责人，可能经常会遇到这种情况：把一项重要工作部署了大半天，但是发现员工还是没有开始干。因为工作紧急，你很可能瞬间心生怒气，忍不住又催了一次并且给那个员工贴上"不听指挥、执行力差"的标签。怎样对员工讲，对方才能发自内心地愿意听并且立即行动？

一、人际沟通的过程

"沟通"指的是"意思"的传递和理解。人与人沟通时首先由"信息发送者"把要表达的"信息"通过"媒介"传递给"接收者"。"接收者"接收到"信息"后再"反馈"给"发送者"。在这个过程中，沟通双方很容易受到"噪声"的影响。

平时很多人都把关注点放在了讲话人身上，而忽略了"噪声"的存在。这里的"噪声"包含很多层意思，比如接收者内心的抵抗、质疑，不感兴趣，

注意力不集中，或沟通环境中其他干扰的声音等。下面这幅图就是整个沟通过程的全貌。

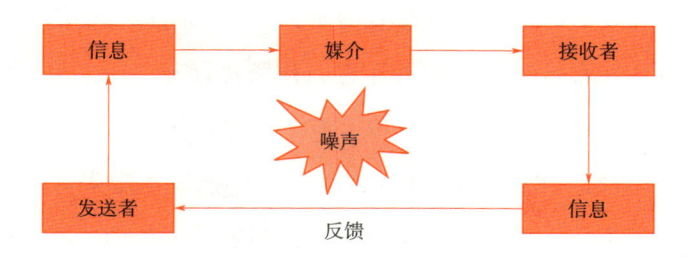

```
信息 → 媒介 → 接收者
 ↑      噪声      ↓
发送者 ←——反馈—— 信息
```

如果给员工部署了工作，看到对方迟迟没行动这个结果时，就要思考原因了。这个时候，就有必要对过程开展深度剖析。

相对于讲话人的身份、地位，员工更在意上级讲话的内容和方式。如果员工内心一直有一个"噪声"对他说"不想听下去了"，那他势必不会发自内心地听你讲，更不会立刻行动。用什么样的方法和员工沟通，才会减少他们内心的"噪声"？假如有一种方法可以让你提前知道自己的员工属于什么特质类型，喜欢什么样的沟通方式，那你和员工沟通时一定会事半功倍。

二、轻松高效沟通法

领导在和员工沟通时，如果能够按照对方熟悉的语言模式，那么领导所讲的就很容易直达员工的心底并被重视起来。用员工熟悉的语言，那么员工就会记住领导讲的。

结合前面章节中对 DISC 模型的介绍，识别出员工属于 D、I、S、C 中哪一种行为风格后，在部署工作时，能够针对不同特质员工采取不同沟通策略，会极大程度地减少员工内心的"噪声"，沟通会更轻松、更高效。

1. 和 D 特质员工沟通

D 特质员工关注事情，任务导向；行动快，比较直接。一般表情严肃，自尊心强、注重时间，喜欢与人保持距离感。给 D 特质员工部署工作时，如果想让对方发自内心地听你讲，以下三个方法不妨试一试：

（1）开门见山。D特质的员工，一般有一个很典型的特点，那就是凡事比较看重结果，不喜欢寒暄。所以，给这类员工部署工作，最好开门见山，这样他们更容易在短时间内集中注意力听你讲，时间过长他们反而会不耐烦地敷衍式倾听。在日常工作中如果你想一开场就直奔主题，可以参考的沟通技巧有"今天要给你交办个事情"或"有个工作需要你来完成"。

（2）抬举重视。D特质的员工自尊心比较强、坚定强势，希望牵头做一些组织策划类事情，更希望被委以重任证明自己的价值。在和这类员工交流时，多用一些"这个工作非常重要，你负责整体策划，要牵好头"或"这是最近的一号任务，你要好好发挥你的能力"等沟通技巧，一定会快速点燃他们的工作激情。

（3）明确时限。越是有挑战，有明确时间节点的工作，D特质的员工才越容易被激起干劲。向来行动快的这类员工会在接到挑战性任务后立刻行动。在日常工作中常见的沟通技巧有"这个工作很紧急，今天下班前我希望看到你的策划方案"。

2. 和I特质员工沟通

I特质员工不仅关注人，是人际关系导向型，并且行动非常快，做事情很直接。一般比较风趣、幽默、积极、乐观、表情丰富、喜欢夸夸其谈。这种特质员工同时喜欢和人近距离接触，会有很多肢体动作。给I特质下属部署工作时，如果想让他发自内心地听你讲，可以尝试以下三个方法：

（1）巧用肢体语言。只要你微笑着拍一拍对方的肩膀，就会瞬间让这类特质的员工满心欢喜，觉得你和他关系很好，瞬间兴奋并调动起脑细胞为听你接下来要讲的话做足准备。当然，如果是异性下属，你一个表情丰富的微笑也可以让对方觉得领导不死板，就会感兴趣地认真听你讲了。

（2）表示赞美。部署工作前一句普通的赞美就会让I特质员工立刻内心乐开了花。不过一定要注意，这里的赞美不是虚情假意，也不是工作明明做得不好还去表扬对方。赞美可以是工作表现以外对方的确有亮点的方面，比如员工当天的服装、配饰、妆容是不是好看，状态是不是很好等。常用的开场沟通技巧有"今天这身衣服看起来很显气质"或"今天你看起来状态不错哦"。

（3）启发式交流。有时候部署工作并不一定是越正式越有效果。I 特质员工天生幽默风趣，喜欢非正式的氛围。在相对轻松愉悦的环境下，你说一句启发式的话，他会立刻领会你的意思。比如，你可以说："这是一个很有意思的事情，你计划认领哪部分工作呢？"

3. 和 S 特质员工沟通

S 特质员工关注人，是人际关系导向型；行动慢，做事比较间接。典型的行为特征是喜欢和大众保持一致，为人谦逊，向来低调，不善于拒绝别人。这类员工比较注重稳妥，不太喜欢大的改变。给 S 型员工部署工作时，想要达到预期沟通的目的，可以尝试以下三个方法：

（1）给对方安全感。如果你本身是一个严厉型团队领导者，那么在对 S 特质员工讲话时就得适当调整一下严厉的表情，面部多些微笑。只有尽可能消除 S 型员工内心的惧怕感，他们才能听得进去你讲的话，才能真正听明白你讲话的重点。

（2）开场做好铺垫。和 S 型员工沟通时先做好开场铺垫非常有必要。比如你想让 S 型员工在某方面做出改变，即使你是为对方好，这类员工固有的不喜欢改变的特质会在听到你讲时内心产生排斥感。但是，如果你先进行铺垫，S 特质员工会相对更容易接受一些。常见沟通技巧可以是"你们小组大部分人都已经调整完方案了，你得快速完成交给我了"。

（3）控制讲话节奏。对这类员工讲话，慢就是快。因为 S 型特质的人行动速度比较慢，反应也会相对慢一些。领导想得到对方接下来要做什么的想法，就需要给对方足够的时间思考，所以在讲话时一定要注意节奏，随时观察对方的反应程度。如果对方没听清，重复一遍也是有必要的。常见的沟通技巧是"小张，接下来急需做什么明白了吧？如果有哪里没听清，可以现在问我"。

4. 和 C 特质员工沟通

这类员工关注事情，是任务导向型；行动慢，做事间接。C 特质的员工是典型的完美主义者，精益求精、数据导向；注重程序和流程，善于提问。对于 C 特质员工部署工作时，想要达到预期沟通目的，可以尝试以下三个方法：

（1）制度流程先行。这类员工非常重视制度、程序、规范和流程，即使你是团队领导，但如果你讲的一些事情没有制度支撑，他们会产生怀疑，表面在听实际并不打算按照你说的去办。所以，给这类员工部署工作时提前想好与之配套的制度依据，讲时提前告诉对方，这类员工会发自内心认真听你讲。常见的沟通技巧有"按照部门的考核规范要求，接下来要做……"或"从流程上看，只有现在先解决这个问题，才能推进下一个环节工作的开展"等。

（2）鼓励对方多讲。这类特质的员工专业能力很强，在你想推进一项工作时，不在于你对他说多少，你可以多听他的想法。你讲得越多，对方天生严谨细致的特性反而会在内心对你讲的内容进行"挑错"，一旦发现漏洞会质疑你的专业性。所以，沟通中想让别人发自内心听你讲，并不在于你说得多详细，把话题抛给对方，对方自问自答也会达到你预期的效果。常用的沟通技巧可以是"你对这件事有什么想法"或"你觉得当务之急是做什么"等。

（3）擅用数据沟通。这类员工对数据有非常高的敏感度。如果要让这类员工快速去解决某个问题，最好重点鲜明地直接告诉他重要指标数据现状，这些更是他关心的内容。常见沟通技巧可以是："从最近的数据来看，我们在哪方面进展缓慢"或"这些分析报告中的数据显示……"等。

日常管理中在明确了员工的工作后，再结合 DISC 模型分析出员工所对应的行为特质，然后用这种特质员工更容易接受的方式和方法来沟通，就会很大程度上减少员工倾听时来自内心的"噪声"。当员工很有效地接受部署的工作后，才会立刻用行动来反馈。

第三节　员工犯错时，如何"批"才能让所有成员引以为戒

日常工作中员工犯错是不可避免的，有的团队管理者批评下属时特别犀利，随口就说："你都是老员工了，做的方案竟然还不如刚毕业的大学生。"或"这么重要的数据你都能弄错，操什么心啊？"甚至有的人发泄愤怒直接说："你的工作怎么干的，干不了离职算了！"有时候员工虽然表面接受了你的批评，但内心不服气，因为觉得没给他面子，对你心生怨气，激发了反抗心理。有的员工会因为你说的"干不了离职算了"这句话，立刻写了辞职信。不给员工留面子，不给对方解释的机会，很有可能因此流失一些有潜力的员工。

对于小团队管理者，如果你不止一次因为同类事件批评员工，那就说明这个错误是在团队中经常出现的共性错误，既然是共性错误那就要引起重视。如何"批"才能让所有人引以为戒，杜绝此类错误发生？

一、负面影响告知法

戴尔·卡耐基在《人性的弱点》一书中写道："即使你手握真理，对方大错特错，也请给对方留个面子。让对方丢脸除了会损毁他的自尊心之外，别无益处。"所以，对于犯了错误的员工，一定要注意一个原则：给对方留足面子。

在一部电影中，企业创始人为了做出更好的社交媒体，与他的团队一起进行了许多决策。其中有一次，他对其中一位员工的工作表现非常不满意，他是这样批评员工的："听着，你不能只看到你自己手头的工作，你得看到

我们要如何影响整个公司。你知道，我经常告诉我的新员工，成千上万的人每天使用我们的产品。如果我们犯了一个错误，那么数百万人可能会收到垃圾邮件或者他们的个人信息被泄露出去，这是我们必须小心的原因。所以，当你不密切关注你的代码，你就必须认识到，你给我们的用户造成了风险。"

这个批评中，创始人强调了团队影响的范围，因为每个人的决策都能够对产品和所有用户产生严重的负面影响。他同时指出，一个小小的疏忽和错误可能会影响数百万用户，这些风险是昂贵的，无论对公司还是客户。他还提醒员工必须时刻牢记这一点，并在每个环节中保持高度警惕。创始人的批评清晰明确，强调团队责任和对消费者的合法性的重要意义。这种批评模式和内容值得其他项目经理和上级借鉴，并应用到各自的领域和团队中。创始人精准并巧妙地批评了下属，让其他员工能够从中受益并对公司目标保持高度警觉。

在团队管理中巧妙使用负面影响告知法时，以下两点值得注意：

1. 强调失误严重性

对于一件错误事件的发生，在对全员讲述时要告知大家此类事件会导致的严重后果，而不是把重点放在公开批评某一个人上。主旨是重点讲事件会造成的严重影响，而不是把矛头指向一个具体的人。在正向积累中有一个词叫"复利思维"，在批评员工这件事情上也要有"复利思维""指数效应"。把一件事讲透，就会杜绝这样的事件再次发生。

2. 赋予人物重要性

告知员工对他的期望和让他负责这件事情的重要意义，让员工意识到自己被重视，员工犯错误的愧疚感会自发产生，也因此会在后续工作中更加努力。同时，员工会因为你没有直接痛批犯错误的他而心怀感恩，因为你顾全了他的尊严。

二、高效能故事法

著名心理学家斯金纳在动物实验中发现奖励比惩罚更有效果，通过这个实验他发现得到奖励的动物比受到惩罚的动物学习更快、学习效果更显著。后来，经过很多学者研究，发现这个实验的结论也可以用来解释人类的很多现象。比如，批评一个人其实并不一定能帮助这个人真正改变，有时还会使被批评的人心中产生更多怨恨。

亚里士多德说："我们无法通过智力去影响别人，情感却能做到这一点。"在互联网时代，人们提到最多的是大数据；在现在的 AI 人工智能时代，人们讨论最多是"机器可能代替人，ChatGPT 会取代很多人的工作"等。是的，AI 能科学地帮助人们高效开展一些工作，但是人的情感机器替代不了。

管理中有刚性管理，也有柔性管理。如果你是一个团队管理者，能学会讲故事，在柔性管理中就会得心应手。

要想讲好一个故事，需要从日常就开始积累，比如：

1. 建立自己的故事素材库

讲故事之前你需要从大脑中快速检索，然后调用适合在特定管理场合下讲的故事。要想能够快速调取，就需要在平时建立能够在不同管理场景中讲的故事素材库。等到了某一天，因为一件事情，你需要用讲故事的方法来传递一种思想时，就可以随时调用素材。

不论是为了写作还是为了分享，随时建立自己的"故事卡片"，让你的"故事卡片"最终形成你的故事素材库。建立故事素材库时可以参照以下几方面：

（1）从个人职场经历中找素材

TED 演讲者中很多人都以故事开场，并且是自己的故事开场。相对于别人的故事，讲话人自己的故事更会吸引听众。**要想给员工讲一个好故事，没有什么能比你的亲身经历更容易讲了。**

不仅如此，每个人都有好奇心，特别是员工对上级的好奇，你给大家分享关于自己的故事越多，大家觉得你和他们走得越近，讲个人职场故事也是拉近你和员工之间距离的好方法。所以，你需要结合你的个人职场经历，以及你要表达的观点合理构建一个故事。可以从自己踩过的坑、自己辛苦的经历等角度来讲。相比较辉煌时刻，你踩过的坑、辛苦的经历更能触动大家。

（2）从名人经历中找素材

一提到名人，很多人会先想到明星，然后才是企业名人。对于团队管理者，在关注外界新闻时，应该把企业名人排在第一位。

要做好管理就要先从之前管理做得很好的企业管理者身上学习。优秀的企业家就是管理领域的名人。

现在是一个信息爆炸的时代，随时都可以调取想学习的各种资源。但是推荐优先从企业家的个人传记、个人演讲中找素材，因为他们的个人传记、个人演讲中经常会讲一些真实发生在他们身上的故事，这些故事往往与管理有关。

把优秀企业家们的故事用自己的语言重新整合，然后放入大脑中的故事素材库，以备随时调用。

（3）从一线员工中找素材

越是平凡的人有时候越有不平凡的精神。在工作岗位上总有工作勤勉、敢于担当、业绩突出、勇于创新的员工。为弘扬先进树立榜样，你可以从所在团队或其他团队中发掘一些一线员工正面的积极案例，然后与一些管理活动整合在一起放入故事素材库中。只要有发现的欲望，想找的素材都会出现。

2. 讲故事时的三个锦囊

可能有人会说，有了故事素材，但还是不知道怎么讲。故事就要有起承转合，吸引大家的注意力；故事要有立意，故事内容要为表达的主题服务。想讲好自己的故事就需要进行大量刻意练习。

可以从TED演讲中学习别人讲故事的方法。万能结构法就是"开始—高潮—结尾"。开始部分需要让听众知道这个故事中的角色人物有哪些；高潮部分需要有困难，同时还需要有助推主角行动的催化剂；结尾部分要有转折，因为主角的决心和改变而获得成功。讲好一个故事要通过人物、情节、冲突等元素吸引听众的注意力并使之产生情感共鸣。讲好一个故事就能激发员工的想象力、启发他们思考。

锦囊1：专注传播一个观点，不要犯大而全的错误

所谓大而全的错误就是试图通过一个故事分享传达多个道理，其实专注于一个观点才能更清晰有力表达。选择你希望传达的最主要的一个核心思想，然后在你的脑海中搜寻精彩的经历，快速调用你的"故事素材库"，为你想表达的那个观点增加感情深度，使之更有信服力。

锦囊2：要有吸引员工听的"诱点"

在用故事来启发员工时，要做好故事的开场设置。让大家对故事充满好奇，这样才不至于左耳朵进右耳朵出。可以通过悬念、问题设置等环节先勾起大家对故事的好奇心，然后一环接一环讲述要表达的主要内容。

锦囊3：内容要和员工有"情感联系"

在播放次数最多的十个TED演讲视频中，有七个都致力于激励人们更好地改造自我和提升自我价值。在思考如何通过建立情感联系来激励员工改进工作的时候，一定要谨记，在满足了生理健康和人身安全的需求后，人们还有四个基本需求：爱与归属感、欲望和私心、促进个人发展、希望和变革。管理者可以借此来建立和员工的情感联系。

只要员工们被故事吸引，要表达的观点就很容易被员工接受和记住。

三、案例集中研讨法

员工犯错时，要想巧妙"批评"并让所有成员引以为戒，还可以用案例集中研讨法。案例集中研讨法，简单来说，就是借用一个发生在其他团队的真实案例，组织大家一起研讨。最好以分组形式让大家针对问题进行组内讨论，然后让小组派代表进行分享，这种讨论会让员工印象更深刻。

当员工自由地谈论和分享时，大家才能真正站在多角度去认识一些错误的严重性，在日后工作中才会更加注意。对于那个犯错的员工，会因为你没有直接批评、给予他尊重而备受感激。并且，更能认识到自己的错误造成的影响后果，自我改进内驱力更强。

最后，团队管理者需要明确表达自己的期望和目标，并将这些目标与员工犯错的事实联系起来，而不是和具体那个犯错的人联系起来。通过解释必要的标准和介绍员工犯错的后果，帮助员工理解他们必须如何工作来避免未来的错误。

当然，快速反应也是关键。如果公司出现了一次特别重大的失误性质事件，管理团队应该迅速采取行动，审查问题、认定责任，并针对性地制定预防措施和培训计划，及时回应员工的担忧和不安。

四、建立错误日志法

瑞·达利欧在《原则》中提出批评员工的三个忌讳，分别是切忌情绪失控、切忌对人不对事、切忌以偏概全。

在桥水公司，有一次交易部的负责人罗斯忘记执行交易，给公司造成了很大一笔损失。瑞·达利欧其实是可以开除罗斯的，以表明公司不接受犯错，但是他意识到那样会损失一名好员工。最主要的是，他觉得这样的处理方式会让其他犯错误的员工想方设法把错误掩盖起来，最终导致公司更大的损失，形成一种不诚实并且削弱学习成长能力的文化氛围。

瑞·达利欧向员工表明了犯错误情有可原，但是不吸取教训是不能接受的。他和罗斯一起设立了一个错误日志，要求交易员把错误和不良后果都记录下来，以便他们可以追根溯源，系统化解决问题。直到现在桥水公司的错误日志已经成为公司最强大的工具之一。错误日志就像案例库一样，后来桥水公司把错误日志上的案例都有效利用，帮助其他人避免了类似问题的发生。

所以，当发生员工犯错的情况时，管理者应该始终保持冷静、客观。处理不当会导致员工感到沮丧和羞愧，这将阻碍他们在以后的工作中发挥积极作用。

第四节　员工汇报时找借口推卸责任，如何回应能"一箭双雕"

当把下属找来了解一项重要工作的进展时，下属告诉你的第一句话不是你想听的工作进展，而是其他人的问题，核心思想就是其他员工的工作拖延影响了这项工作开展。听到这样的工作汇报，你估计会一肚子怒火。遇到这样的下属，有的团队管理者很可能会很生气地对下属说："不要给我解释原因，我只要结果。"如果直接告诉下属就是他的责任，他不一定会认同，通常还会觉得很委屈。

人性的弱点之一就是只有自己认为是自己的问题，才会加倍改进。别人直接指出来的，多半都不会心服口服。

当员工向你抱怨别人时，你们之间的对话就像一场"接发球游戏"，游戏中讲究的是最后胜出者赢。你的目的是推进工作，让工作快速开展并解决问题，而不是被员工的抱怨引导你偏离了你想了解的主题。员工避开他工作的失职给你发了一个球，讲的是其他员工的问题，你不得已要先接住这个球，但是不要停留在接住这个球的层面，而是要快速发球给对方，让其措手不及。

在这场接发球游戏中，要先对自己进行接纳训练，先接纳他的情绪。然后让员工将对别人的抱怨转变为明确表达出自己对别人的期望和要求是什么。比如：当员工 A 对你说："因为员工 B 迟迟不给我提供对应的数据，所以我没办法开展后面的数据分析。"这是员工给你发来的一个球。你接球后，一定要紧跟着问他："那你有没有明确告知 B，你要求的数据具体反馈时间节点？"或"如果在这个时间节点前，对方提供了你要的数据，你可以确保后续工作能够按进度开展吗?"你提出这样的问题就相当于又把球传给了下属 A,接下来要思考的人是他。

对于推卸责任的下属,既要让下属自己意识到自己的问题,又要帮助他推进工作的开展,可以参照如下方法去做:

一、控制情绪

霍金斯能量层级,是著名心理学家大卫·霍金斯通过实验研究以及二十年的临床实验发现的。他通过随机对美国、加拿大、墨西哥以及南美、欧洲不同种族、文化、行业、年龄的数千人的研究,数百万份数据资料分析与总结,发现人类各种不同的意识层次都有其相应的能量指数。他将这些能量指数大致划分了 17 级,这就是霍金斯情绪能量层级。

· 霍金斯情绪能量表 ·

看看你的情绪能量在哪个层级

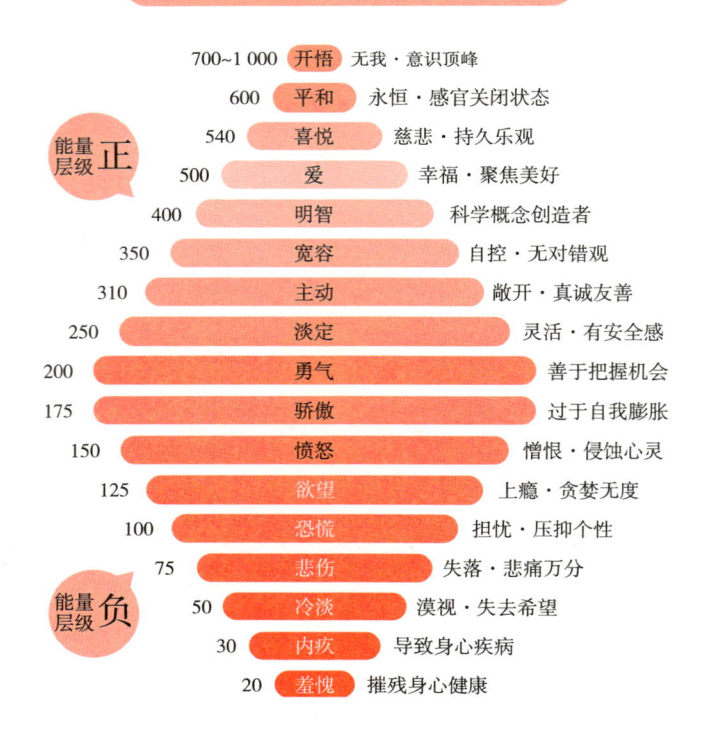

能量层级	数值	层级	说明
正	700~1 000	开悟	无我·意识顶峰
	600	平和	永恒·感官关闭状态
	540	喜悦	慈悲·持久乐观
	500	爱	幸福·聚焦美好
	400	明智	科学概念创造者
	350	宽容	自控·无对错观
	310	主动	敞开·真诚友善
	250	淡定	灵活·有安全感
	200	勇气	善于把握机会
负	175	骄傲	过于自我膨胀
	150	愤怒	憎恨·侵蚀心灵
	125	欲望	上瘾·贪婪无度
	100	恐慌	担忧·压抑个性
	75	悲伤	失落·悲痛万分
	50	冷淡	漠视·失去希望
	30	内疚	导致身心疾病
	20	羞愧	摧残身心健康

你原本在能量层级的正向，内心很平和，但是被故意推卸责任的员工气得不淡定了，情绪瞬间到了负向，内心开始有些愤怒。情绪的小火苗一旦点燃，那就会把简单的事情变复杂。当你意识到你很愤怒之后，你打算如何处理和释放它们？是把下属骂一顿，还是做个深呼吸让自己冷静下来，寻找问题的解决之策？

管理者都喜欢事事有回应、件件有交代的靠谱型员工，但不是所有员工都靠谱、都懂事。 被喜欢推诿责任、被动工作的员工惹得很生气，有一种很直接的办法就是把他推诿的借口揭穿，用愤怒的表情狠狠把对方痛批一顿，然后用管理者的权力命令让其赶快想办法推进工作，尽快拿出结果。但是这样的结果是员工会觉得你完全不理解他的困难，没有起到管理者指导工作如何具体做的作用，员工心中会愤愤不平。

正确处理任何事情的前提都是控制情绪。即使再让你恼怒的事情，也不能让坏情绪先表露出来。很多管理高手，即使知道员工是在推卸责任，也会点到为止不说破。

控制情绪的方法有：先给自己按下"暂停键"，然后深呼吸；接着继续让对方讲，自己只负责听。多问几个万能问题，比如"还有吗""你能具体说一说吗"，先不要直接去评论对方，给足时间让对方"表演"。

二、发掘问题根源

很多喜欢推卸责任的人习惯使用"我不得不"这样的表达方式来弱化自己本应承担的责任。正如马歇尔·卢森堡博士说的，每个人都对自己的思想、情感和行为负有责任，若无法意识到这点，沟通也会疏离与生命的联结。

探索出问题背后的原因很重要。有时员工工作进展滞后可能只是因为员工缺乏自信，把问题归咎于外在因素。团队管理者需要掌握提问技巧并深入了解员工情况，进行有效提问。

1. 开放问题提问法

在发掘员工问题根源过程中，建议用开放性的问题引导员工深入思考，而不是提封闭式问题。因为开放式问题让提问者显得更温和、显得好奇，可以鼓励员工多表达，搜集到更多信息。通过梳理事实和识别隐含的虚构信息，可以发现问题的根本原因。

不妨来感受一下对于同一件事情，分别用开放式问题和封闭式问题获取信息，哪种能获得更多的信息？

序号	开放式问题	封闭式问题
1	作为这个工作的负责人，你都做了哪些工作	你难道不是这个工作的负责人吗
2	你觉得遇到的困难有哪些？在你看来这些困难如何能够快速解决	你是遇到困难了吗
3	你说小B的工作进度影响了你，那你是如何寻求帮助的	你找上级寻求帮助了吗
4	你觉得下一步，你可以做些什么	困难解决后，你能完成这项工作吗
5	还有吗	没其他问题了吧

2. 强力问题提问法

显然，开放性问题会让员工在不经意间讲出更多的内容，这些都将帮助你来判断是因为客观原因导致了员工的工作进展缓慢，还是的确是因为员工不积极主动推进导致的。在提问时除了多用开放性问题外，还可以使用生涯咨询领域经常用的"强力提问工具箱"。

强力提问工具箱中包含期待性问题、假设类问题、度量类问题、差异类问题、视角类问题等。你可以从以下几个角度任选一种或两种进行提问。

期待问题："今天通过我和你交流，你期望获得什么支持，就可以快速完成这项工作？"或者这样说："你期待我如何帮你，你就能快速完成这项工作？"

假设问题："假设奇迹发生，原本分配给你的工作你提前完成了，你会注意到什么变化？"或者问："假如你认为的问题已经解决，那是因为你做了什么不一样的事情？"

度量问题："如果满分是10分，你对你自己负责的这项工作现在打几分？

差的这几分你觉得主要差在哪里？如果能够改善1分，那会和现在有什么不同？那会是什么情况？你做些什么可以改善1分？"

差异问题："用A方法做和用B方法做这项工作，你觉得会有什么不同？你去找C沟通，和你不和找他沟通，会有什么不同的结果？"

视角问题："如果你最崇拜的榜样人物知道你在工作中遇到这些问题，你觉得他会对你说什么？"

三、"G-R-E-E-T"推进法

马歇尔·卢森堡在《非暴力沟通》一书中写道："非暴力沟通要每个人意识到的是，他人的言行举止或许会激发我们的感受，但是绝非产生这些感受的原因。感受源自我们如何看待他人的言行以及我们当时的需要和期待。他人通过言语或非言语的方式向我们发来负面信息时，我们可以选择四种不同的方式来接收，第一种方式，指责自己，将错误归咎在自己身上；第二种方式，指责对方，将错误归咎到对方身上；第三种方式，关注我们自己的感受和需要；第四种方式，关注对方想要表达的感受和需要。"

针对员工汇报时找借口推脱责任的情况，管理者可以选择用第四种方式来应对，那就是关注对方想表达的感受和需要。

在帮助员工找到问题根源后，接下来最重要的是要让员工自己在沟通结束前总结出一套可行性行动方案。可以用"G-R-E-E-T推进法"，围绕如下五个关键词来帮助员工解决问题。

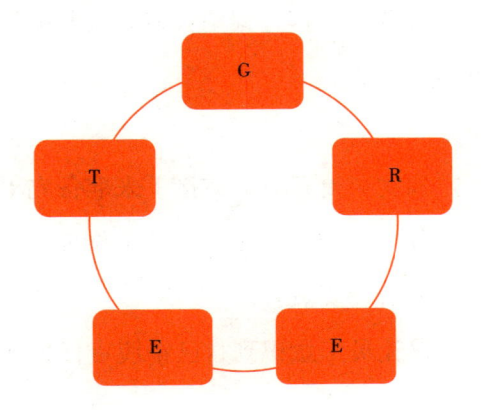

1. 目标（goal）

作为小团队管理者，不仅要明确员工的职责范畴，更要让员工明确制定自己在这项工作中要达成的目标。在管理者和员工沟通的环节，要不断引导员工澄清他在汇报的那项工作中要达成的目标是什么。因为，只有目标明确，才会更聚焦地去完成，而不是跑偏去关注别人的问题，以至于把自己的失职归咎于别人。

2. 资源（resource）

让员工对自己在开展这项工作中所需要的帮助进行分析，管理者要做的就是用提问帮助他像剥洋葱一样，一层又一层剥出想要的结果。可以这样问："你过去有哪些经验可以用在这项工作上？"或者问："你觉得还可以找谁来帮助你尽快完成此项工作？"还可以问："你觉得怎么和小B沟通，可以推进对方和你更默契的配合，不影响你的进度？"

3. 执行（execution）

在这一环节，最重要的是要让员工列出行动计划。你可以问他："接下来你准备怎么做？能具体说说看吗？"引导员工列出行动计划，就会有可视化的成果。

4. 例外（exception）

你还需要让他预见到所有可能的突发状况，从而做好应对。你可以这样问他："你觉得你在开展这个工作过程中会遇到哪些突发的情况？如果有，你准备实施什么样的B计划？"

5. 下一步（then）

可以继续追问："和我交流完后，你接下来准备先干什么？"当员工能够讲出接下来准备先干什么之后，他接下来的工作进度会快很多，因为他已经很清楚地知道了自己的行动要点。

通过高效沟通，不仅让员工意识到自己推脱责任的问题所在，并且帮助员工一步一步梳理清楚如何做可以快速拿到成果，也建立了干好这项工作的信心。这才是管理中一箭双雕的高明之处。

第五节 讨论方案时，员工对可行性质疑并当场反驳怎么办

讨论方案时，有时候员工难免会质疑管理者的方案可行性。一旦员工对方案可行性提出了质疑，直接否定员工的质疑会对确定最佳解决方案产生不良影响。一个团队是否有活力，从讨论方案时就能体现出来。

一、摒弃形式主义

一个知名公司里的技术骨干，当时的工作不论薪资福利还是个人发展方面都不错，但因为他对所在团队的领导失去了"信念"，所以换了一份工作。

他的团队领导有一次安排他去做一件事情。他去做了，结果他的领导当着所有员工的面批评他没有征求其他员工的意见，让他组织会议征求大家的想法并先暂停那件事情。他组织团队所有成员开了会并收集了大家的意见。当他把大家的意见汇报给领导时，领导淡漠地对他说："大家的意见没有意义，这事由我来决定，继续按我的想法执行。"他当时就顿悟了，原来所谓的"收集大家意见"只是形式主义。他觉得自己就是一枚棋子，所以打算另寻出路。

单纯分析这个收集意见的讨论会，很明显就是一种形式主义。所以，小团队管理者在组织大家讨论方案前，务必先问自己，是真的要集思广益还是要实施形式主义？

三人行，必有我师焉。即使是非常优秀的管理者，也应该从员工的反馈

中积极收集创意，而不是唯我独尊。

二、高情商应对被质疑

在任何组织中，讨论方案是推动创新和解决问题的重要环节。在这个过程中，员工有质疑是很常见的现象。因为员工在各自的领域拥有专业知识和经验，他们可能会提出对方案可行性的质疑。

1. 避免情绪化

当对员工的质疑进行回应时，一定要有高情商。哈佛大学心理学博士丹尼尔·戈尔曼曾在其著作《情商：为什么比智商更重要》中提出了情商。他认为情商包含了解自我、自我管理、自我激励、识别他人情绪、处理人际关系。丹尼尔·戈尔曼认为，情商属于一种非认知的技能潜能和素质范畴，在很大程度上决定了一个人能否成功面对环境的要求与压力，也就是说如果一个人能够很好地应对环境的挑战，就可以被称为情商高，否则反之。

同时，科学家发现大脑控制情绪的部分（边缘系统）受损的人，可以很清晰和符合逻辑地推理和思维，但所做出的决定都非常低级。因此断定当大脑的思维部分与情绪部分相分离时，大脑不能正常工作。人类在做出正常举动时，是综合运用了大脑的两个部分，即情绪部分和逻辑部分。一个高情商的人是会综合利用大脑中的各个部位的，并在大多数情况下运用其大脑皮层部分。

想带好团队，就要做一个高情商的管理者。 团队管理者应该保持冷静和客观，避免情绪化，多站在员工角度思考问题，尽量理解对方的立场和观点。

2. 及时回应

当员工提出质疑时，应该对其进行积极回应。首先，应该理解员工提出质疑的动机和目的。有些员工可能是出于对方案的关注和疑虑而提出质疑，有些员工可能是基于自己的专业知识和经验对方案的可行性提出疑问。不管是哪种情况，团队管理者都应该对员工的质疑进行肯定，并且认真对待，最重要的是及时给予回应。

3. 论据充分

回应员工的质疑时，由于一个问题可能涉及多个方面，团队管理者必须采取适当措施以确保员工充分了解有关该问题的所有信息。这些信息可以是专业知识、数据来源和文献资料，尽可能提供有力的证据和数据。假如员工的质疑是基于对方案可行性的担忧，团队管理者应该提供足够的证据来支持方案的可行性。这些证据可以包括市场调研数据、竞争对手相关的实践、专家的评价等。通过向员工提供这些证据，可以增加他们对方案可行性的信心。

4. 接纳和尊重

世界上没有完全相同的两片叶子，人也一样。团队中每个员工都具有独特性，大家必然会有多样性思维，各抒己见。然而，万事万物都有两面性，当员工提出质疑时，说明他认真思考并预估到一些问题，讨论到了方案的内核关键点，而不是蜻蜓点水说没问题。所以，团队管理者首先要做的是，告诉大家不要拘束，鼓励员工提出各自想法和建议。

如果立刻反驳员工的质疑，这显然会让他们感到不被尊重，甚至让自己失去信任感。作为管理者，应该接纳这些质疑，并且尊重员工的专业知识和经验。这不仅可以增加员工对方案的参与感和归属感，还可以促进团队的合作和创新。

5. 安排下次讨论

当员工的质疑不能通过一次讨论解决时，可以考虑将这个问题暂时搁置，留待进一步调研和讨论。在这种情况下，向员工保证会继续研究这个问题，并找到一个更好的解决方案。这样可以增加员工对整个讨论过程的信心和参与感。在整个讨论过程中只有保持开放的心态，才能促进大家真正讨论和创新。

三、聚焦当下目标

费城76人队球员艾伦·艾弗森在2001年的NBA总决赛中,在第五场比赛前三节没有进球,但是在第四节打出了一场神奇的表演,最终帮助球队取得胜利。在被问及为什么前三节没进球时,他回答:"我们谈论的是我没进球吗?不。是我们输了吗?不。因此我们不谈论这些。让我们继续。"

当员工因为过去某项失败而对现在的方案进行质疑时,作为团队管理者需要做的是帮质疑的员工改变心态,帮助他聚焦当下,而不是偏离当下的重点。需要告诉员工面对挫折和难题时,不能沉溺于过去的失败或局限,而是要积极面对现实,寻找解决问题的方法。

四、把执行变为选择

如果一件事情是被别人强制要求而去做的,那做的人一定很不爽。但是如果一件事情是自己选择去做的,那做的人即使在过程中遇到再大的困难也会咬紧牙关想办法完成。

就比如现在的妈妈们为了让孩子学习好,每天把孩子的日程排得满满的。孩子"拖拖拉拉"不着急,妈妈气得大吼是常事。但是如果换一种方法和孩子交流,给孩子A和B两个选择,孩子就会对自己的选择更积极地去完成。

孩子如此,成人作为独立有思想的超级个体,更需要"自由选择权"。当员工对你提出的方案产生疑问时,有一个万能问句不妨用起来,那就是问对方:"你还有什么更好的想法,讲出来大家一起听一听。"这句话讲了后,其实就是鼓励提出质疑的员工讲他的想法,有的人有想法会现场陈述,有的人只是觉得你的方案有很多不合适的地方,但是他也没有更好的想法。所以,鼓励员工大胆讲出想法后,在会议上对两个方案进行论证、对比分析,引导大家讨论,集体选择最优方案。如果员工意识到自身的思想局限性,最终会选择支持你最初的方案。前提是你的确充分讲述了甲乙两个方案的优劣性，让员工意识到你想推行的方案的合理性，最终心甘情愿地支持你。

在讨论你的方案和员工质疑后提出的新方案时，可以利用决策树思维模型，具体如下：

决策树，是一种把决策节点画成树，寻找到最优方案的画图法。决策树是一种简单高效的模型，每个决策或事件都可能引出两个或多个事件，得到不同的结果，事先推算事物发展的可能路径。决策树的构成有四个要素：决策节点、方案枝、状态节点、概率枝。在和团队员工讨论方案可行性时，可以通过绘制决策树一步一步确定最佳方案。

绘制决策树模型的步骤如下：

第一步：列出各方案（决策节点）；

第二步：写下概率及损益值（状态节点）；

第三步：计算各方案期望值（概率枝）；

第四步：比较各方案期望值，将期望值小的方案减掉，所剩的方案即为最佳方案。

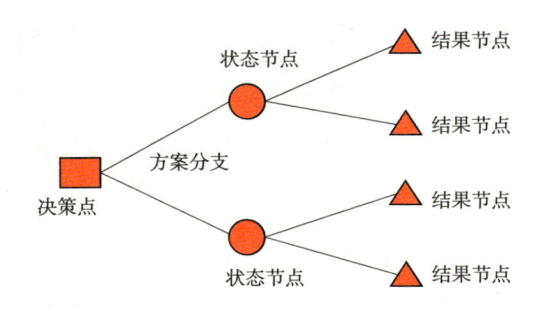

当然，如果遇到员工提出的方案是最优选时，作为团队管理者应该庆幸，团队中人才辈出，更是实现了讨论的目的，那就果断选择员工的方案。

在组织员工一起讨论方案时，要把自己的身份切换为"普通员工"，并时刻记着你的目标是找到最优解，提升团队业绩。

保持这样的心态，你就不会因为你是"管理者"的身份被下属挑战"专业性"而耿耿于怀，一切问题就会迎刃而解。

团队文化，其实是点点滴滴中形成的，创意择优就是一种文化。

正确处理员工的质疑，而不是直接反驳他们，将会有效提高讨论解决方案的效率及结果。最终，你将会打造出一个充满信任、开放的高效团队。

第六节　核心骨干提离职时，如何让他们回心转意

好不容易培养的核心骨干员工有一天突然对你说："领导，您这会忙不？我想给您说个事情。"如果你有独立办公室，员工一般会直接在办公室里讲他想离职的事情。如果你和大家都是坐在敞开式的办公区里，员工一般会略带神秘对你多说一句："领导，去会议室，我给您说个事情。"这就是很多员工离职前的开场白。

对于任何团队而言，核心骨干员工至关重要，因为他们承担着团队中的关键任务，如果突然离职就会产生重大影响。所以，当核心骨干员工提出离职时，管理者很有必要与员工开展一次"畅聊真心话"式的沟通，或许他们会回心转意留下来。

一、用"第三只耳朵"去听

倾听是指获取并理解当事人传达的信息，倾听不只是听当事人公开表达的内容，要综合言语和非言语信息，要用"第三只耳朵"去听，听出言外之意。通俗来讲就是不仅要听出问题所在，更要试图去听出对方没说出来的部分，最重要的是听出员工真正的期待。

抛开管理者的身份，就像一个好朋友一样听对方讲。在听的过程中要区

分事实、评价、观点，尽可能减少个人评判，要尊重和理解员工。一个好的管理者一定是一个能听出员工弦外之音的智者。当提离职的骨干员工向管理者讲他离职的原因时，管理者要学会"翻译"员工想说而又没有说的，说了却没有说明白的弦外之音。

二、做一个提问高手

提问是有艺术的，在设计问题时要多从双方视角去考虑如何问问题对方才会觉得舒服。

只有让对方觉得回答你的问题很舒服、没有排斥感，双方的交流才会进入沟通的心流状态，才会实现交流的最高价值。

同样，小团队管理者在和提离职的骨干员工进行沟通时，也需要在心中设计好自己想问的问题，让员工不排斥，愿意真实回答。

1. 营造轻松的氛围

为了让员工敞开心扉聊一聊想离职的真实原因，在开场时你需要刻意避开员工说的离职这件事情，不妨先找一些轻松的、与离职无关的话题和员工聊一聊。一般情况下，员工找你的目的是希望开门见山，直奔主题。但是你需要把主导权掌握在自己手中，按照你的步调一步一步展开你们之间的沟通。人们只有在完全放松的状态下才会更多地讲心底真实的感受和期待。很多时候员工聊着聊着就会打开话匣子。

2. 度量式提问

很多团队管理者在问员工为什么想离职这个问题时，得到的回答基本都是"我有点累，想离职休息休息"或"我不想做这个方向了，打算换个领域"，或"我想去学习深造""世界那么大，我想去看看"等不痛不痒的原因，这些可以统称为"非真实原因"。

当听到员工讲的"非真实离职原因"后，管理者会觉得很失望，因为员工没有说出心里话。管理者会猜想是不是薪资问题，试图用提高薪资来挽留员工，但是员工还是说打算离职。

管理者眼中的这些可以挽回员工的"糖果"对一个打算离职的骨干员工来讲，或许并不是他真正想要的。

员工有自己的价值观。特别是已经成为骨干的员工，非常有底气，对自己要什么、不想要什么，想在什么样的环境里工作有清晰的想法。

为了摸透员工内心真实的期待，开门见山提问法很多时候没有很好的效果。与之相比，度量式提问法效果会很好。

度量式提问法就是在和员工沟通时，把员工慢慢引导到你想问的话题上来，让对方在不经意间讲出想离职的真实原因。可以问他："如果满分是10分，你对自己在团队中目前的状态打几分？"当对方打了分后，可以继续问："为什么你的分数和满分10分之间相差了这些分数？你觉得主要差在哪些方面？"慢慢就会把员工引导到讲述他真实想离职的原因上了。这种柔性提问会让员工放下戒备之心，不经意间吐露心声。

3. 听出弦外之音

任何事情都有两面性，所谓的用"第三只耳朵"听，就是要去听员工所讲的不满意与满分10分之间相差的分数所对应的现状是什么，听他提到的问题背后真正的期待是什么。

比如，员工说"我天天加班，家里人对我不顾家、没时间陪孩子这件事很不满意""听说这次评优没有我"，听到这些话时，就要去发掘背后真正的原因了。只有真正明白员工看重什么，什么对他很重要，他想要什么，你才会明白问题的本质。

一般职场人想离职的原因基本可以概括为对现状不满。而对现状不满可以分为两类，分别是对工作不满和对生活不满。对工作不满时就会产生两个互相矛盾的想法，即换工作和不换工作。对生活不满主要为对休息时间不够不满，或对学习者角色时间太少不满等。和员工交流时尽可能围绕人物、起因、事件、相关人、时间、过程这几个元素，要注意多问细节。不要着急去得到一个快的答案，要耐心地收集尽可能多的细节信息。相关沟通技巧如下：

- 问人物：因为哪些人让你产生了想离职的想法？
- 问起因：为什么产生了这个想法？
- 问事件：发生了什么事情？让你产生了什么样的困惑？
- 问相关人：这件事情都和谁相关？
- 问时间：让你觉得不舒服的这件事情是什么时候发生的？持续了多久？
- 问过程：这事情是如何演变的？

三、讲述职场真相

当你用"第三只耳朵"听，用强力提问等方式了解了员工想要离职的真实原因后，接下来的沟通就会更有针对性了。

管理者在和想挽留的骨干员工交流时，要让自己有职业生涯咨询师的意识，站在咨询视角真正帮助员工找到问题的突破点。

1. 生涯四看模型

来自精英的生涯四看模型是从四个不同维度对一个人的发展方向进行动态思考的工具，用这个工具模型可以帮助员工从现状出发，充分盘点各种可能性，从而意识到不是只有离职一个选择。

生涯四看分为四种方向，向上看、向内看、左右看和向外看。

- 向上看：就是在企业里往更高的层级和级别走，比如专员—主管—经理—总监—更高管理层。
- 向内看：就是在原来的领域往深里走，成为专家型的人才。比如说研发人员从助理工程师到高级工程师，到首席科学家，就是走专家路线的。
- 左右看：指的是在不同岗位上的变化。这种位置往往对于掌控全局没有那么大的执念，也不需要专业精深到多大的程度。它可以体验不同的精彩，带来职业的成就感和满足感。比如从研发岗位转到职能岗位等。

> 向外看：可以建议员工先走第一步，向上看和向内看。基于过往的经验积累，在原有方向的基础上探索细化的新机会。在没有内部机会时再考虑向外寻找机会。

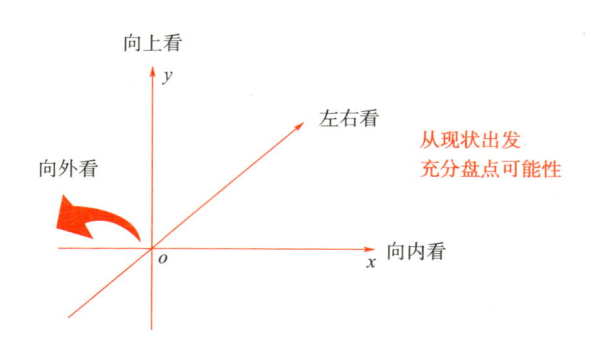

具体的探索过程分为两步：

第一步：列出四个方向上的发展可能性

以员工当前的工作为原点，让他想想如果分别向这几个方向发展，具体的可能性有哪些？让员工不要评判自己，把他能想到的都用白纸黑字写出来，让他感受自己当时的情绪。

第二步：分析利弊和讨论

让员工结合自己书写时的感受，分析每个方向上给自己带来什么价值，以及自己要相应付出什么。

2.分享职业回馈公式

如果用生涯四看模型帮助员工分析后，员工还是打算选择向外看、想离职，那接下来可以讲一讲职业回馈公式，用职场真相来唤醒员工。

生涯领域有一个很著名的公式叫职业回馈公式。不论处在哪个阶段的职场人，在职场中可以得到的回馈都适用这个公式。这个公式如同能量守恒定律，是此消彼长的关系。

$$职业回馈 = 金钱 + 空间 + 情感$$

可以按照"一问二比三分析"法引导员工进行自我分析。

第一步：一问

问员工新的岗位会给到的薪资总额是多少，固定和浮动薪酬占比各多少。一般情况下直接问员工这个问题，他是不会真实地告诉你的。对于提出离职的员工而言，他没有义务告诉你真实的下一份工作的待遇。所以，不要试图在这个环节了解到真实的数字是多少，你提出的问题是抛给员工自己的。这个环节，收起你的好奇心，你只要做一个提问者即可。

第二步：二比

接下来可以这样问员工："你不妨把你打算去的企业给的薪酬和在公司未来两年假如你不离职涨薪后的薪酬对比，你觉得哪里高？"在这个环节，管理者依旧只是做一个提问者，不要期待员工说出真实的对比结果，这个问题的目的是唤醒对方，而不是得到答案。

第三步：三分析

在职场中，很多时候员工跳槽到新的公司工作一段时间后，才发现原来自己跳槽加入的新公司给的薪酬其实是"自己未来两年左右的薪酬空间"。很多时候职场人从一个企业跳槽加入新的企业，起薪看似涨了，但如果未来两年时间能力和业绩没有大的提升，那在新的企业里加薪机会很少。如果在原企业，因为工作得心应手，有很多机会可以去创造业绩，可以实现快速加薪。所以，作为团队管理者在帮助员工进行分析时，要围绕职业回馈公式给员工讲清楚跳槽如果是因为薪资问题，到底值不值得。

不仅要看薪酬，还要看空间。**这里的空间不仅指职位上升的空间，比如从普通技术人员升职为部门团队负责人。人们往往会忽略另一个非常重要的空间，那就是横向的相对稳定、自由的空间。**

另外，情感也是重要的参照。员工在现在的团队中都熟悉了，人际关系处理得心应手。如果去了新的团队需要从0到1建立新的人际关系，不排除有的人去了水土不服。所以团队管理者要学会对提出离职的员工围绕这三大方向去谈。可以参考的沟通技巧有："一个人价值的提升并不一定只有跳槽才能完成，其实在当下的工作岗位上就能够创造。"

同时，也可以用"倒三角模型"引导员工思考一下他有什么、凭什么、想要什么。最终引导员工意识到其实他想要的，现在的团队也可以给他。

可以拿出一张纸，帮员工一起来梳理下。画一个倒三角，分别在顶部、中部、底部写上有什么、凭什么、要什么。

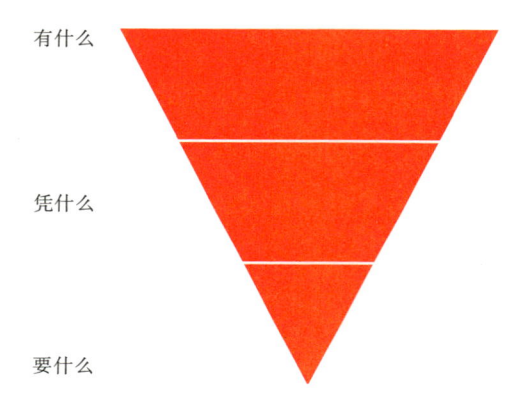

3. 留出思考空间

引导员工做了以上分析之后，要及时问员工有没有和他之前想得不一样的点让他瞬间被触动。不要直接问："听完我讲的，你还决定离职吗？"最好的方式是给足时间让对方考虑。

四、亡羊补牢

当然，仅靠员工自己想明白收回辞职申请，不足以规避以后还有类似事件发生。做管理就是要发现问题、解决问题，真正解决员工们在意的问题，亡羊补牢为时未晚。为了避免有更多骨干人员离职，管理者需要及时反思管理中的问题，不断完善管理方式。

1. 给足重视

管理者需要适时向核心骨干员工伸出橄榄枝，强调他们在公司中发挥的重要作用，并让他们知道自己很受重视。在一些事情上给予一定的自主权利、机会等，同时表达对他们的期望。被尊重、被看见、有成长空间，对于优秀人才来讲有时候比高薪资更重要。

2. 提供职业发展机会

有时员工想离职是因为他们看不到自己的"进步"空间。你可以向核心骨干提供团队中的其他职位或新项目中的各种内部职业发展机会。通过这样的方式，使他们看到未来发展的各种可能性。

3. 改善工作环境

作为团队管理者，还要关注员工的工作和生活平衡，避免员工在过于苛刻的环境中工作，导致身体或心理问题发生。比如，非必要的加班是否可以缩减，给予大家更多和家人相处的时间；给予骨干人员一些弹性福利。员工只有身心满足，才会在工作中创造更大的价值。

像管理高手一样思考

（1）如果你是一名"空降管理者"，你打算用什么方式进行团队破冰？

（2）你觉得团队中最难沟通的下属是谁？今后和其沟通时你打算如何改变？

（3）你在批评员工时使用过"高效能故事法"吗？

（4）对于推脱责任找借口的员工，你打算用"强力提问"的问题有哪些？

（5）讨论方案时面对员工质疑，正确的做法有哪些？

（6）你打算如何围绕"职业回馈公式"挽留提出离职的骨干员工？

第三章 03

人才培养，
授之以渔而非授之以鱼

管理的最高境界是让下属觉得遇到了贵人，即使若干年后已经不在一起共事，曾经的下属也对你记忆犹新、心怀感激。

——范敏

第一节　如何让新员工快速上手，跟上团队的工作节奏

每个人都曾经有一个身份，那就是"新员工"。如果现在让你回想一下当年还是新员工时的画面和感受，会想到什么？你对当时的团队领导是感激，是无感，还是不喜欢？

管理的最高境界是让下属觉得遇到了贵人，即使若干年后已经不在一起共事，曾经的下属也对管理者记忆犹新、心怀感激。

每个管理者的成功不是成就自己，而是培养队员和发展团队。在这个过程中有一个很重要的环节就是新员工培养。

很多新员工一入职，就被安排去做团队中大家都不愿意干的琐碎工作，有的刚入职第二天就直接被安排出差。这样是解决了团队人手紧缺的问题，但是往往会导致团队和新员工两个主体双向不满。对于团队而言，原本是为了尽快有人补位完成团队任务，但是因为新员工对新岗位还没适应从而工作效率低下，有的被派去客户方的新员工甚至引发了严重的客户投诉。对于新员工而言，还没有了解团队的人员构成、团队文化，没有适应新岗位就直接被安排去工作，觉得岗位和自己最初预想的不一样，会失落并缺乏归属感，最终辛苦招聘的人才因此而流失。所以，当团队中有新员工加入时，最重要的一个环节是新员工培养。

有时候你以为的快，其实是慢。现在做看似慢的事情，其实是为了以后的快。想让新员工快速上手，跟上团队的工作节奏，就要做好这三个方面：

第三章
人才培养，授之以渔而非授之以鱼

一、让新员工感到被重视

一个应届生新员工辞职了，原因是他觉得不被现任领导重视。他说第一任领导会亲自带教他，告诉他工作具体流程、注意要点等，会定期过问他的工作进展和适应性等。但第一任领导离职后来了一位新领导，新领导没有和他单独沟通过一次，没有给他具体指导应该怎么做，几乎没关注过他。因为觉得不被重视，工作没有了积极性，最后就辞职了。

这个例子反馈新员工身上的这样一种需求，那就是迫切地想感受到自己被领导重视。如果能够让新员工感受到被重视，那他们一定会比你既定的节奏成长得更快。

1. 营造入职仪式感

刚加入团队的新员工通常会有一段沉默期，典型的表现是在自己的工位上敲打键盘，一声不吭。周围的老员工忙得像热锅上的蚂蚁，也顾不上和新员工说话。出现这种现象，很多时候是因为老员工不知道来了个新员工，或者不知道新员工是什么职位，多一事不如少一事，所以不问也不交流。新员工会觉得同事之间很冷漠，氛围和自己想得不一样。本来应该快速熟悉，尽快进入学习和工作状态的新员工会因为和大家比较生疏而延长了适应期，工作效率也有了影响。

所以，在新员工入职当天做好新人介绍很重要。可以是在办公区给团队成员现场介绍新员工，也可以是在微信群、钉钉群或者企业内部开发的交流平台上介绍新员工并发布具有仪式感的欢迎词。

在团队有活动经费的情况下，最好组织新员工欢迎会，组织员工们一起去大家喜欢的地方聚餐。在团队聚餐中，管理者可以讲一些欢迎词，大家在这种轻松愉快的氛围中，很快就会消除彼此之间的陌生感，新员工也会因为这样有仪式感的欢迎会深刻感受到团队的温暖。

2. 把入职沟通做到实处

很多管理者觉得每季度在新员工见面会上答疑就是和员工沟通。试想一下，如果你是一个新员工，你会在集体会议上真正去问自己想问的问题吗？你会没有顾忌吗？

往往这个时候很多新人都会选择沉默，或者问一些不痛不痒的问题。而管理者在回答问题时，也基本是用一些官方沟通技巧进行回答，这样的会议其实没有体现和新员工进行入职沟通的本质意义。

最好的沟通是和每一位新入职的员工在入职1个月内做一次1对1深度沟通。

团队管理者和新员工沟通这件事情，管理者有没有设身处地、发自内心地和员工沟通，员工是能感受到的。真挚的沟通，意义深远。不论刚走出校园的应届新员工，还是在职场多年的社招新员工，大家在新团队中都希望感受到真情实感。

团队管理者是不是真情沟通，就从有没有为这件事情做准备，愿不愿意花时间和大家真正聊到心上就能看出来。所有的应付差事、表面主义，都会被感知。

不偷懒，发自内心并设身处地站在新员工角度为他们长远规划，通过一次高质量的1对1沟通，就可以在新员工的心里种下理想的种子。

应届新员工是团队中未来的明日新星，踏出校园后对新的环境充满了期待，也希望大展拳脚。如果因为管理者忙碌而忽略对这个群体的关注，应届新员工就会觉得缺失了一份期望。对于社招的有经验的新员工，虽然他们有了自己的经验和价值观，但是他们也希望能和上级领导在最开始有一次真挚的入职沟通。

除了正式的1对1沟通，在平时工作中也随时可以通过一些小细节让新员工感受到被重视。比如，在很多知名企业都有走廊文化，当管理者在走廊中迎面看到刚入职的新员工时，就会拍拍那位员工的肩膀说："成长很快，加油干。"所以不要忽略肢体动作，就比如一个细微的拍肩膀就可以让新员工觉得领导对他很关注，他会更加努力。

二、新员工培养形式丰富化

想让新员工快速适应团队节奏，团队管理者一定要制订一个明确的新人带教计划，COSTA五线谱带教法就很值得在团队中尝试。

五线谱是一种记谱法，通过在五根等距离的平行横线上标以不同时值的音符及其他记号来记载音乐，主要服务于键盘乐器。在新员工培养上也可以参照五线谱培养法。

课程线（course）	公司通识类课程、专业知识技能课程、自我管理课程、团队管理课程等
拓展线（outward）	参观总部、一线实习、名企参访、外部游学、团队拓展训练等
人际线（sociality）	导师制、结交学习伴侣
测评线（test）	DISC测评、MBTI职业性格测评、盖洛普优势识别器测评、九型人格测评等
行动学习线（action）	主要围绕小组议题研究、制定解决方案等展开

1. 课程线（course）

这是新员工培养过程中最常用的一种形式，主要以课程培训为主要方式，课程设置包含公司通识类课程、专业知识技能课程、自我管理课程、团队管理课程、其他管理课程等。

2. 拓展线（outward）

拓展线培养法可以分为企业内拓展和企业外拓展两种。对于属于集团化管理的团队，可以安排新员工去参观总部加深企业文化的认知；同时为了加深对一线生产、销售等环节的了解，可以安排新员工去一线轮岗等。企业外部的拓展形式有为员工安排名企参访、外部游学等。

3. 人际线（sociality）

人际线最典型的一种就是导师制。也就是给每个新员工安排一个带教导师，在新员工试用期内由导师对其进行具体业务指导，关注员工的学习进展等，这种方式可以称为自上而下的辅导。

很多企业都在推行导师制，有的企业甚至会让导师在员工还没有入职前就进行沟通。比如在华为，应届新员工培训实行导师先行制。华为会将校园招聘录用的大学生提前分配到各个业务部门，在毕业生还未进入华为之前，华为会提前给每个人指定一名导师。为了规避大学生尚未入职可能带来的后续风险，华为要求员工导师一个月必须给他们打一次电话，了解他们的个人情况、精神状态、毕业论文的进展、毕业离校安排等。如果毕业生确实想进华为，导师会帮助他们提前了解岗位相关知识，并帮助他们做好走向工作岗位之前的思想准备。

在另一个互联网巨头，新员工入职第一周会被安排在公司自助餐厅里和负责他们的导师第一次见面并共进午餐。导师们负责回答新人的各类问题，从工作到生活，再到八卦，都是新人感兴趣的话题。简短介绍之后导师会和其他老员工在这个环节介绍公司的文化。

还有一种比较好的人际线学习形式是结交学习伴侣。因为新员工对新的团队有陌生感，可以鼓励新员工在老员工中寻找一个自己的学习伴侣。学习伴侣不和新员工的最终考核挂钩，只是给予关怀和帮助。这样可以帮助新员工在入职前几个月快速适应团队工作。

4. 测评线（test）

好的人才测评可以帮助团队管理者全面了解员工。测评的形式有线上测评和线下测评，比如常见的 DISC 测评、MBTI 职业性格测评、盖洛普优势识别器测评、九型人格测评等。

5. 行动学习线（action）

没有学习就没有行动，没有行动也就不会发生学习。"行动学习"是管理思想家雷格·瑞文斯于 1940 年提出的。行动学习的核心假设是人们在解决实际问题的行动中学习得更快。

在某一领域精通的人，不管是小提琴家、运动员，还是外科医生，学习的方法都异于常人，他们将活动分解成细小的动作，不断重复、不断调整、逐步改进。畅销书《刻意练习》中将这种方式称为刻意练习，也就是有意重复类似的小任务，及时反馈、修正和实验，并且强调只是简单练习，没有反馈和实验是不够的。

学习仅停留在理论上是不够的，没有实践就难掌握核心要点。行动学习线可以理解为让员工在"干中学"，就是通过行动来学习，即通过让新员工参与一些实际工作项目，或解决一些实际问题，从而提升学习效果。行动学习集中关注的是一个问题、项目、挑战、任务等，必须有一定的重大意义。其核心实体是行动学习小组，这个小组的组员应该具有多元化的经验和背景，一般情况下理想状态是4~8人一组。具体实施时可以按照明确任务、成立小组、分析问题、问题重组、确立目标、制定战略、采取行动这些步骤开展。

三、区别对待"慢跑新手"和"专业马拉松选手"

在《怎样有效学习，创造一流学习体验》中作者朱莉·德克森有这样一段生动的形容："假设三位学习者分别是一名慢跑新手，一名优秀的业余跑者，以及一名经验丰富的专业马拉松选手，他们需要不同程度的指导，而且还需要截然不同的学习设计。"的确，正如作者说的，"慢跑新手"需要大量的详细指导，要由简单到复杂一步一步教，让其逐渐适应。对于"业余跑者"和"经验丰富的马拉松选手"，需要老师给予更多的自主权，更专业的有一定难度的知识。

小团队中的新员工有两类，一类是初入职场的应届毕业生，一类是有一定工作经验社招员工。刚从大学校园出来进入职场的新员工就是"慢跑新手"，而新加入的有工作经验的社招员工就是"业余跑者"和"经验丰富的马拉松选手"。对于这两大类人在前期培训时需要区别对待，需要制订各自对应的带教计划。

新员工的带教培养需要从认知上开始。有经验社招员工的培养应该是有针对性的。很多团队为了省事把两类人员一起组织，没有考虑到有经验的社招新员工的需求，反而让新员工在入职前几个月的体验感很差，有的因此而流失。新员工的培养要有共性培养项目，也要有特性培养方式。

1. 不强制坐在教室里听课

一般情况下团队对新员工的培训都是集中在同一个时间、同一个会议室听一些入职课程。对于社招新员工，可以允许他们自愿申请"跳课"，也就是说如果有员工觉得这些知识很初级没有必要，可以申请不参与这些课程。他们可以直接提出他们想学习的方面，然后单独向团队管理者请教。

2. 岗位锻炼培养法

如何让经验丰富的人快速适应？最好的办法是不要着急用人。对于一些你要重用的具有丰富经验的核心新员工，可以派他们去总部相关岗位学习一个月，先让他们通过自己的眼睛去看，通过自己的耳朵去听，通过自己的内心去感知，他们会快速适应企业、适应团队、适应岗位，快速为团队作出贡献。

对于成熟型人才，管理者给予他们的，即使不说出来，他们也自然能明白管理者的良苦用心。

3. 教练式沟通法

很多管理者会有这样的感受，有时候给新员工传达了一个任务，到最后却发现新员工反馈的结果和预期的相差太远，甚至南辕北辙。为什么会出现这种情况？因为在沟通的过程中出现了问题。

最直接的原因是沟通中出现了"漏斗效应"。可能你想对员工表达的内容是100%，但实际在向新员工讲述时，因为自身表达原因或一些隐晦表达，只表达出80%的意思。然后因为新员工的理解能力或其他外部"噪声"的影响，新员工只听到了你所讲出内容的60%。实际上对方可能真正只听懂了40%，等到最后执行时只记住并执行了20%。

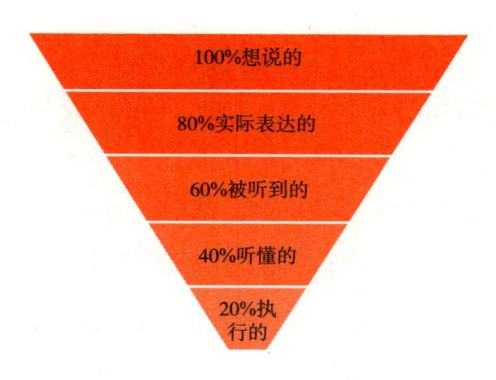

```
100%想说的
80%实际表达的
60%被听到的
40%听懂的
20%执行的
```

要减少沟通中出现的"漏斗效应"，就首先要从自己身上进行改进，减少第一个因为你漏掉的20%，也就是减少你心里想表达但被漏掉的那20%。提升你的表达能力，减少你的顾忌，把话讲明白，任务部署清楚，要求什么样的结果、完成时间节点、容错率等，精准地说出你真正想表达的全部100%。

然后用教练式沟通法，不断和新员工确认其理解的任务目标，确认新员工是不是真的接收到了你讲的100%的意思。很多时候，新员工刚到全新的团队，对领导的做事风格、管理要求、严格程度、对结果的标准要求等并不适应，可能在听到100%的内容后会因为一些小聪明，觉得执行到一个差不多的程度就行了。为了规避这个结果，你需要不断确认，不断追踪过程，不断重复你的标准等。

用教练式沟通法，用独特的语言技巧，直击沟通漏斗中出现的问题核心，将你要表达的内容清晰并精准地传递出去，与新员工迅速地达成共识，帮助新员工明确你下达的工作任务及指令，过程跟进并激励他们发挥潜能。最终新员工们一定会快速成长，你也会收到满意的结果。

第二节　如何把胆怯的下属培养成跨团队沟通能手

曾有一组调查数据显示：超过85%的人向领导汇报工作时会觉得局促不安；63%的人和同事沟通工作时能发信息就绝对不打电话；44%的人喜欢在网络世界里和人交流，不愿意当面交流。这就是职场员工典型的"社交恐惧症"表现，最主要的原因是害怕沟通。但是沟通在职场中至关重要，跨团队沟通也是常态。

职场中经常会出现很多新员工由于胆怯和缺乏自信，一遇到跨团队沟通类工作就止步不前的现象。如果团队管理者每次都要亲自出面沟通，那可想而知，员工永远是站在领导后面的那个人。这样不仅员工得不到锻炼，管理者的时间精力也会被占据。所以，帮助员工提升沟通能力，鼓励员工进行跨团队沟通非常重要。

一、了解他们的困境

很多职场新人在对外沟通时往往很胆怯并逃避，总会说"我不行，您还是让小A去沟通一下吧"或者"领导，我上次吃了一次闭门羹，我怕我完不成任务"这类的话。可能你会觉得这个员工是在推脱工作，但有时候其实不是员工故意推脱工作，而是他们需要更多指导和帮助。

胆怯的下属通常因为自我怀疑、社交焦虑或不自信而在跨团队沟通中遇到困难。你需要了解他们的具体困境是什么，通过沟通了解他们觉得有哪些挑战，以便能够有针对性地提供帮助和支持。通过聆听他们的心声，能够更好地理解他们的困惑和需求。

1. 建立信任关系

建立信任是培养下属成为跨团队沟通能手的基础。胆怯的下属对于他人的判断和评价往往比较敏感，因此他们需要感受到领导者的支持和理解。与下属建立良好的人际关系，才能够打破沟通隔阂，让下属敢于把自己真实的感受和顾虑说出来。当管理者知道了他们向外沟通时的感受和顾虑后，才能有针对性地对其进行指导，从而让其更好地开展这项工作，而不是只单纯觉得员工不想接受被安排的工作。

2. 倾听事实，不作评判

当下属某次跨团队沟通不够理想时，首先要保持积极的沟通和探讨的态度。通过与下属进行深入交流，了解他们当时的工作思路和决策逻辑，找出这次沟通不畅的根源。在这个过程中要鼓励下属表达自己的观点和理解，通过与下属互动，可以提供建议和指导，帮助他们找到解决问题的方法。

二、明确他不只代表"他"

很多新员工在和外部团队沟通时有些胆怯，是因为员工内心觉得自己和对方的职务级别不对等。如果员工是这种原因不敢对外沟通，管理者就要给自己的下属"壮胆"了。

职场上正常的工作沟通并不像胆怯的员工想的那样因为职级不对等而多了"一堵墙"，并不是低级别的员工就不能找高级别的经理或副总沟通，不是高级别副总或经理就会对低级别找他沟通的普通员工区别对待。事实上，很多做到高级别的人都有着优秀的职业素养，比如平易近人、严谨细致、更有同理心等。

作为团队管理者，要做好员工赋能工作。对于胆怯的员工，在安排跨团队沟通类工作时，首先最重要的是告诉他：他代表的不仅是他自己，还代表所在的团队。多鼓励这类员工突破心理障碍，并且提出明确期望，确保他们理解所做的工作标准和质量，以及达到更高水平所需要的努力和投入。

三、帮助员工增强自信心

1. 让员工打破自己不行的"枷锁"

曾有人做过这样一个著名的实验，名字是"跳蚤实验"。研究人员把几只跳蚤放在一个玻璃瓶里。开始时没给瓶子盖盖子，跳蚤就拼命逃跑。后来研究人员在瓶子上盖一个盖子，盖了几分钟后再把盖子拿开。瓶子里的跳蚤开始时还是拼命往外跳，当遇到盖子阻拦后就不跳了。后来即便没有了盖子，它们还认为自己无法跳出去就索性不跳了。

这个故事说明一个道理：很多时候眼前并没有困难，很多人却给自己预设了一个困难，认为存在的"枷锁"吓得止步不前。工作中也是，很多新员工可能是之前有过和别人沟通不畅的经历，所以接到跨部门并且要和更高级别职位的人沟通的工作后，不自觉就认定自己能力不行，认为无法取得满意结果。

作为团队管理者需要给他们更多的信心，可以通过一些发生在团队中的高效沟通案例等给予新员工方法，帮他们重新建立自信。

2. 一起参加跨团队会议

除了让员工敢于去沟通，还要帮助他们提升沟通质量。实际工作中经常涉及跨团队沟通，如果新员工对其他团队的很多工作不了解，在沟通中也会出现信息不对称等问题。团队管理者平时就要多带新员工参加一些公司内跨团队的会议，让他们在旁听中了解其他团队的工作和相关流程。

3. 提供必要的培训

帮助下属掌握跨团队沟通的基本技巧，比如：有效倾听、表达清晰、灵活应变等。同时，鼓励下属多参加一些沟通技巧类培训和外部分享等。通过有针对性的培训，弥补不足，提升沟通能力。

4. 提供锻炼机会

摩根、罗伯特和麦克三人在合著的《构筑生涯发展规划》中提出人才培养"7-2-1"原则：在员工个体能力的发展过程中，70%的效果来自富有挑战性的工作实践；20%的效果来自与榜样共事以及上下级/同级之间的反馈和指导；10%的效果来自正规培训（讲授和自学）。由此可见，要想员工快速成长，最重要的还是通过参与有挑战性的工作来帮助其成长。在有挑战性的工作中，他会为了特定的工作目标被推动和周围同事沟通，逐渐锻炼并提升了沟通能力。

锻炼是成长的关键。为胆怯的下属多提供锻炼的机会，可以帮助他们逐渐克服胆怯并展现潜力。例如，让他们参与跨团队的项目或工作组，与其他团队成员进行交流和合作。在锻炼的过程中，管理者给予足够的支持和指导，帮助下属逐步适应新环境，提高团队沟通能力。

不仅如此，在平时就注意提升员工的沟通能力也很重要，比如通过环境等外界的条件营造沟通契机。总部位于拉斯维加斯的美捷步，是一家在线鞋类零售商。这个公司的首席执行官非常重视员工沟通能力的提升，他非常理解沟通的力量，鼓励员工之间加强沟通。首席执行官特意安排人在办公区域做了一个特殊"设置"：所有的员工起身打水时，只能从同一个出入口走到饮水机旁边。公司以此来鼓励他们"偶遇"，鼓励员工之间利用打水的间隙多频次沟通、恰当互动。

5. 建立持续改进机制

管理者还应该建立持续改进的机制。你可以与下属共同制订改进计划，并设定明确的目标和时间表。可以每隔一段时间进行回顾和评估，找出改进的空间和方向。也可以提供一些启发性的问题，帮助他们打开思路。也可以借鉴创新管理的方法，比如"逆向思考"等，通过鼓励下属打破常规的思维方式，提升沟通能力。

第三节　如何让老员工的能力多元化，及时满足新项目需求

管理者好不容易和客户谈了一个新项目准备带着团队大干一场，时间紧、任务重，还涉及一些新的技术要求。对于团队成员而言，每人身上都有原本的工作职责和任务，一般情况下大家都不愿意承担过多的任务，对于新项目的任务分配更是会出于本能，能少承担就少承担，并且有的员工会说自己能力不行做不了新项目的工作等。这个时候，人员紧缺成了新项目开展的主要问题。

要解决新项目的人员需求问题，除了特殊时期招聘新人加入，还需要有长远视角，平时就要留意发现老员工的潜能，培养老员工多元化的能力。

一、帮助员工培养第二技能

首先，很多新项目往往需要跨学科的知识和技能，而老员工长期从事某一领域工作，可能只形成了单一方面的能力；其次，有的新项目可能会周期较短，要求员工具备快速学习和适应的能力。此外，有的新项目需要员工具备更好的创新思维和团队合作能力。因此，培养老员工多元化的能力成了团队管理者要提前考虑的事情，虽然不紧急但是很重要。

如何培养老员工多元化能力？在我看来内驱力和外推力都很重要，只有两者兼有才会有好的效果。

第一步：了解老员工的能力和兴趣

要让员工本人有强烈的意愿去扩充自己的能力圈。在解决这个问题之前，先要了解老员工的能力和兴趣，通过与老员工进行面对面的交流和深入沟

通，了解他们的优势、兴趣爱好等。这样可以更好地了解他们的潜力和可能的发展方向。这个过程可以用能力四象限法来很快识别。

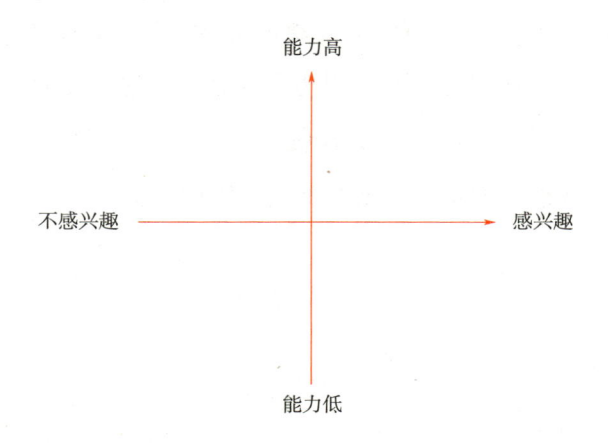

```
              能力高
                ↑
                |
                |
 不感兴趣 ←——————+——————→ 感兴趣
                |
                |
                ↓
              能力低
```

举个例子，团队人员配置原本很合理，员工基本是在自己擅长的岗位上工作。但因为新项目的需求，必须增加现有部分人员的工作量，扩充他们的工作范围，要选一些人出来。

第一象限：能力高、兴趣高。和员工小 A 沟通，管理者把新项目所需的 Linux 开发能力要求告诉小 A 后，发现其实 Linux 开发方面一直作为他的斜杠技能在精进，因为他非常感兴趣，曾经有一段工作还用过这个技能。通过能力四象限分析后，很明显可以看出小 A 属于"能力高、兴趣高"这类人。

第二象限：能力高、兴趣低。和员工小 B 沟通，管理者把新项目所需的 Linux 开发能力要求告诉小 B 后，发现小 B 也有一段用这个技术进行开发的工作经历，这方面能力还不错。但是，小 B 告知现在对这个方向不感兴趣，只想做现在自己这个岗位上的工作。通过能力四象限分析后，很明显可以看出小 B 属于"能力高、兴趣低"这类人。

第三象限：能力低、兴趣低。和员工小 C 沟通，管理者把新项目所需的 Linux 开发能力要求告诉小 C 后，发现小 C 对新项目所需的这个技术一无所知且一点也不感兴趣。通过能力四象限分析后，很明显可以看出小 C 属于"能力低、兴趣低"这类人。

第四象限：能力低、兴趣高。和员工小D沟通，管理者把新项目所需的Linux开发能力要求告诉小D后，发现他也懂点Linux，虽然这方面做得少、能力一般，但是非常感兴趣，并且很想多涉及一些这方面的工作。通过能力四象限分析后，很明显可以看出小D属于"能力低、兴趣高"这类人。

经过沟通，在能力四象限中就会看到清晰的人员分布图，具体如下：

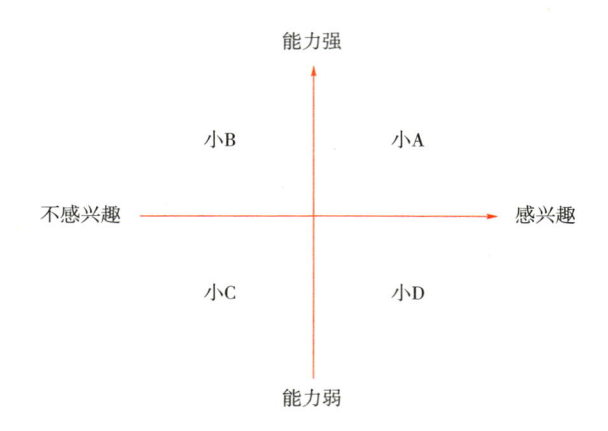

```
                能力强
                 ↑
                 |
        小B      |      小A
                 |
  不感兴趣 ——————+——————→ 感兴趣
                 |
        小C      |      小D
                 |
                 ↓
                能力弱
```

对于小A，因为他能力强、兴趣高，可以直接把他分配到新项目中，让他投入更多精力在新项目中，凸显外化这方面的能力。

对于小B，因为他能力强、兴趣低，可以用新项目的亮点和激励政策来吸引，使其愿意加入。鼓励员工在不确定性时代全方位考虑，重新定位。

对于小C，因为他能力弱、兴趣低。与其花过多精力在他身上，还不如更好发挥其他员工的潜能，在新项目人选中果断放弃。

对于小D，因为他能力弱、兴趣高。要做的是对他进行培养带教，逐步发掘其潜能，比如安排这方面能力强的人带着他学习，及时指导。

第二步：拆分职业能力

在完成第一步，了解了老员工的能力和兴趣后，接下来就要带着员工做第二件工作，那就是拆解职业能力。

接着刚才的例子，放弃小 D 这样的员工加入后，因为小 A 这样的员工本身能力很强，一直也在精进，就可以直接让其参与项目，甚至作为新项目的牵头人等。对于小 B 虽然有这方面能力但因为兴趣一般很久没刻意练习并精进，所以需要通过拆分职业能力，让其更有内驱力去有针对性地提升自己，从而适应新项目的需求。对于小 C 虽然兴趣高但是还欠缺岗位必备技能，需要系统学习提升，也需要拆分职业能力。

在拆分职业能力前有必要让员工先学习了解能力三核模型。能力三核模型是新精英职业生涯规划课中的一个非常重要的模型，在过往工作中我经常把这个模型与员工能力提升项目结合起来，效果不错。

知识 —— 我们知道的东西
技能 —— 能操作与完成的技术
才干 —— 自然而然反复出现，可被高效利用的思维、感受或行为模式

能力是知识和技能以及才干的总和。能力三核包含三个元素，分别是知识、技能、才干。为了解决"什么都会干"的问题，需要做两个动作：第一个动作是拆分职业能力，也就是把能力拆分为知识、技能、才干；第二个动作是根据差距列出行动计划。

别人讲的，当事人不一定会觉得重要。只有自己领悟到的，才能激发动力。

管理者要作为引导者，带领员工先去拆解自己的职业能力。拆解职业能力时，先让员工找到对应岗位的职位描述，识别职业能力。然后把新项目职位描述的内容，按照知识、技能、才干三个方面进行结构化拆解。

以研发团队为例，假如团队之前没有设置 Linux 开发岗位，但是 Linux 开发岗位是新项目涉及的，想知道某一个老员工现在的能力是否满足这个岗位，可以先让员工把这个岗位要求的知识、技能、才干进行拆解。

比如：新项目中 Linux 开发岗位描述、任职要求如下：

岗位描述	任职要求
（1）负责 Linux 内核、虚拟化平台的技术支持，为客户提供云操作系统故障诊断、问题分析、优化建议； （2）解决在 Linux 内核、虚拟化平台上遇到的性能和稳定性问题，给平台与客户提供技术支持、建议等； （3）从技术方面提升产品质量和客户体验； （4）根据业务需要引入开源社区成果，对开源社区反馈研发成果	（1）掌握 Linux 操作系统管理使用知识，包括常用软件的安装、配置、系统部署等； （2）精通 Linux 内核，对虚拟化、网络、存储、文件系统、内存、调度器等模块之一有过源码分析和相关实践； （3）对 Linux 性能分析和故障诊断有深刻理解，能够从性能指标、系统日志、跟踪采样等方面综合分析异常根因，并提出有效解决方案； （4）性格开朗，抗压性强，具有很好的团队协作意识

让员工把"任职要求"栏的内容分别对标"知识""技能""才干"三个元素，拆解后填入"岗位要求"栏中：

要　素	岗位要求	自己的差距
知识		
技能		
才干		

第三步：自己拆解能力，发现差距

在上一环节，员工已经把岗位要求的职业能力进行了拆解。接下来，让员工在"自己的差距"栏中如实填写员工自己认为欠缺的方面。

要　素	岗位要求	自己的差距
知识	掌握 Linux 操作系统管理使用知识，包括常用软件的安装、配置、系统部署等	
技能	精通 Linux 内核，对虚拟化、网络、存储、文件系统、内存、调度器等模块之一有过源码分析和相关实践	
才干	性格开朗，抗压性强，具有很好的团队协作意识	

第四步：寻找提升方法

懂得了如何拆解能力，让员工意识到自己的差距后，接下来需要赋能员工，让员工有意识去提升自己的能力，分享三个提升能力的方法：

（1）能力对标：找到同岗位上口碑好的人；问需要有什么能力，做出什么可以交付结果。

（2）知识培养：快速学习知识，了解入门门槛；善用互联网资源，提升搜索能力，看书、请教榜样人物。制订读书计划、培训计划、实操练习计划等。

（3）技能培养：刻意练习技能，学习迁移技能；反复操作才能获得，要有意识去迁移。迁移能力就是原有能力加新的策略。

二、网状用工，人才复用

有一种职业是木匠，木匠经常会想这块木头锯一锯可能还能成一个面，那块木头再润色一下，可能还能做个艺术品，永远带着对木头欣赏的眼光，而不是觉得那块木头只适合放在原来的位置。所以，团队管理者很多时候还需要化身为一个"好木匠"，多发掘员工这块"木材"上的优势，而不是只记着员工哪方面不好。

为新项目调配人手时，就是团队管理者重新发掘人才的过程。观察团队中员工的优点和长处，然后引导员工把这个优点和长处和团队目标结合，将大大提升团队整体业绩。在发现了很多"宝藏"后，接下来就是要合理运用了，网状用工法就是一种提升团队效能的好方法。

利用网状用工，通过技能转移也是使老员工能力多元化的一种重要方法。可以通过内部调动和交叉培训等方式，将老员工的专业知识和技能转移到新项目中。这样，老员工不仅可以拓宽自己的能力范围，也可以为新项目提供宝贵的经验和知识。

网状用工简单来说，就是打破过去传统团队或"部门经理—主管—员工"的线性工作机制，通过项目交叉等方式，合理利用人员时间，避免忙闲不均，从而提高人才使用效率。

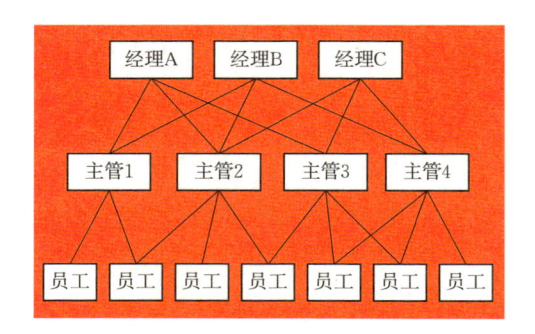

```
        经理A    经理B    经理C

   主管1   主管2   主管3   主管4

 员工 员工 员工 员工 员工 员工 员工
```

网状用工通俗讲就是，过去一位员工只做他原本岗位职责范围内的工作，只对一个主管负责，在特殊网状用工模式下，团队内部"去岗位化"，只有"任务角色"，员工以工作者身份参与团队内部工作任务，或者在不同类型的项目任务中承担责任，为团队贡献价值。

以研发团队为例，在不同的任务角色下，员工可以做A项目中某个岗位工作，也可以做B项目中某个岗位工作。工作任务越多，员工工作网络结构越大，人员利用效率就会越高。除了工作任务模块化、用工网状结构外，还可以尝试能力多样化，同样可以增强人才复用。

华为就是非常善于网状用工的企业。1998年，华为的人数快速扩充。为了避免组织机构过于庞大、僵化、决策延迟等弊端日益严重，华为建立了三种结构的组织，分别是常态结构、动态结构、逆向求助结构。每当有新的市场机会和发觉到重大客户需求，华为会迅速架构起有利于实现客户需求的组织结构。相关部门会快速从其他部门调集老员工到新部门开展工作，当目标达成、完成客户需求后临时搭建部门的员工会回到原部门。这就是一种典型的老员工网状用工的模式。

对于小团队而言，就可以借鉴华为这种方式，在团队内建立"常态—动态—逆向求助"三种工作模式，通过培训、集中学习等形式，让他们快速适应新项目。老员工也会因为加入新项目，被具有"新鲜感"的工作激发了求知欲望，会自发想办法提升自身能力满足新项目岗位需求。

三、欣赏员工，敢于重用

每个人在工作中都有自己的需求，团队管理者需要关注员工的个人目标和职业发展需求。通过与员工进行交流沟通，可以了解到他们的期望和目标。有时候，员工可能因为工作的单调而失去热情，可以通过给予他们一些新的挑战和机会来激发工作热情。

了解员工的需求，欣赏员工，敢于重用也是引爆工作热情的关键。

韩老师是几年前北京的一次国际版权课程上和我一起学习的同学。他身高 1.78 米，长相平平，戴个大框眼镜，并不算第一眼就让人觉得很出众的类型。但是他身上有一个很出众的特点，那就是很喜欢学习和分享。他会把他会的技能分享给大家，每次分享都是毫无保留、不留绝活的那种。就因为他乐于助人、喜欢分享，在那次课程结束后收获了很多好友。

韩老师在企业里的工作是培训管理。有一段时间，他每天下班后都在晚上 8 点准时进行微信视频号直播，在直播中教大家如何演讲，就这样直播了 100 天时间。他在培养自己直播能力方面刻意练习的精神被他的上级领导看到了，领导不但没有觉得他对本职工作有别的想法，反而对他更加欣赏了。有一天，他的领导对他说："小韩，你很不错呀，直播讲得很好，你身上有这个浮躁的时代里难能可贵的刻意练习精神，以后在工作中把这方面能力迁移过来。"

因为一句肯定，他更加努力地工作。后来，有一次他们公司要加强外部宣传，总经理要求尽快开启企业直播宣传，韩老师成了他们领导极力推荐的人选。他起初还有些担心自己若直播不好，影响企业形象，但是他的领导鼓励他相信自己。他在那次企业直播活动中做得很好，在公司内影响力非常大，得到了公司领导的高度好评。

管理者要多去发现，因为每个员工都有闪光点，在人员紧缺时，通过欣赏员工、敢于重用，也可以解决燃眉之急。

四、新潮流下的吸引力法则

秋叶集团创始人秋叶大叔在人才培养方面就非常成功。他除了擅长发掘每个员工优势，更是能够快速预见未来市场发展趋势，带领老员工快速迭代技能、迭代产品。

秋叶团队给老员工新的机会、搭建平台让他们脱颖而出。比如在 AI 兴起的时候，及时赋能老员工让他们意识到未来的发展趋势和发力点，新项目启动后吸引了很多老员工自荐参与。老员工通过跟着专家学、自学等途径快速迭代技能。整个新项目团队以最快的速度开发了出针对高校的一系列 AI 课程，比如《AI 助力高校老师职场办公》《AI ＋教学设计》等，培养了多名优秀的对外讲师。有一次，在一天时间内，他们有 5 名员工同时在武汉大学等五所知名高校对大学老师分别进行 AI ＋教学效率提升方面的课程培训，并且全部收到了好评。

吸引老员工走出舒适区，迭代新技能，并且毫无保留地分享经验，给予资源，把老员工培养成新领域的将士，这就是获得时代红利的好方法。

第四节　培训这样做，大家才会抢着参加并有"收获感"

小团队管理者可能会有这样的感受，在百忙中好不容易抽出了时间培训，管理者在台上讲得津津有味，台下的员工目光呆滞，有的装着记笔记，有的竟然还在偷偷看手机，全然不在学习状态。本想组织大家在培训结束后，联系工作中的实际展开讨论，但是几乎没有人主动发言。所以，小团队管理者有时候会陷入想亲自做好团队培训，但是又效果不好的尴尬境地中。

在这个对人才能力要求多元化的时代，小团队管理者除了是一个好的管理者，还应该是一名好的培训师。

如何做才能让员工对培训感兴趣，抢着参与并有"收获感"？

一、纠正一个误区

很多人觉得作为领导在台上培训，台下的员工就应该认真听。这句话看似没有什么错，但是领导者给员工培训的目的仅是想让员工认真听吗？只是想看到表面的认同吗？

每个人的时间都是万分宝贵的，既然百忙中抽时间来给大家开展培训，就已经产生了时间成本，这个时间成本一部分是你自己的，一部分是员工们的，当然也是整个团队的。有成本，就应该产生价值。产生价值就应该真正起到作用。就拿培训这件事来说，员工真正有所收获，才是培训的最大价值。

因为员工对领导的敬畏感，即使培训的效果不好，员工也会在培训效果评估表中全填写好评。真正衡量员工有没有收获，应该从两方面看，分别是员工课堂参与度和员工课后输出度。

是否积极参与培训过程，能直接说明很多问题。培训结束后能否把所学结合实际讲出来，也能说明很多问题。所以，你一定要结合员工参与度和输出度来提升自己的培训质量。

在员工参与度上，首先要去掉一个身份，就是领导身份，然后化身为一个培训师。作为培训师，想让大家对培训课程满意，就需要有客户思维。给团队里的员工培训时不妨先认真地问自己如下几个问题：

➤ 客户画像是什么？

➤ 客户希望通过本次培训收获什么？

➤ 什么样的内容会让客户收到意外惊喜？

对管理者而言，培训中的"客户"是所管理的团队的员工。

二、洞见真正需求

克里斯坦森在《与运气竞争》一书中提出了一个关键理论："需要完成的任务"，也有人根据JTBD模型将之称为"焦糖布丁"理论。这个理论的核心思想是：顾客购买一件商品，并不是想拥有这件商品，而是想"雇用"这件商品帮他完成一个现实世界中的任务。所以，团队管理者在给员工培训时要把聚焦点从培训是否开展这个结果层面转移到员工是否需要这件事情上，要先了解员工想培训什么，通过培训想解决什么样的问题，进而找出员工愿意参加培训的真实动机。

在职场中经常听到的一句话是要有客户思维，这句话同样适用于小团队内部的培训。也就是说在给下属培训前，一定要做好培训需求调研。只有知道客户需要什么，最终提供的"产品"才会让客户满意。

如果管理者没有预设培训主题，就要调研一下员工想学习的内容，这个时候就要有客户思维。员工说想听时间管理的内容，实质是在释放一个信号——时间不够用、工作压力大。管理者在培训课程设计中，除了讲时间管理的方法，还要加入提升效率的方法、压力管理等，让员工恍然大悟是自己没有变通，要明白对方提出的需求是重点想解决什么问题。

三、"F-C-I-T"课程设计法

加速学习流派提出了一个重要的SAVI模型，这个模型包括以下四个元素：

➢ 身体的（somatic）：在做事和运动中学习。在实际的设计中，培训场地往往会限制学员肢体运动的强度，动手也是一种很好的运动，具体包括让学员粘贴、拼图、连线、摆放等，运用了手的活动的吸引力远远大于仅用脑的活动。

➢ 听觉的（auditory）：在说中和听中学习。

➢ 视觉的（visual）：在观测和画图中学习。

➢ 智力的（intellectual）：在解决问题与思考中学习。

基于SAVI模型来设计整个课程就会有不一样的效果。不仅如此，要想在培训中让员工深度参与学习和互动，就要懂得一些课程设计与引导技巧。

好的课程应该是"老师弱参与、学员强输出"。所谓的学员强输出，可以理解为学员积极参与、学员的自我感知、学员的学以致用等。

不仅如此，在这个智能化时代，有一个网红词语叫"体验"。各行各业都在强调做好客户体验。同理，学员就是客户，如何做好他们的体验设计？

要想有一个好的学员体验反馈，就要做好上课过程的设计，让参训的"客户"有好奇、有兴趣、有成就感。

要想让自己的培训真正被大家喜欢，真正让大家有所收获，真正让大家赞叹不已，就要重视"F-C-I-T"课程设计法。

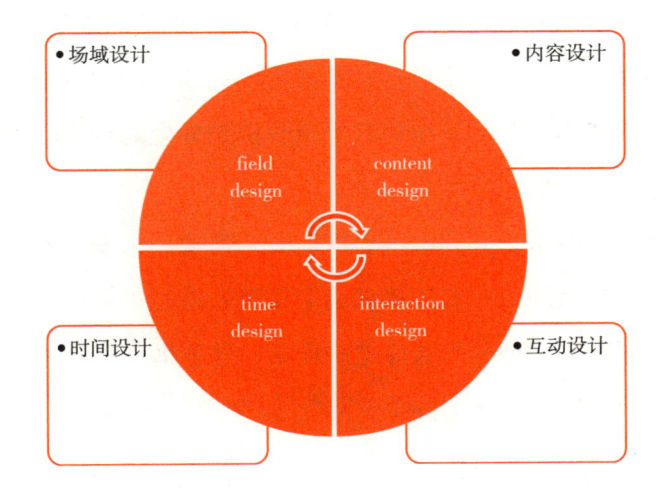

- 场域设计 field design
- 内容设计 content design
- 时间设计 time design
- 互动设计 interaction design

1. 场域设计（field design）

设计，是指把一种设想采用合理的规划、通过各种方式表达出来的过程。

场域设计有两个关键的步骤，分别如下：

第一步：理解员工的期望、需要、动机，并理解培训上的需求和限制；

第二步：将所知道的东西转化为对培训场地的规划，使得场域设计能够令人向往。

97

做好培训的场域设计至关重要,通常需要重视的元素有三个,分别是物理空间、物理介质和人物。

物理空间:关于物理空间,并不神秘。大多数情况下,很多培训都是在线下做的,毕竟线下培训更直观,面对面学习会使参加培训的人更有收获感。在线下培训时,有一个很重要的关键词,那就是"物理空间"。培训的物理空间其实就是经常用的培训会议室。

在选择培训会议室时,尽量选择敞亮、窗户较多,有自然光线直射进来的会议室,因为阳光会让人精神抖擞。这样培训的效果会比密封、无窗户的会议室效果好很多倍。

物理介质:除了物理空间外,还需要注意物理介质。培训中的物理介质一般指PPT、白板、画布、手举牌、便利贴等能够丰富课堂效果的辅助道具。在准备这些辅助道具时,要注意色彩学搭配。比如,培训时要用的大型便利贴的颜色和培训时用的背景画布的颜色是否协调等。**通过物理介质的色泽搭配,形成视觉美,一般会非常吸引学员的眼球。**

人物:当你要给团队成员做一场培训时,你就不是领导者身份了,而是一名老师。除了你之外,要想让培训趋于完美,最好再提前安排一位员工做你的助教。提前和你的助教沟通好他的职责,让他助力你顺利开展培训。

2. 内容设计(content design)

成年人的学习模式是追求快、干货、感受度。**在知识"泛滥"时代,员工最缺的不是普通知识,而是能够解决问题的知识。**

在你的课程内容上首先要制作出吸引眼球的大纲,然后具体培训内容一定要紧贴业务。为什么这样说呢?因为很多通用的培训内容,员工可能已经在过往的一些培训中学习过了。他们更想从自己的团队领导这里学习到可以解决日常业务中典型问题的方法和案例分享。

内容越聚焦越好,颗粒度要小。很多时候很多培训者会犯"大而不精"

的错误，其实学员吸收不了那么宽泛的内容。

3. 互动设计（interaction design）

因为团队管理者并不是专业的培训讲师，所以容易造成培训现场一个人"尬聊"的现象。你一个人在台上讲得津津有味，台下的员工都听得瞌睡了，有的甚至低头偷偷看起了手机。导致这个问题的原因可能是你缺少培训过程的互动设计。

成年人的学习也需要精心设计，想让他们在培训中有一个很好的体验，就要做好体验设计。注意，这里讲的是要有体验，而不是听课。

听课是针对学生的，体验是针对客户的，学生和客户是完全不同的身份。你的授课对象不同，你的授课方式就要不同。你需要时刻想着，该如何设计课堂互动让客户有很好的体验感。

确保培训脱离枯燥的形式，增加互动和体验元素。例如，开场破冰活动的设计是否新颖，小组讨论是否有新意、角色扮演是否剧情合理，员工和员工之间是否可以结合成学习伙伴等，通过一系列的精心设计，让学员更好地在体验中掌握所学的知识。

4. 时间设计（time design）

一项权威研究显示，人类的大脑对信息的存储量是有限的，也就是说不论一天内学习多少，想给大脑装进多少知识，大脑都是有容量的，那就是容量守恒。而且大脑吸收知识的持续时间很短，上限一般是20分钟。所以，要想让知识被有效吸收，就需要以8~20分钟为单位不断改变输出方式，让听众通过新鲜的学习方式有效学习。

所以，把要讲的内容按照时间模块进行切割，采用不同的教学形式非常重要。在结束时，可以用金句结尾法，这样可以对培训起到点睛升华的作用。

第五节　想提升团队效能，就要将优秀人才的经验"复利化"

团队中经常会出现关键岗位员工离职后，新接手的人不论团队中的老员工还是外部招聘的有经验的新员工，在工作中处理某些具体问题时不能短时间内达到管理者想要的结果的现象。这是因为关键岗位的员工离职时把多年来积累的经验也带走了，这个岗位上的"隐性知识资产"没有保留下来。新接手这个岗位的人没有可参考学习的"经验宝典"，不得不从头开始熟悉和摸索，甚至有可能因为不知道这个岗位上的一些"隐形要求"而犯错。所以，将关键岗位员工的"无形经验"变为团队中可传承、可参考的"有形知识资产"非常重要。

一、找到解决问题的方法

想提升团队效能，就要及时将优秀人才的经验"复利化"。什么是人才经验复利化？首先要先明白两个概念：显性知识和隐性知识。

▶ 显性知识：通常能够通过视觉、模型等方式呈现出来，能够很容易被人们学习。

▶ 隐性知识：主要存在于人们的头脑中，通常是可以意会不可言传的。

人才经验复利化，简单来说就是要求关键岗位上的员工将平时工作中的核心点进行总结记录，将个人经验显性化，将头脑中的隐性知识转变为显性知识，然后传授给其他人，减少新员工开展此岗位工作时的试错成本。提升团队工作效率就是一种价值创造，可以通过个人单一经验到多人共享经验复利化去实现。岗位经验萃取是使员工经验复利化最有效的方法。

岗位经验萃取方法一般有"第三方萃取法"和"自主萃取法"两类。"第三方萃取法"一般通过专家访谈法和观察萃取法进行萃取。其中，通过专家访谈法萃取时，对访谈者的沟通技巧有很高的要求，要想达到比较好的效果，访谈者还要注意很多要点，比如进行访谈前的预热拉近彼此关系，从而让被访谈的人愿意分享更多。还有一类是观察萃取法，这种方法需要有经验的萃取师通过观察萃取对象在某一种情景下的具体行为做法，结合提问，梳理出相关经验。

对于小团队而言，敏捷高效是第一宗旨，为了减少和第三方的沟通成本，减少过程信息转述不全、员工配合度不高等问题，我更推荐"自主萃取法"。这种方法就是要求员工对岗位经验进行萃取，整个过程的责任人是员工本人。激发员工热情，让员工积极参与到这件事情中来，会起到事半功倍的效果。

二、倒满信念之杯

信念，指对某人或某事信任、有信心或信赖的一种思想状态；是情感、认知和意志的有机统一体；是人们在一定的认知基础上确立的对某种思想或事物坚信不疑并身体力行的态度。

如果一件事情对员工个人来说没有实质性意义，那他对这件事情就会无动于衷。即使通过管理要求员工必须去做，收到的反馈结果也会大打折扣。在团队内组织开展岗位经验萃取前先要让员工明白这件事情的团队维度和个人维度的意义，即"共创知识花园"的价值和"打造个人影响力"的价值。

1. 共创知识花园

在麦肯锡有一个电子数据库叫 PD 网，这个数据库是麦肯锡公司员工的成果，里面包含内部研究以及对客户的研究成果。出于保密目的，将内容存入系统之前，隐去了客户的真名和部分数据。麦肯锡的员工可以在这个 PD

网内搜索最近的项目和内部研究报告。比如一个新入职的咨询顾问在做项目初期遇到不会的问题时，就可以在这个 PD 网内搜索与自己参与的项目类似产业类似问题的案例。这个 PD 网就是所有员工共创的麦肯锡知识花园。

作为一个坚持长期主义的管理者，丰富团队内部的知识库构建，具有重要的意义。

你可以带领你的成员打造属于你们团队的类似麦肯锡 PD 网一样的知识花园，这个花园可以对大家今后的各种工作开展起到非常重要的参考作用。

构建你们的知识花园前，你首先要做的就是做好宣传，告知大家这件事情对团队有多重要，先让大家对这件事情有个美好的信念。

2. 打造个人影响力

如果说共创团队知识花园是为了团队，大家难免会想：对自己有什么好处？把经验萃取出来不就是让自己没有了竞争力吗？很多人怕把自己的知识分享出来。那些把经验分享出来的外部名人都因为知识被复制而被替代了吗？事实并不是。相反，要告诉员工会因为分享宝贵经验而被更多人记住，被更多人敬仰。

要激发大家积极参与岗位经验萃取这件事情，需要从两个维度入手：一个是刚性的硬指标要求，另一个是有吸引力的激励政策。

要求每人对自己的岗位经验至少萃取两个主题并提交，就属于刚性的硬指标要求。只是这样下发要求必然不会有好的效果，因为大家更多是在完成任务，不会发自内心地把有特色的经验亮点写出来，甚至会排斥这项工作。

但是，如果在开展这项工作前在激励上有所体现，不仅有吸引力而且有竞争力，大家不仅会积极参与，并且会萃取出真正有价值的成果。比如举办岗位经验萃取竞赛，为参与经验萃取的关键岗位员工设立专属的参与奖项和经费奖励，同时对萃取的案例在团队内进行评比，对于前 20% 的经典萃取案例者，给予岗位经验萃取专家称号，给予他们年度绩效加分激励，并对员工进行团队内表彰，提升员工在团队中的影响力。

三、给予指导方法

优秀员工的经验，让员工分享一下就可以了吗？答案是否定的。华为创始人任正非经常讲：一个企业最大的浪费，就是经验的浪费。很多年前华为内部发现一线有大量的重复错误发生，任正非先生高度重视经验萃取的重要性，在当时的华为大学成立了一个部门叫"案例中心"。这个部门的主要职责是把华为内部标杆的成功或者失败的项目写成案例，然后在公司内分享、反思。同时，在华为大学又成立"知识管理部"，这个部门以项目过程中具体文件文档的知识资产沉淀为主。华为的这种做法，就是把案例先写出来，然后通过案例去总结、沉淀经验，最后在内部去分享。

由此可见，案例分享前一定要有案例的总结提炼、沉淀输出环节。

在日常工作中还有一些优秀的员工可能觉得一些经验很简单，不用总结就可以分享给新员工，并不认为这有什么诀窍。即使邀请这些优秀的员工进行经验分享，他们也很容易忽略细节，只是简单讲一下他们认为重要的方面。但是，很多时候方法就在他们没有分享的很多细节里。要想让细节能够被大家知道，最简单有效的办法就是白纸黑字写出来。

假设一张纸足够大，将其对折64次，大概会有多高？很多人会想，一张纸的厚度几乎可以忽略不计，只是对折64次，能有多高？而事实是，一张纸对折64次的厚度能达到18 446 744 074公里。可想而知，如果能够将关键岗位人才的宝贵经验有效利用，一个人的经验可以让更多人学习和参考，那整个团队的效率会超速倍增。

经验萃取可以助力业务部门大幅度提升业绩。有一个知名的世界500强企业，有段时间销售业绩很差。企业打算开展一个针对高端客户的销售项目，为了让这个项目达到预期目标，把公司中最擅长做高端客户的销售人员组织起来做了一场培训。这场培训并不是请一些外部的专家、老师来授课，而是让内部的业务标杆把自己做高端客户的经验做了提炼,写成文档,然后在内部进行充分分享。这场培训也带来了非凡的效果,在既定的考核周期内很多销售的月均业绩增长了几倍甚至十倍以上,最终公司实现了全年的业绩指标。由此可见,内部标杆的经验萃取是非常有价值的,后来该企业连续做了5年内部标杆经验萃取的培训活动。

万事开头难,很多员工可能不清楚如何进行岗位经验萃取,萃取的标准是什么,最终要呈现的结果是什么,有什么特别注意事项等。很多人即使做了,但最后交给你的也会是五花八门、达不到预期的结果。要消除这三个典型问题,管理者在部署这项工作前就要明确以下三个方面:

1. 确定萃取主题

在初次组织团队成员开展岗位经验萃取时,先要告诉大家哪些岗位经验值得萃取,给一些思路和线索。比如,要求案例真实,具有典型代表性,并且有难度等。

(1)案例真实。一定要明确告知参与岗位经验萃取的员工提供的案例场景是真实存在的,来源于之前真实参与的工作场景,允许在场景上做一些润色渲染,但是不能凭空编造。

(2)具有典型代表性。同一个岗位上可能每年会有很多相同的问题处理,在处理过的问题中哪个最典型、正负面影响最大,就选择哪个。比如人力资源团队在处理劳动纠纷时有很多案例,哪个案例让公司极大程度降低了赔偿金额、反败为胜等,就是最值得经验萃取的。

(3)要有一定难度。太简单的案例就没有必要浪费大家的时间了。一定要选择一些有难度的典型案例进行回顾分析,并用文字等形式呈现出来。最好选取团队中业绩前10%的人。

当然,也可以把一般进行岗位经验萃取的类型告诉大家,比如常见的可萃取的案例可以按照如下六个方面分类:

序　号	可萃取的案例类型
1	使用频率高的
2	经常被问到的工作
3	经常需要讲授的工作
4	经验类型分类
5	标杆案例
6	问题案例

2. 案例萃取

在开展这一步之前最重要的是给范例。可以将一个标准的萃取好的案例发给大家，让大家按照模板萃取。也可以写清楚萃取要求，列明要具备的模块内容。比如：针对该场景出现的问题，是如何想的？如何处理的？处理的结果怎么样？有没有更好的方法？

同时注意经验萃取过程中要有的五个还原，即还原事件、还原流程、还原关键点、还原策略、还原复盘。

必备模块	参考思路
还原事件	最初是基于什么样的背景决定要做这件事情
还原流程	这个工作开展过程中，具体流程是什么
还原关键点	经验萃取的颗粒度越小越好。关键的细节描述有没有
还原策略	当时为什么采取这个策略而不是其他策略
还原复盘	整个工作有哪些地方做得出色？为什么？哪些地方存在不足，如果再做一次打算如何改进

3. 案例修订

收到大家上报的岗位经验萃取结果后，是不是就可以直接转入案例库？肯定不可以。接下来一个很重要的环节是组织大家评审案例。从员工角度让员工提出建议，他们觉得哪些是可以用的，哪些没太大意义，哪些非常有必要但是一些关键信息还不够细化，需要深挖演绎。

所以，你还要精益求精地要求大家再去修改一次。把案例的场景用通俗易懂的语言表达出来，如打比方的形式。一定要在原有案例的基础上做一些深挖，最终将定稿的案例加入团队的案例库。

情景重现过程中，可以采用"5W2H"分析法进行系统梳理。

➤ what：当时的目的是什么？

➤ why：为什么要做这件事情？这个情景是什么引起的？

➤ who：由谁来做？牵涉到哪些人？

➤ when：什么时间做？什么时机最适宜？

➤ where：何处？在哪里做的？

➤ how：当时的解决方式是什么？如何提高效率？具体步骤？

➤ how much：当时做到了什么程度？数量、质量水平如何？最终的费用和产出如何？

4. 开发辅助工具

如果针对萃取的案例能够配套开发一套相应的辅助工具，就可以更好地帮助需要的员工掌握工作要点，并且帮助新员工在后续工作中实现标准化。常用的辅助工具可以是案例手册、视频微课、操作清单、沟通技巧表、SOP手册等。

第六节　如何激发员工自主学习力，高效解决工作中的问题

激烈的职场竞争中，员工的自主学习能力对于个人职业发展和团队整体竞争力的提升都起着关键作用。自主学习是指员工主动获取新知识、技能和经验，不依赖领导安排的学习行为。激发员工的自主学习力可以帮助他们不断提升自己的能力和素质，从而为职业发展提供有力支持。

一、行为转变的四大定律

詹姆斯·克利尔在《掌控习惯》一书中写道："人们所有习惯的形成都会经历相同顺序的四个阶段：提示、渴求、反应和奖励。这个四步模式是每个习惯的核心支柱，每个人的大脑每次都以同样的顺序运行这些步骤。首先，是提示。这个提示触发大脑启动某种行为举止。这是预测回报的零碎信息。人的头脑在不断分析内外部环境，寻找奖励所在的线索。因为线索是人们已然接近奖励的第一个迹象，它自然会导致人们滋生渴望。"基于这四个步骤，詹姆斯·克利尔提出了行为转变的四大定律，为人们培养好习惯提供了一套简单的规则，具体如下：

第一定律（提示）	让它显而易见
第二定律（渴求）	让它有吸引力
第三定律（反应）	让它简便易行
第四定律（奖励）	让它令人愉悦

小团队管理者可以基于行为转变的四大定律来考虑如何营造一个好的学习型组织氛围，不妨先问自己以下问题：

（1）如何能让学习型团队这个标签在团队中显得明显？

（2）如何设计一些内外部环境让大家对学习更感兴趣？

（3）如何让打造学习型团队这件事情变得简单易行？

（4）对于学习标杆类员工设置什么样的激励会让员工愉悦？

当然，除了以上这些，激发员工的自主学习力也可以从认识知识缺口、激发兴趣、提供资源支持、重视输出、建立激励机制等方面入手。

二、认识知识缺口

1994年，卡内基梅隆大学行为经济学家乔治·洛温斯坦针对"情景兴趣"提出了最全面的解释。他认为当人们觉得知识出现缺口时，好奇心就会产生。有了好奇心就会努力想办法填满自己的知识缺口。

同样的道理，只有员工知道自己在某方面知识匮乏的时候，才会对学习这方面知识更加重视。就好比一个人特别饥饿时，才会对眼前的食物感兴趣。人往往会陷入自我感觉良好的境界。所以，要想激发员工的自主学习力，首先要让他们意识到自己在某方面的知识匮乏，认识到自己的知识缺口。

1. 外在告知法

可以通过组织考试、鼓励员工参加比赛、考评反馈等方式，让员工自发进行自主学习和提升。

组织考试：学生时代经历最多的就是各种大考小考，考试前是不是会为了有一个好成绩自发刻苦学习？成年人进入职场后，很多人面对岗位上的一些考试，虽然已经不再追求有多好的成绩，但是肯定想让自己过及格线，才不至于没面子。不论什么样的情况，考试必然激发大家自主学习。所以对于一些岗位必备的知识，如果发现员工掌握不好，最简单直接的办法就是通过考试来促进员工主动掌握。

参加比赛：鼓励员工多参加一些外部有含金量的比赛，比如科技行业经常会有创新大赛等，外部荣誉也是激发员工自主学习的很好动力。

考评反馈：通过外在告知的方式，让员工知道自己有知识短板。比如定期给予员工关于他们工作表现的反馈和评估，包括他们的知识水平和技能。如果员工的评估结果显示他们在某些领域存在差距，这将激励他们意识到自己的知识缺乏并寻求改进。

2. 内在觉察法

团队管理者可以将团队内部的岗位任职资格标准发给大家，让大家了解。员工看到任职资格标准后，就会发现自己距离下一个级别还需要扩充哪方面的知识和提升哪方面的能力。员工会精准意识到自己的知识缺口。

三、激发兴趣

要激发员工的自主学习力，需要提供良好的学习环境和支持。良好的学习环境可以激发员工的学习兴趣和动力，提高学习的效果。

大家都有去图书馆的经历，是借了两本书就走，还是在里面待上半天或一天再走？相信大部分人一定是在里面待的时间比原本计划的时间要长得多。因为现代化的图书馆不仅是一个借阅书籍的地方，更是一个学习的能量场。图书馆里有专门为人们学习设置的自习区域，还有便于查阅各种文献的公用电脑。只要你走入图书馆的大门，就会被认真看书、认真学习、认真查阅各种资料做记录的人所吸引，会为大家的学习精神在内心点赞。不仅如此，你还会有一种自愧不如的感觉，因为你意识到你在学习这件事情上投入太少、缺少专注。所以，你会被这个场域的学习能量所吸引，会和图书馆里每个学习者一样，认真学起来。

因此，要想打造学习型组织，就要先从环境入手去营造整个团队的学习型氛围，可以参考的方法有：

1. 空间设置法

在团队办公区域附近找一个合适的场地，设置一个"小型书吧"，在这块专属场域内放置大家喜欢的书籍，不限于专业类的书和个人成长类的书，让大家在非工作时间有一个专注和安静的学习空间。

2. 视觉引导法

《吸引力法则》中讲到人们会被所关注的事情吸引，然后关于某个方面的能量都会聚集过来。只要员工产生了学习兴趣，就会有越来越多让他感兴趣的学习意念产生，不断增强。

3. 专人指导法

还可以为员工提供学习辅导和指导，比如你可以指派团队内的"导师"帮助员工解决学习中的问题和困惑。还可以鼓励员工组织学习小组或读书俱乐部，互相学习和交流经验。当有专人进行指导、真心帮助时，员工将更容易投入学习，提高学习的效果和自主学习的动力。

4. 打造学习型团队

要打造学习型团队，就有必要先了解学习型组织这个概念。学习型组织是指通过培养弥漫于整个组织的学习气氛、充分发挥员工的创造性思维能力而建立起来的一种有机的、高度柔性的、扁平的、符合人性的、能持续发展的组织。

学习型组织最初的构想源于麻省理工学院佛瑞斯特教授。1965年，他发表了《企业的新设计》的论文，运用系统动力学原理，非常具体地构想出未来企业组织的理想形态——层次扁平化、组织信息化、结构开放化，逐渐由从属关系转向为工作伙伴关系，不断学习，不断重新调整结构关系。这是关于学习型企业的最初构想。

打造学习型团队，就要提倡终身学习、全员学习、全过程学习、团队学习。

终身学习："活到老，学到老"，要想在不断变化的环境中发展，所有员工都要有终身学习的信念，这样才能形成良好的团队学习氛围，员工才会在工作中不断学习。

全员学习：管理层、操作层都要全心投入学习，作为团队管理者更应该成为大家心目中的学习标杆。

全过程学习：约翰·瑞定提出了一种被称为"第四种模型"的学习型组织理论。他认为，任何企业的运行都包括准备、计划、推行三个阶段，而学习型企业不应该是先学习然后进行准备、计划、推行，不要把学习和工作分割开，应强调边学习边准备、边学习边计划、边学习边推行。同理，对于小团队而言，要提倡空杯心态，鼓励大家将学习贯穿各个工作环节。

团队学习：即不仅重视个人学习和个人智力的开发，更强调团队中所有成员的合作学习和群体智力开发。

四、提供资源支持

要激发员工的自主学习力，同时还需要为员工提供多样化的学习途径。

在这个多元化的时代，不同员工有不同的学习偏好和学习方式，因此应该为员工提供多样化的学习途径，以满足不同员工的学习需求。

有很多全球知名企业通过提供在线学习资源、内部培训项目和学习机会，鼓励员工进行自主学习，提升他们的技能和知识水平，比如：苹果公司推出了"Today at Apple"计划，为员工提供丰富多样的学习机会。员工可以参加各种免费的工作坊和讲座，学习各种技能，如音乐、摄影、编程等。微软鼓励员工通过内部资源和平台进行自主学习。员工可以通过 Microsoft Learn 网站学习各种技术知识，并通过参加内部培训项目提升自己的技能。亚马逊提供了一系列在线学习资源，如 Amazon Career Choice 计划和 AWS Training and Certification。员工可以选择参加各种培训课程，提升自己的技能和职业发展。

除了帮助员工开通企业在线学习平台账户，还可以通过积极组织有意义的培训课程、提供参加外部研讨会的名额等多种学习资源，让员工根据自己的兴趣和需求选择适合的学习方式。多鼓励员工参与外部学习活动，如参加行业会议、交流访问等，可以很好地拓宽员工的视野和知识面。

五、重视输出

很多时候团队管理者只关注当年团队成员参加了多少培训，花费了多少费用，但是对员工学习后是否在团队内输出很少关注，也不做要求。因为没有被要求，即使想分享的员工也会最终打消这样的想法。打造一个高质量的学习型团队，就要将输出重视起来。

输出和输入同样重要，写成文字、做一张图、做 PPT 等都是输出。学习型团队强调持续学习和知识分享，鼓励员工不断学习和创新，把知识输入和知识输出放在同等重要的位置。

团队管理者需要鼓励员工将所学知识和经验在团队分享，让员工有机会展示自己的学习成果和经验，增强其学习的成就感。帮助员工将学习知识内化并与团队共享，可以参照的方式有：

1. 转化为内训课程

对于一些员工申请付费参与的高质量的外部课程，可以要求员工在培训结束后必须在团队内进行内部转化，制作内部分享课件进行分享。

2. 内部博客或知识库分享

员工可以撰写内部博客文章或创建知识库，将他们在某个领域的学习和研究成果分享给其他人。这样可以建立一个集体智慧平台，促进知识共享和团队合作。

3. 内部社交媒体平台分享

员工可以利用内部社交媒体平台，如企业内部的社交网络或即时通信工具，与其他员工分享自己的学习心得、有用的资源和实践经验。

4. 小组讨论和团队分享会

员工可以组织小组讨论或团队分享会，让团队成员共同学习和分享彼此的知识和经验。这种形式可以促进团队合作和相互学习。

5. 导师和教练

员工可以担任导师和教练的角色，指导员工。通过一对一交流和指导，他们可以将自己的知识和经验传授给他人。

像管理高手一样思考

（1）COSTA 五线谱带教法，分别指什么？你今后在新员工带教中打算如何运用？

_____

_____

（2）你是如何帮助员工提升沟通能力的？

_____

_____

（3）你在培养员工多元化能力方面做过哪些工作？

_____

_____

（4）在培训中如何理解"老师弱参与、学员强输出"这句话？

_____

_____

（5）萃取关键岗位经验前先要做什么？

_____

_____

（6）你提供给下属的学习资源有哪些？

_____

_____

第四章 04

绩效考核，
你用好这把"双刃剑"了吗

绩效考核是进步的指南针，而非惩罚性的手段。

——肯·布兰查德

第一节　弄清这三个问题，团队考核已经成功了一半

一提到员工工作不积极、消极怠工、工作效率低等问题，很多团队管理者想到的第一件事就是绩效考核没做好，要加强考核，并对这项工作寄予极大期望。的确，考核评价体系是一个有力杠杆，只要朝合理的方向稍稍撬动一下，就会释放出巨大的能量。

企业中基本都会有公司级绩效考核管理办法，但一般都是宏观意义的顶层设计和大的框架政策。对于各个团队内部每个员工的具体考核一般会放权给各个团队管理者，由各个团队管理者根据团队特性自行制定。实际工作中，小团队管理者对绩效考核这件事虽然重视，但是因为自身优势在业务领域而不是绩效考核领域，所以有时制定出的绩效考核政策难以推行。

绩效考核是伴随着企业发展提升人效而开发的工具，是一把双刃剑。如果用得好就会起到激励员工的作用，如果用不好就会让员工产生逆反心理。因此，团队绩效考核一定是要基于人性而设计。

小团队管理者要根据所管理的团队工作特性，制定适合团队发展的绩效管理方案。在制定针对团队内员工绩效管理方案时，一定要有系统思维。

所谓系统思维，就是把想要达到的结果、实现该结果的过程、过程优化以及对未来的影响等一系列问题作为一个整体进行系统研究；是对事情全面思考，也可以称为整体观、全局观。在团队中实施绩效管理时，只要有系统思维，才能抓住整体，抓住要害，让绩效管理起到相应的效果。

磨刀不误砍柴工，在开展团队绩效管理时，不妨先弄清楚以下三个问题：

一、绩效考核、绩效管理一样吗

要有一个非常明确的认识，那就是绩效考核不等于绩效管理，这是两个不一样概念。

1. 环节和体系

绩效考核是管理者对照工作目标和绩效标准，采用科学的考核方式，评定员工工作任务完成情况、员工工作职责履行程度和员工发展情况，并且将评定结果反馈给员工的过程，是团队绩效管理中的一个环节。绩效管理是一套完整的管理体系，是管理者的工具。

2. 关注结果和关注过程

绩效考核关注的是结果，衡量的是上一阶段的工作结果，注重结果评价。绩效管理关注的是过程。绩效管理是指管理者和员工为了达成组织目标，共同参与绩效计划制订、绩效辅导沟通、绩效考核评价、绩效结果应用、绩效目标提升的持续循环过程，绩效管理的目的是持续提升个人、部门和组织的绩效。

3. 关注过去和规划未来

绩效考核评价过去，绩效管理规划未来。绩效考核衡量的是阶段性的成功，它评价的是过去。绩效管理在各个环节实施中，始终将提升工作效率、促进员工进步作为目标。绩效管理就是管理者与员工的双赢。绩效管理是就目标及如何达成目标而形成共识，并增强员工成功达到目标的管理方法。

二、绩效考核要一步到位还是逐渐完善

团队内推行绩效考核时，不建议一开始就实行强制比例分配并且推行一系列严格的负激励政策。可以先在团队内建立考核意识，然后在绩效考核过程中，对业绩好的员工和业绩不好的员工逐步进行奖惩措施优化调整。

在网上有一个大型互联网公司研发技术方向的员工小A吐槽他的团队领导的帖子。在那个帖子中，员工小A说他所在团队之前的考核方式比较人性化，一直都是一片祥和，大家工作干劲也还可以。但是有一天，他的团

队领导突然告诉大家团队内部要实行类似"271"强制比例分布的绩效考核模式，并且把员工的绩效工资比例也要加大，同时告诉他们负激励系数也要增大。他和其他员工都觉得这种新的考核方式是团队领导想降低裁员成本，用严管理变相逼迫员工主动辞职，所以他们团队中很多有能力的员工纷纷递交了辞职申请。当大家纷纷提交辞职申请时，他的团队管理者又着急把大家组织在一起，并向大家解释说实施绩效考核改革只是想激发大家的自驱力，体现多劳多得、激励大家。很可惜，因为他的团队管理者没有意识到前期沟通的重要性以及提前告诉大家绩效改革的初衷，即使后面解释再多，整个团队已经陷入人心不齐、员工干劲大幅下降的局面，最后整个团队中大部分高水平的人都跳槽了，团队项目一度陷入停滞状态，后果可想而知。

管理中有时你想"一步到位"，但反而"用力过猛"不好收场，所谓物极必反，就是这个道理。

就像这个案例一样，管理者觉得管理越严格，越能刺激员工努力，但是员工想到的是管理者看他们不顺眼，要挑刺逼他们走。

在层级和想法不对等、没有提前沟通的情况下，员工会提前找好出路。往往很多时候在得知核心骨干员工要走时，就已经陷入被动局面了。可见考虑全面、提前预见，管理者的系统思维有多么重要。

手中的沙握得越紧反而失去得越快，管理者应该具有"坡度意识"，在推行一些管理政策时，逐步开展，让员工有一个逐步接受的过程。一个制度实施后的效果需要一定的时间来验证，毕竟"时间看得见"。

三、绩效考核过程中可能遇到的问题

经常有被考评人不知道自己绩效考核结果的现象，有的员工在发完工资后发现绩效工资被扣了，那个时候才知道自己在绩效考核上没有达到标准，这就是一种典型的"滞后告知"现象。

团队管理者在员工出现问题时就要及时指出，要做好绩效考核的过程管

理，而不是"秋后算账"，否则绩效考核就会失去原本的意义。在考核后，管理者应该和员工进行1对1绩效沟通，特别要把考核得分较低的员工作为重点必谈对象进行绩效面谈，针对考核周期内的问题和考核结果进行沟通。

要注意的是绩效考核的目的不是说服员工接受考核结果，而是为了找到提升绩效的方法，找到解决问题的办法。 绩效考核是考核员工做的事，考核员工的业绩，要坚持"就事论事""对事不对人"的原则。

第二节 用对考核方法，团队业绩至少提升3倍

团队管理者是绩效考核实施的关键人物，作为关键人物就得懂一些基本的知识，至少不让自己成为门外汉。首先，在选择团队内部考核方法前，有必要了解现在外部流行的考核方法有哪些优缺点，分别是什么。

一、了解常规的考核

1.KPI考核

KPI（key performance indicators，关键绩效指标）是指通过对组织内部流程的输入和输出的关键参数进行设置、取样、计算、分析，以衡量绩效的目标式量化管理指标。KPI是组织实现战略目标需要的关键成功要素的归纳和提取，是最常见的用来衡量不同岗位员工绩效表现的量化指标。

如果你是一名小团队管理者，首先可以根据团队业务特性、团队发展需要、团队承担的来自上级组织的分解指标等，和员工一起探讨员工在相应考核周期内的考核指标并达成一致，把这些指标设置为员工的关键绩效指标。然后根据这些指标对员工进行考核。通过设定合理的KPI，可以激发员工的工作积极性和竞争力，并帮助员工明确工作目标和职责。

2.OKR考核

OKR（objectives and key results，目标与关键成果）是一种基于目标和关键成果的考核方法。通过设定清晰的目标和关键成果指标，来衡量员工的工作绩效。与KPI相比，OKR更注重员工的成长和发展。

目标描述一种愿景，是具有重大意义的，是可以凝聚团队的。关键成果描述目标实现的衡量指标及实现的路径。关键成果是实现目标的充分条件。

目标和关键成果浓缩在一起就是"确保达成目标的关键成果分解与实施"。制定者和执行者目标一致、团队和个人的目标一致。一般流程是先制定公司的OKR，然后团队定自己的OKR，接着每个员工写出各自的OKR，这三步各自独立完成。

3.BSC考核

BSC（balanced score card，平衡计分卡）由哈佛商学院的教授罗伯特·卡普兰和诺朗诺顿研究所所长、复兴全球战略集团创始人兼总裁戴维·诺顿共同创建。

BSC是一种全面衡量企业绩效的方法。它不仅考虑了财务绩效，还包括客户、内部业务流程、学习与成长等多个方面。BSC通过设定一系列关键绩效指标，对员工的绩效进行评估，从财务、客户、内部运营、学习与成长四个方面设置分数。将企业的愿景、使命和发展战略与企业的业绩评价系统联系起来，并把企业的使命和战略转变为具体的目标和评测指标，以实现战略和绩效的有机结合。

BSC考核是目前世界500企业在战略解码过程中用的主流工具。以企业的战略为基础，并将各种衡量方法整合为一个有机的整体，它既包含了传统绩效考核的财务指标，又通过增加顾客满意度、内部流程、学习和成长等业务指标来补充说明财务指标，使整个绩效考核体系更趋完善。从整体来看，BSC考核比较复杂，适用于比较大型的企业。

考核方法	优 点	缺 点	实施步骤
KPI考核	能够帮助组织和员工明确目标和标准，使工作更加明确和有针对性	（1）过于定量化可能会导致员工缺乏创造性 （2）容易导致员工过度强调短期业绩，而忽视长期发展	（1）选定考核指标，明确考核目标值 （2）绩效辅导：数据收集和评分 （3）绩效考评：根据数据进行结果评定 （4）绩效面谈与结果应用
OKR考核	能够激发员工创新性，鼓励员工主动学习和尝试新事物	如果目标设置不够具体、量化，就难以衡量员工的实际表现等	（1）根据上一层级OKR，设定O（目标） （2）与下级制定KR（关键成果） （3）设定的目标必须上下达成共识
BSC考核	从财务、客户、内部运营、学习与成长四个方面设置计分。将企业愿景、使命和发展战略与企业业绩评价系统联系起来以实现战略和绩效的有机结合	BSC对管理者战略解码能力要求很高。BSC本身的目标分解比较难分解至个人，是以岗位为核心的目标分解。个人关键素质要求方面体现不明显	（1）建立企业愿景和战略目标 （2）根据企业的战略，从财务、客户、内部运营、学习发展四个方面设定具体的绩效考核指标

不同团队在选择考核方法时不是固定不变的，有的团队最开始推行的是KPI考核，后来又推行OKR考核；也有一些团队最开始用的是KPI考核，经过一段时间后又变为KPI＋OKR相结合的考核形式。

除此之外，还有很多组织和团队在员工考核方面实施迭代的方法和工具。因为组织绩效的实现依靠个人绩效的实现，如果组织的绩效能按照逻辑关系被层层分解到每个员工，只要每个员工达到了组织的要求，那么组织绩效的达成就顺理成章。比如华为对员工的考核就是以PBC考核为主。

PBC（personal business commitment，个人绩效承诺）采取自上而下的方式将公司目标逐层分解至每个员工，员工对自己所属岗位需要承担的责任目标，考核周期内要达成的业务结果和重点要完成的关键任务，以及个人的学习成长等通过书面形式进行承诺，并与团队管理者达成一致。华为PBC强调责任结果导向，很好地兼顾了短期和长期目标，在华为各团队内部得到了很好的应用效果。

二、确定团队考核方法

1932年，政治学家拉斯维尔提出"5W+1H分析法"，后经过人们的不断运用和总结，逐步形成了一套成熟的"5W+1H"模型。5W+1H 是对选定的项目、工序或操作，都要从原因（why）、事情或对象（what）、地点（where）、时间（when）、人员（who）、方法或方式（how）等六个方面提出问题进行思考。在对团队实施绩效考核前进行前期分析时围绕 5W＋1H 开展会收到意想不到的效果。

在选择适合团队的考核方法前，不妨采用自问自答的形式问自己如下六个问题：

➤ 事情或对象（what）：我要用什么方法对我的团队成员进行绩效考核？

➤ 原因（why）：我为什么选择这种考核方法，而不是其他考核方法？

➤ 地点（where）：这种考核方法在哪些知名企业里用过，效果怎么样？除了我打算在团队内实施外，是否公司其他团队也在用？

➤ 时间（when）：我打算什么时候开展一次？以月度、季度还是半年度为频率？

➤ 人员（who）：在开展的不同环节，哪些人参与能体现整个考核的公开透明？

➤ 方式（how）：我计划在每个环节如何开展？

相信经过以上全面分析后，管理者会选出适合团队的考核方法。方法如果正确了，就会避免南辕北辙，这样的考核会让团队业绩至少提升 3 倍。

三、刚柔并济式考核

绩效考核过程整体是刚性的，但是在整个绩效管理过程中也要考虑到柔性部分。这个柔性部分是什么？柔性考核并不是员工因为个人原因没有达到考核标准，就不按照既定考核标准进行考核打分。柔性考核指的是要有一些应对外部变化的调节变量设计。当外部环境或一些突发事件造成员工既定的 KPI 指标无法完成时，就要考虑是否给员工一定的资源，或者通过变量来调节相应的考核结果。所以，在明确团队考核方法后，在对团队的整个绩效管理中还需要加入应对外部不确定性变化的调节变量。

第三节 制定考核指标，不应该是你的"单人舞"

小团队中经常会出现员工看到自己的考核结果后不停抱怨的现象，员工抱怨最多的通常是领导给自己定的考核指标太高，甚至觉得这种"不合理的考核指标"太苛刻，是故意为难。员工之所以会这样认为，是因为在绩效考核这件事情上团队管理者犯了跳"单人舞"的错误。

以关键绩效指标考核为例，在关于如何制定出员工不抱怨、上下级都满意的考核指标这个问题上，要注意以下几点：

一、要跳"双人舞"

一提到跳舞，大家立刻会心情愉悦、精神放松。即使不跳也能够联想到舞池里别人翩翩起舞的美好画面。但是，这里说的跳舞可不是那么简单。既然要跳步调一致的双人舞，就要求参与这件事情的人必须是两个人，而不是一个人，两个人还要形成默契。

要想舞姿优美，跳舞双方就要提前知道跳的这个舞的名字是什么，跳什么样会被淘汰，跳到什么程度才算达标，跳到什么境界会获得更高的认可和奖项。

绩效考核指标的制定就像跳双人舞的过程，制定考核指标时管理者应该和员工提前沟通确认指标名称，指标完成到什么程度对应什么样的考核结果。让员工先对自己的考核指标进行思考，在制定时双方讨论，有异议的沟通后再进行调整。

只有双方自愿，跳出的舞蹈才自然美丽。只有被考核的员工参与了考核指标的制定过程，才会为完成指标去努力。即使没有完成指标被处罚，员工也会心服口服。

在分配指标过程中如果只以管理者自己的判断来定指标，没有与员工进行前期沟通，不清楚员工需要的资源协助，闭门造车就把整个团队指标拆分给了下属，在执行过程中往往会出现很多问题。

因为是被通知后才得知自己的考核指标，员工即使知道了也觉得很难完成，并且暗生怨气。在员工的不满中最终团队整体业绩出现问题。如果员工对考核结果不满意，工作积极性大幅下降，最终团队管理者也会因为团队业绩下滑而背负巨大的管理压力。

绩效考核过程中，如果不想让员工抱怨指标不合理，就要避免一个人跳单人舞，而是跳考核者和被考核者两个人共同参与的双人舞。

除了要和员工在指标确定上达成一致，还有一个容易被忽视的是指标对应权重的设置。权重表示单个考核指标在指标体系中的相对重要程度，和确定哪个作为考核指标一样重要，需要双方达成一致。

二、要有考核价值

在确定员工 KPI 指标时不能凭空想象，而要与公司 KPI、团队 KPI 环环紧扣。在确定员工 KPI 前应该基于企业 KPI 先确定团队 KPI，然后基于团队 KPI 再分解到员工身上。员工的 KPI 应该是为团队 KPI 的完成而设计的，而团队 KPI 是为了企业 KPI 的完成而设计的。

1. 了解企业 KPI 设计方法

在确定员工 KPI 之前，有必要先了解企业如何设计 KPI。企业设计 KPI 时方法有很多种，其中三种比较常见，分别是外向导向设计法——标杆基准法、内部导向设计法——基于企业愿景与战略的成功关键设计法、综合平衡计分卡设计法。

外部导向设计法（标杆基准法）：是将自身的关键业绩行为和业界标杆的关键业绩行为进行比较，找到差距，确定 KPI 指标。这种方法的优点是可以帮助企业明确目标、认清差距，确定重点工作和改进方向。缺点是各企业所处发展阶段、自身状况、面临环境等不同，完全对照模仿没有意义。

内部导向设计法：是企业基于自身优劣或愿景而建立的指标体系，强力支撑组织愿景、价值观的实现，促进企业核心竞争力的提升，促进企业运营流程的优化。

综合平衡计分卡设计法：财务方面，比如投资报酬率、经济增加值、销售毛利率、现金平均周转期等；客户方面，比如顾客满意度、顾客忠诚度、市场份额等；内部运营方面，比如新产品开发周期、质量、内部流程等；学习与成长方面，比如员工满意度、员工培训等。

2. 帮助员工理解指标来源

在和员工沟通确定考核指标时，会遇到员工觉得指标定得太高无法达成一致或员工勉强确认的情况。这种情况出现，很多时候是因为团队管理者没有向员工讲清楚为什么要给这样的指标。why 层面没有讲清楚，后面就会遇到很多问题。

要给员工讲明白只有每个员工的 KPI 达成才会有整个团队 KPI 的达成，进而才会有公司 KPI 的达成。要讲清楚团队的考核指标是如何确定的。一般情况下团队指标来源如下：

➢ 团队指标从上级组织指标中分解得出；

➢ 上级组织指标从公司指标中分解得出；

➢ 从团队职责中推导得出；

➢ 团队指标来源于团队年度重点工作；

➢ 团队指标从公司内部需求中推导得出。

有时候，不能仅让员工了解员工层的政策。想让管理更轻松，在认识上还需要帮员工延伸。

当员工了解了团队对应考核周期内的指标后，就理解你分解给他的指标了，会更欣然接受，而不是觉得你故意提升完成难度。

在制定指标时，除了要和员工沟通达成一致，还要遵循一个很重要的原则，那就是 SMART 原则。SMART 原则来源于管理大师彼得·德鲁克的《管理的实践》，指的是一个高效达成目标的原则。

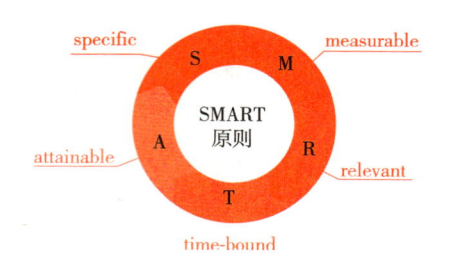

S（specific）：明确的、具体的。也就是和团队成员共同确定考核指标时，考核指标不要用笼统的语言。要清晰、明确，让考核者与被考核者能够准确理解目标。

M（measurable）：可量化的。在和员工确定考核指标时，要做到量化指标，结果一定要可以数字化衡量。比如，对于人力资源团队的招聘岗位而言，如果指标写的是推进 FPGA 岗位招聘有序开展，这个描述就非常笼统没有可衡量性。改为 FPGA 岗位当月推荐有效简历至少 30 份，安排面试至少 4 次，就具有很好的衡量性。

A（attainable）：可实现的。定的指标如果太难，很难实现，就是指标制定不合理。绩效考核指标如果员工努力也无法达到，那就是为难员工，长期下来会打消员工的积极性。

R（relevant）：相关性。相关性的定义是此目标的实现与其他目标关联，相关性低则意义有限。

T（time bound）：有时限性的。明确每项工作的完成时间节点对于考核来讲非常重要，明确时间节点有助于员工提升效率。

绩效目标确定阶段是管理者和员工共同讨论，确定员工考核期内应该完成什么工作以及如何衡量工作结果的过程。绩效目标确定是绩效管理的起点，是绩效管理最为重要的环节。参与和承诺是制定绩效目标的前提。

三、重视员工承诺

在团队绩效考核过程中，还需要重视纸质约定的作用。可以参照麦肯锡"白纸黑字签字法"，按照这样的步骤来实施：

第一步：下发模板

在团队内下发 KPI 模板，要求员工先上报自己定的考核指标初稿。之所以要让员工先自己上报，是为了触发员工主动思考。是否主动思考了，从上报的 KPI 指标初稿中就可以看出，这也能从另一个侧面看出员工是否具有内驱力。

第二步：逐一审核

收到上报的指标后要逐一审核，重点审核两种指标：一种是不符合 SMART 原则的；一种是重点考核项没有写，必须新增指标的。以终为始，初期多问几个为什么，可以减少后期大量的无效率工作，破除"忙就是好"的误区。

第三步：重点沟通

对于存在这两类问题的，一定要找员工进行逐一沟通，一方面要从团队重点 KPI 指标中分解相关指标到员工身上，一方面要对员工最初上报的"内耗性指标"进行删除或修改，确定调整后的指标，最终双方达成共识。

第四步：达成一致

达成一致最有效的办法就是白纸黑字签字法。每个周期绩效考核指标确定后，一定要做的是让员工签字。

在团队内部也不能忽视这个细节，细节决定成败。

不要小看签字这个环节，既是一种承诺的仪式，又是一种规避后续劳动纠纷的基本保障。

一位员工因为每月发的绩效工资严重低于标准绩效工资，所以申请了劳动仲裁。团队负责人说那个员工经常消极怠工，分配的工作都无法完成，严重影响团队进展，所以扣绩效工资合情合理。当问到团队负责人给员工打分的依据是什么，他说依据他们团队的绩效考核管理办法。虽然团队管理者提供了相对客观，对于他们团队也适用的考核制度，却没有员工签字的月度考核指标纸质版及每月考核结果的员工签字确认件。很显然，他觉得过程记录"首尾签字"麻烦，没有执行。最后那个员工胜诉了，公司全额补齐了团队负责人扣除的所有绩效工资。而团队负责人因为这次内部管理问题受到了处罚。

每个团队管理者，除了要有团队业务意识，还要有一定的劳动关系意识。作为管理者就要有未雨绸缪的意识和相应的行动。

劳动仲裁和法院中各类人事案件处理中，企业作为举证方要提供的材料最基本的有：

- 员工劳动合同原件；
- 与员工利益相关的各项管理制度原件；
- 员工接受相关管理制度培训并亲笔签名的培训签到表、培训记录原件；
- 相关考核周期内员工对绩效考核结果确认的签字原件；
- 相关辅助证明员工不胜任工作的材料；
- 相关音频、图像类证明材料等。

第四节　考核实施时，如何避免员工怒气冲天来找你

很多时候，由于考核方式或考核标准的问题，员工会对考核结果产生不满，甚至怒气冲天来找团队管理者理论。这样的突发事件发生后，管理者会

不得已停下手中重要的工作，然后看着员工愤怒的表情，觉得不可思议。

遇到这种情况该怎么办？管理者可能瞬间会因为被下属"挑战"而觉得没有面子，可能会用一些方法快速平息这样的事件，但是事后处理的效果总是远远小于有备而战的效果。要避免这样的现象发生在自己的团队中，就一定要未雨绸缪。

一、制度先行

很多新手管理者容易犯以为自己权力很大的认知错误，在给员工绩效考核打分时主观为主。在这个信息化的时代，员工自我保护和劳动法意识都非常强。如果处理不合适，就会被员工提出质疑，甚至会闹到法院。

每个团队管理者的本职工作是激发员工潜能，而不是激发员工怨愤。 如何避免员工怨愤？凡事都有依据就是最好的方法。在团队管理中，团队绩效考核制度就是对员工考核的最有力依据。

当一个员工怒气冲天走到管理者办公桌前，扯着嗓门要理论时，他已经做好了随时离开团队的准备。这个时候，不要妄想还有领导者的光环和他对话，这个时候自证的有利论据就是团队的绩效考核管理办法。

虽然，在制定考核指标时要跳双人舞，但即使这个环节做好了，没有明确的考核标准，就相当于一件事情只做了一半。后面的事情没有处理好，会导致前面的所有努力都白费。所以，一定要先制定团队绩效考核管理办法，先保证有，再逐步完善。制度中至少要有"五个明确"，分别如下：

1. 明确考核原则

在制度中首先需要明确考核原则，常用的考核原则有以工作业绩为导向的原则；定量与定性相结合，以定量考核为主的原则；坚持实事求是、客观公正的原则；坚持考核结果与激励挂钩的原则等。

2. 明确考核周期

在制度中需要明确对员工的考核周期，考核周期分为日常和年度，对于员工的日常考核一般为月度或季度。团队管理者需要根据团队业务性质确定是采用月度考核还是季度考核，一般情况下实施月度考核的比较多。

值得注意的是在实际工作中，如果选择了月度考核，其中第一季度最好以季度为周期，其余均在每月结束后进行。因为第一季度是团队管理者参照上级部门的年度重点工作分解制订团队年度重点工作计划的时候，确定后再分解到员工年度重点工作计划中，然后员工再分解到月度重点工作计划中。很多时候团队重要年度指标会因为一些原因在年初不是很明确，一季度的指标变数相对较大，所以1~3月员工的月考核会因为考核指标确定的滞后性等因素有所影响，所以第1季度以季度为周期进行考核相对更精准一些。关于年度考核，一般都是在每年12月底开始对员工全年工作情况进行综合考评，形成年度考核结果。

3. 明确考核内容

除了需要明确团队绩效考核方法，还要明确员工月度考核具体内容。比如员工月度考核以业绩考评为主，考评内容为月度综合计划执行情况。制度中需要明确要求被考评人每年年初须制订详细的年度工作计划并分解至月度，作为月度工作跟踪及考核的依据。比较常见的月度业绩评价维度包括员工月计划完成率、完成质量、工作饱和度、工作难度等。此外还可以设置加减分项等评价方式，同时需要明确员工年度考评内容。比如员工年度考评包括业绩和素质能力两个维度，两者权重比例8∶2或7∶3均可，根据实际自行设置即可。

4. 明确考核程序

以月度绩效考核为例，比如明确了每月5日完成对员工的月度绩效考核工作，员工要在每月3日前对个人上月度KPI指标完成情况进行自查并填写相关表单反馈。同时也要明确收到反馈表后下一个环节的具体流程等。

5. 明确结果应用

彼得·德鲁克认为："绩效考核是推动个人和组织成长的关键工具。"绩效考核不仅是奖惩的依据，更主要的是激发大家去改进。所以在制度中需要明确绩效考评结果的应用途径。员工月度考评结果以考评得分的形式体现，主要的应用形式有作为计算员工月度绩效奖金的重要依据，作为其转岗、待岗的依据等。

员工年度考评结果很多时候与员工年终奖金相挂钩。但是从团队成员长期激励角度来应用，员工年度考评结果不仅是计算员工年度绩效奖金的重要依据，也可以作为次年员工薪酬等级调整的依据、员工岗位等级升降依据、各项表彰奖励评选的依据。

可能你觉得这不难，自己直接制定就行。你可能写好几页的团队考核制度，然后发给大家说就按这个制度执行。试想一下，你一个人的想法能够代表所有团队成员的想法吗？

团队绩效考核制度的最终版是由团队管理者最终确定的，但是过程中必须有群策群力的环节，这是民主制的直接体现。 在制度确定好之前需要团队中的核心骨干进行制度评审，形成过程评审文件。

制度发布后要在团队内对所有员工进行培训，最重要的是形成培训签字。 这些都将加深员工对管理办法的重视，为考核实施做铺垫。

二、过程透明

有了制度，接下来就要做好实施过程的公平、透明。简单高效的做法是，时间明确、自主上报、最终校正、避免误区。

1. 时间明确

明确考核时间周期和具体节点。如以月为单位，明确每月 5 日考核。

2. 自主上报

要求员工先对照自己的月初 KPI 指标进行自我打分，让员工先意识到未完成的指标扣分情况。有了分数预估，不至于看到最终考核结果后觉得不对。

3.最终校正

团队管理者对员工的完成情况进行打分，并结合员工自我打分进行双向校正，形成最终打分。这个过程就相对透明、公平。

4.避免误区

在制定考核标准和流程时，要确保公平公正，避免出现偏袒或不公的情况。在评定结果时，也要参考员工的工作表现和任务完成情况，避免主观臆断或偏见。实际考核中常见误区及修正措施如下：

误区	修正措施
晕轮效应：以偏概全	以KPI达标情况或工作目标达成情况为依据
近因误差：以近期印象代替全部	做好绩效管理过程中的数据收集、记录
感情效应：结果不自觉受感情影响	以客观绩效指标为依据，二次考核为监督
集中趋势：结果趋于中间拉不开	结果以统计百分比进行衡量
暗示效应：评估人受领导及权威人士影响	以客观绩效指标为依据，通过二次考核与上司沟通
倒推化倾向：先为某人确定一个考核档次，然后倒推出各考核项目的得分	不戴有色眼镜，以客观绩效指标为依据

三、面谈前置

有的员工怒气冲冲地去找管理者的原因是"误解"，误认为管理者看他不顺眼。这不是管理者的本意，只是基于客观事实的考核，希望激发其主观能动性。**绩效面谈非常重要，在什么时机谈更为重要。**以月度考核为例，看看这两个顺序，哪种方式员工得知结果后情绪会更平缓一些。

方式1：先把考核得分和考核等级发送至员工邮箱，等你有时间时再找员工履行绩效面谈流程。有的时候因为太忙最后没有面谈。

方式2：先和绩效不佳的员工进行1对1绩效沟通，在沟通过程中一步一步引出考核结果，最后告知员工考核得分和考核等级，双方达成一致，确认下一步改进计划。

如果绩效面谈在结果告知员工之前开展，基本可以规避员工怒气冲冲地来找管理者的现象。并且提前沟通会让员工感觉到被重视。

如果时间精力有限，可以重点和考核系数为1以下的负激励员工进行面谈。因为这类员工看到结果后的负面想法可能会多，重点沟通即可。具体可以用"1-3-3-1面谈前置法"开展。

第一步：明确1个目的

开始面谈前，先问自己一个问题：这次绩效面谈的真正目的是什么？通过这样的内心自问自答，你会提醒自己这次面谈的目的不是打击员工积极性，不是为了末位淘汰，而是要让员工知道差距在哪里，从而去改善提升让绩效越来越好，要通过绩效面谈达成下阶段的绩效目标。

第二步：坚持3个聚焦

聚焦员工遇到的问题及困惑：以员工绩效改善、促进员工成长为中心，与员工进行绩效方面的交流并回答员工提出的问题。

聚焦员工工作进度与成效：回顾上一个绩效周期的工作业绩与不足，展望下一个绩效周期的工作目标。

聚焦员工需要的支持与资源：了解员工工作中需要的帮助有哪些，需要哪方的资源。

第三步：运用3个技巧

绩效面谈是被考评人的直接管理者与被考评人之间的沟通，面谈是围绕岗位职责用具体事实进行客观评价的平等对话。

技巧1：营造氛围。营造轻松的面谈氛围，可以先和员工聊一些融洽的题外话拉近彼此之间的距离。

技巧2：设置策略。面谈可以用"三明治沟通法"。先认可与表扬员工，表扬时要对事不对人、具体真诚，不要无原则地表扬。通过表扬营造融洽的气氛，为后续坦诚交流打下基础。有了前面的氛围铺垫，然后再指出员工的不足之处，不足要有事实依据，最后表达期望和信任。

技巧3：巧妙提问。首先，你可以问一些客观性问题，参考沟通技巧有"上一阶段我们一起设定了哪些目标？哪些指标超越了目标？哪些目标达到了？哪些目标没有达到"；然后，问一些反应性问题，参考沟通技巧有"你的总体感觉怎么样？工作中哪几件事让你印象深刻？你对自己的表现满意吗"。紧接着问一些诠释性问题，参考沟通技巧有"为什么有些目标完成得好？为什么有些目标没完成？遇到了哪些困难？哪方面的能力还需要提升"；最后，问一些决定性问题，参考沟通技巧有"下一阶段期望的目标是什么？未来希望怎么改善？想参加哪方面的培训"，等等。通过绩效沟通后，团队管理者和员工都应能回答以下问题：

➤ 工作职责完成得怎样？哪些方面不好？
➤ 员工是朝着实现目标的轨道运行吗？
➤ 如果偏离轨道，需进行哪些改变才能回到轨道上来？
➤ 在支持员工进步方面能帮他做些什么工作？
➤ 是否发生了影响员工工作任务或重要性次序的变化？
➤ 如果发生了，在目标或任务方面应做哪些改变？

第四步：做好1个确认

在结束你和员工的面谈前务必进行最后的确认，确认的沟通技巧可以是："让我们明确一下上个周期你的绩效考核得分是××分，绩效等级评定为××级，我相信你下个周期一定可以快速凸显，一起加油。"

除了以上建议外，建立良好的团队文化也很有必要。如果团队中有积极向上、团结协作的团队文化，就可以增加员工的归属感和认同感，减少对考核结果的过度关注和不满情绪。日常工作中要通过加强团队建设、提供成长机会等营造一个和谐、稳定、积极向上的工作氛围。

第四章
绩效考核，你用好这把"双刃剑"了吗

第五节　不要忽略这个环节，让自己成为金牌教练

管理者都不喜欢找借口的员工。当员工解释一件事情没有完成的原因时，管理者会下意识觉得员工在找借口，觉得是员工的问题。是否考虑过自己的失职？要想让绩效管理起到很好的作用，就要重视绩效辅导。

一、了解绩效管理的全貌

完整的绩效管理应该包含五大方面，分别是绩效目标制定、绩效辅导、绩效评价、绩效面谈、绩效激励。

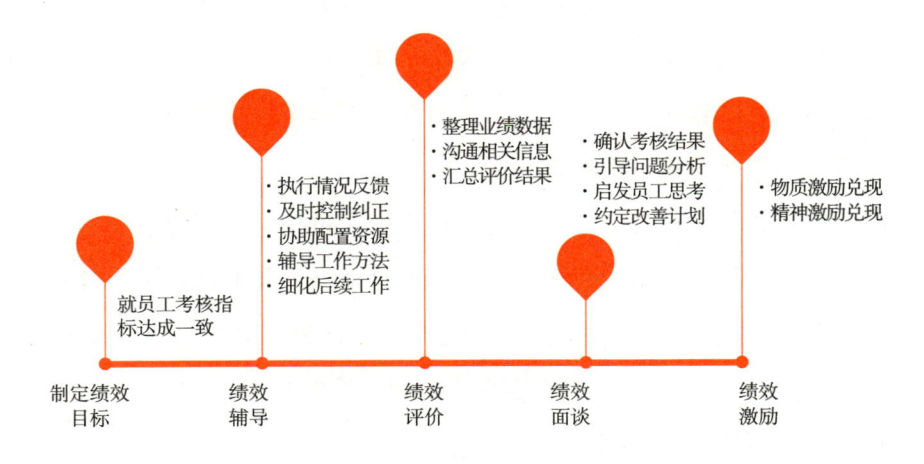

制定绩效目标	绩效辅导	绩效评价	绩效面谈	绩效激励
就员工考核指标达成一致	·执行情况反馈 ·及时控制纠正 ·协助配置资源 ·辅导工作方法 ·细化后续工作	·整理业绩数据 ·沟通相关信息 ·汇总评价结果	·确认考核结果 ·引导问题分析 ·启发员工思考 ·约定改善计划	·物质激励兑现 ·精神激励兑现

很可惜，在实际工作中绩效辅导会被大家与绩效面谈混为一谈，认为是一回事情；还有的认知上觉得不是一回事，但是行动上却忽略这个环节。

这个关键环节的缺失往往导致员工绩效指标没完成，影响团队整体进展，即使对员工实施绩效考核负激励也无法及时挽回整个团队的当期业绩。在绩效考核前对员工进行绩效辅导，不仅对员工的绩效达标起到直接的改进作

用，对于团队在一定考核周期中能否达成既定团队目标也有重要的意义。

二、做金牌教练

奥运冠军拿到金牌，都认为是其天赋和努力，这没有错。但是大家忽略了他身后一位重要的人，那就是他的教练。每次参加大赛教练都随身携带摄像机，将比赛过程及国外优秀运动员的训练和比赛技术动作拍摄下来，并对这些录像进行反复分析和研究，以此促进运动员的每一个动作都达到完美。不仅如此，在优秀运动员的背后还有一个强大的教练团队，他们购买的专业图像分析软件，配合其他一些计算工具得出种种数据，为运动员进行技术诊断和潜力挖掘。运动员的一举一动在他们看来是由一组组数据组成的，他们的工作就是用数据分析运动员。正是这种对每个细节的精雕细琢，才成就了奥运冠军。

在体育界需要好的教练，在职场中也需要好的教练。团队管理者就是整个团队的教练，是每个员工的教练。你不仅要关注员工的绩效指标制定，还要加大对员工的过程指导，而不是只在考核周期结束后冷冰冰地给出一个分数，然后让这分数对应一个系数而已。

高绩效团队的管理者一定是在考核过程中通过沟通、指导、帮助、资源提供、及时纠错等真正推动员工发挥潜力并创造高绩效的高水平管理者。采用教练式辅导能够很好地帮助员工改进。GROW模型就是一个很好的教练式辅导工具，是IBM等世界500强企业常用的模型。

1.GROW模型四个步骤

GROW模型是由四个英语单词的首字母组合而成，代表四个步骤：

G（goal）：确定目标。你要像教练一样，通过一系列启发式问题帮助员工找到要达成既定指标需要在现阶段先达到什么程度，需要先确定目标。可以参考的沟通技巧有"这个月你给自己定的目标是什么"或"你这个月想拿到什么样的成果"。

R（reality）：澄清现状。也就是要启发员工搞清楚现状和客观事实是什么，可能的困难是什么等。可以参考的沟通技巧有"工作目前在按计划推进吗？能具体说说取得了什么进展吗"。

O（options）：选择方案。也就是阐明行动计划。在这个环节你需要通过提问等形式鼓励员工进行创造性思维，明确下一步行动方案，以及需要的资源支持等。可以参考的沟通技巧有"你的下一步行动计划是什么？在行动过程中你可能预见的问题会有什么？你打算如何解决"。

W（will）：承诺行动。明确制订行动计划和下阶段反馈时间。可以参考的沟通技巧有"我们交流完后，你下一步打算做什么"或"你还需要哪方面的支持？支持到什么程度你可以确保达成目标"。

G	R	O	W
GOAL 目标	REALITY 现状	OPTIONS 机会/方案	WILL 意愿/下一步
What do you want?	Where are you now?	What could you do?	What will you do?

2.GROW 模型沟通要点

在使用 GROW 模型对员工进行绩效辅导时，沟通上需要注意以下三点：

（1）开放共情。在绩效辅导对话中，大部分提问应该使用开放式问题来激发好奇心，启发对方的深度思考。要结合深度聆听的技巧，全方位去理解对方的想法和感受，换位思考，从辅导对象的角度思考问题。

（2）多角度启发。在澄清现状阶段，要从不同角度提问。比如探寻背景、原因等，引导员工对现状有更全面客观的认识。这些不同角度的问题往往能为下一步找寻解决方案提供独特的视角和启发。

（3）未来视角。绩效辅导是为了推进员工在后续工作中达成既定目标，因此在提问时要着眼于未来的可能性，未来可以采取的行动，未来改变后能够达到的状态。

第六节　谈退员工时，如何既达到目的又不伤感情

杰克·韦尔奇在他的书《赢》中有如下一段描述：

那一天最终到来了，你坐到桌前。

你通报了那个坏消息，突然间觉得轻松了，忧虑的情绪已经过去。事情结束了，你会想，我处理得很仁慈，我说了很多好话，补偿是公正的。终于，我能去做其他工作了。在回家的路上，你感到那个负担终于从肩上卸下来了，那天的晚饭也会是很久以来吃得最香的。

杰克·韦尔奇能够写出这么生动的一段文字，足见他当时在和要辞退的员工谈话时内心有多么跌宕起伏。全球著名的通用电气CEO都会因为解雇员工而感到忧虑、不安，何况在普通企业里打拼的小团队管理者。

人，都有感情，有感情就会有复杂的内心挣扎。

作为团队管理者，可能有一天你收到了上级的指示，有一项重要的工作需要你去执行。而这项让你表情凝重的工作就是团队人员裁减。裁员这个话题，很多人不愿意面对，但是在现在这个多变的VUCA时代已经成了团队管理者不得不面对的事实。

管理者想保留每一个成员，希望一个都不能少。但是职场中因为外部环境变化或团队发展瓶颈等，上级交办的任务不得不执行。按照公司要求的裁员比例，管理者和员工谈了话，员工走了，表面云淡风轻，但是出于对员工

的歉意，或许内心久久不能平静。

对于小团队管理者来说，对并非你想辞退的员工，启动辞退谈话这项工作一般有三种原因，分别如下：

第一种原因：团队运行稳定，员工因个人原因触碰了组织红线，严重违反了相关管理制度，与整个团队的价值观相违背，在团队中已经造成严重的负面影响，你必须辞退这样的员工。

第二种原因：团队运行稳定，成员都是你的爱将。但是根据公司的整体要求，必须通过实施末位淘汰来激活组织活力。

第三种原因：是你最不愿意面对的断尾求生。因为外部环境变化，公司因不可抗因素要实施组织结构调整，进行大批量裁员。

对于第一种因为员工个人原因的辞退，很多管理者没有觉得难处理，会主动和员工捅破那层"窗户纸"，一般不会有内疚，这种类型的辞退不属于杰克·韦尔奇在著作《赢》中描述的让他忧虑的类型。

对于和这类员工谈话，管理者要想达到目的的关键是"用事实说话"。用事实说话就是有足够的"证据"证明你想要谈退的这个人是因为个人原因导致他严重违反组织规定等。所谓证据，不限于员工签字的各种管理文件、签字记录、音频、视频、第三方证言证词等。在事实面前，大部分员工内心会承认是自己的错误导致，不会真正怨恨团队管理者。但是，也有被恶意言语攻击的时候。对于后者，即使伤了曾经的上下级感情，也会很快忘却。

后两种情况是很多小团队管理者要面对的比较为难的场景。**这种场景，不是害怕，而是因为还存有上下级感情。**对于在必须执行又夹杂人性的这种辞退谈话中，如何能够既达到目的又不伤感情？

一、做好三个准备

1. 时间准备

和员工做辞退谈话前最好提前1天就列好计划，把这项工作作为一个重要事项，预留充足的时间。具体谈话时间按照 1~2 个小时预估或者更长。有时候谈话会按照预设的节奏进行，但也可能出现很多突发状况，要花费大量时间去处理。

2. 地点准备

为了避免谈话被人临时打断，最好预定一个独立的小型会议室。面谈地点的选择直接决定沟通的效率。大部分小团队管理者是没有独立办公室的，假如坐在敞开式办公场地中把要辞退的员工叫来谈话，结果注定是失败的。因为这首先违背了"尊重"原则，员工为了保全面子是不会接受被告知的结果的，所以选择地点尤为重要。

当然，有人为了创造轻松的谈话环境约在公司外面沟通，其实没有太大的必要。毕竟公司内部的事情在内部沟通会显得更正式一些。

3. 资料准备

提前准备过去半年到一年内员工的绩效得分、工作态度评价得分、员工自评表等。准备这些是为了给员工"为什么被辞退的人是我"这样的问题准备有力的论据支撑。

对于因公司"断尾求生"的原因而导致的辞退事件，即使过往的材料显得苍白无力，但有时候也需要资料支撑。

二、保护员工尊严

关于保护员工尊严这一点，往往被一些小团队管理者忽略。不伤感情的前提是被尊重。尊重员工，员工就一定会感知到。越是细节的地方，员工越是能感受得到。有三个原则需要被重视，具体如下：

原则一：名单知悉范围最小化

办公室里没有不透风的墙，即使只把辞退的名单给某一个你非常信任的下属看了，也不要指望他不会告诉第二个人、第三个人。在和员工进行辞退谈话前，要确保信息阻断，只有这样才不会影响被沟通人在办公室里的处境，也会让后续的正式沟通更顺畅一些。凡事要多站在员工的角度去想他们会介意什么，他们更希望保护什么。

原则二：参与沟通人数最少化

即使团队中被辞退的人员是两人以上，预设的辞退补偿方案完全一致，也不要组织大家一起沟通。曾经有团队管理者把要谈话的员工同时叫到会议室统一讲辞退事宜以及给予的补偿方案，自以为这样既节省时间又会让员工觉得不是针对一个人，接受度会更大。其实，不论你是把几个人同时叫到会议室一起告知这个事情还是1对1单独告知，最终涉及的人都会知道，不要忽视员工之间信息传递的速度。

如果是1对1进行谈话，你们之间才能彼此有机会讲出很多真心的东西，离职前的最后一次谈话才会让员工感受到这个团队的温度。

每位离开团队的员工都会继续代表你的团队，他们可以继续说你坏话，也可以对你表示理解。

原则三：语言不伤人

有位技术团队负责人曾对我说过一段他的见闻，他说有一次和公司的研发总监一起谈一个要辞退的员工。研发总监是一个直言直语的人，直接对要辞退的员工说："你的工作现在对公司没有价值了，所以要辞退你。"试想，这样的谈话怎么会不引起员工在会议室里大闹一场，因为这直接扼杀了员工曾经的贡献和那时那刻最基本的尊严。

员工是一个堂堂正正的人，贡献再小也不至于被说成没有价值。有没有价值又如何衡量？很显然，这个案例中研发总监出面的辞退沟通没有谈拢，员工对曾经贡献过的团队表示很失望，肯定不会接受那样的"谈判"。结果可想而知，最后员工告上了劳动仲裁部门。

不是所有的员工都会接受所谓的"好合好散"，即使已经按照劳动法规定给了员工符合法律的经济补偿，现实中还会有一些员工因为接受不了突如其来的被辞退，会提出更多的补偿要求。

遇到这样的情况，也要先保持冷静，不要用不合适的语言去诋毁员工，不要对员工的人品等进行语言攻击，以正常心态沟通，汲取有效信息和诉求，可以用"向上反馈"等理由化解当时的僵局，常用的沟通技巧有"我很理解你的心情，关于你的诉求我会及时反馈给相关部门和上级领导"。这种场景下，不需要去争辩对方要求的合理性，最重要的是先做好员工的情绪疏导，等员工冷静后再进一步沟通。疏导员工情绪可以参照的方法如下：

（1）**尊重员工的价值和贡献**。在谈话过程中，要明确告知员工他们的工作表现和贡献，并且承认和感谢他们为组织做出的努力。尽可能给予肯定和赞赏，让员工感受到他们的价值和重要性。这样做有助于缓解员工情绪，减少对员工自尊心的打击。

（2）**提供合理的解释和理由**。必须清楚表达上级部门的"政策方案"，并提供合理解释和理由。这可以增加透明度，帮助员工理解决策的合理性。向员工进行负面反馈时，可以结合进行反馈的标准化工具BIC工具去沟通。

BIC（behavior impact consequence）工具在IBM等跨国企业中被普遍使用，是管理者向员工进行反馈的标准模式。简单来说，就是把为什么辞退的是他这个事实，因为他的哪些行为产生影响，以及导致的后果告诉员工，让员工明白为什么是他而不是别人。

第一步：behavior（行为事实），指已经发生的行为事件，最好是有数据支撑的。谈话者只讲事实，不作评判。

第二步：impact（影响），指已发生的事实对周围的人和事产生的作用。一般存在三个方向：对事件、对他人、对他自己。有逻辑地预见短期的、负面的影响。

第三步：consequence（后果），指在影响的基础上强调如果长期持续会引发的负面效果。

人无完人，任何员工肯定会在某一方面比其他人弱势，或在某方面工作出现过不达标。把这些过往不曾追究的事件串联起来，员工也会意识到自己的不足，有的员工会最终默认而选择接受现状，不再争论。

三、为员工做点什么

创意领导力中心是一家致力于领导力研究和培训的国际机构，他们的一项研究表明：让管理者们评估带领组织度过裁员和其他困难时期什么是最有效的。该中心的一位领导力发展高级项目主任凯莉·邦克尔得出结论："为了帮助组织度过艰难时期，高效的领导者更善于将软性领导技能，如信任、同理心和真诚沟通等与所需的硬性管理技能结合起来。"

企业中的小团队管理者其实是一个十分不容易的角色，既要向上履行整个组织的政策要求，又要对下鼓舞团队士气。你想做一个能够保护好每位战士的将军，但是你不是英雄，职场上很多时候实现不了英雄主义。

很多企业在发展中遇到了前所未有的困境时，微博、公众号上各个大V的文章中出现的是"知名大厂组织机构调整、人员优化"的文章。作为团队管理者，你接收到公司人员优化通知后，会怎么做？

有的企业在员工末位淘汰这件事情上，给团队管理者的指导思想是具体问题具体对待，实在不行再按劳动法补偿政策实施。通俗讲就是能以"最低成本"让员工离开就以"最低成本"来和员工谈，目的是降低企业总体辞退成本。有的团队管理者，会认为这样和员工达成一致就是这件事情的完美结局。其实并不是这样，这是一种短视行为。

通过博弈的方式让员工接纳最低补偿，有的员工虽然签字了，但是内心会对曾经所在的团队无比失望，对曾追随的领导无比失望。一定不要低估负面信息传播的速度和强大的负面影响力。

即使管理者要求被谈话人不要将谈判结果告诉其他员工，但是这件事情的处理结果最终会像病毒一样很快在团队内部传播并发酵，被无限放大，最后留下的即使是团队骨干人员，这些人也会在内心质疑自己的付出，会对是否继续跟随你全力以赴产生动摇。

即使后续组织团队成员做再多的团建，也很难补上这个洞，因为他们对团队文化这个词的真真假假已经有了自己的答案。

如果无法为员工争取到一些东西，那也需要向员工解释清楚，并尽自己的最大可能帮助员工。

发自内心为员工做的，他们会感知到。不仅离开的员工能感知到管理者的真心，在职的员工也能感知到。眼睛看到的、内心感受到的，都是员工判断上级领导品格的参照。

最后能够为这类员工做点什么，是管理者作为一个人最本能的善意。如果想为员工做点事情，那可以尝试的方式有：

➢ 为员工写一封感人的推荐信；

➢ 用自己的资源了解这个岗位的外部招聘需求，帮员工推荐工作；

➢ 帮员工把离职手续中比较烦琐的环节简化；

➢ 帮助员工做好下一份工作的背景调查，并告诉他，让他放心寻求新的发展；

➢ 如果上下级关系原本很不错，可以从职业生涯发展角度，结合他的兴趣、能力、爱好在未来职业发展方向上给出一些建议。

像管理高手一样思考

（1）绩效考核和绩效管理一样吗？

（2）如何理解"刚柔并济"式考核？

（3）你觉得要成为金牌教练，需要重视什么？

（4）接下来你打算和哪位下属做一次绩效辅导？具体哪一天实施？

（5）和员工做绩效面谈时，想达到双赢，应该如何做？

（6）在你的管理中，都为员工做过哪些有温度的"小事"？

第五章 05

激活个体，
让大家都发自内心想跟你干

你要走出办公室，深入大家中间，真正关心他们在做什么、进展如何，带领大家一起翻越高山。

——杰克·韦尔奇

第一节　如何让员工即时满足，让团队充满"战斗力"

哈佛大学威廉·詹姆斯教授研究发现，按时计酬的员工一般仅发挥20%~30%的能力，如果员工受到充分激励，可以发挥80%~90%的能力甚至更高；其中近60%的差距因激励所致，这一定量分析使人们感到吃惊。同时，媒体的调查数据表明：员工满意度每提高3个百分点，可以使企业员工流失率降低5%，运作成本降低10%，劳动生产率提高25%~60%。

激励分为物质激励和非物质激励两大类。物质激励一般有加薪、升职、股权激励，非物质激励有表彰、关心等。加薪，一般需要跟随公司整体调薪时间，有的公司半年调薪一次，有的公司一年调薪一次，还有一些公司两年左右才调薪一次。即使公司有特事特办的破格法，但是想要帮员工申请特批加薪，也要经过逐级签批，并且不能保证一定会通过。因为不能即时给员工兑现，暂不属于即时激励的范畴。升职和加薪在兑现时间上有着一样的滞后性，并且很多时候因为人多岗少或职级通道不健全等因素，小团队管理者也会心有余而力不足。

一位离开互联网大厂的总监说过这样一段话："以前是打完仗都很久了，再开会讨论奖赏，热乎劲一过人们都忘了。每当有人要求升职加薪，得到的通常不是位置或金钱，而是一个新的业务或任务。因为职位有限，有的功臣都不一定得到晋升和奖励。"后来在推行OKR的同时，企业也开始实行"即时奖励"制度，即"功劳一旦确认，立刻兑现"。"即时奖励"制度，极大地鼓舞了士气，也让员工实时了解公司在鼓励什么、提倡什么，这种激励鼓舞了很多精兵强将的出现。

任正非曾说："光是物质激励，就是雇佣军，雇佣军作战，有时比正规军厉害得多。但是，如果没有使命感、责任感，没有精神的驱使，这样的能力就是短暂的。只有正规军有使命感和责任感，能长期作战。"华为十分注重对员工进行多元化精神激励，以激发员工的责任感，实现了公司持续发展。

虽然现在倡导职场人要学会延迟满足，但事实上先尝到甜头的人更有动力。想让员工随时充满"战斗力"，就需要从"柔性管理"角度找方法，尽量让员工即时满足。

一、别吝啬你的表彰

20世纪50年代末期，行为科学家弗雷德里克·赫茨伯格和他的助手们做了一个调研。他们在美国匹兹堡地区对二百名工程师、会计师进行了调查，得出的结论是：传统的激励假设，如工资刺激、人际关系的改善、提供良好的工作条件等都不会产生更大的激励。它们能消除不满意，防止产生问题，但这些传统的"激励因素"即使达到最佳程度，也不会产生积极的激励。

简单来说，就是以物质激励为内容消除不满意只能使员工不会离开公司，而不能保证员工持续为公司作出贡献。真正的激励要素都属于工作本身或工作内容方面的成就、认同，以及成长和发展的机会。

经济学人智库的一项研究发现，未来几年最重要的三大领导品质是激励员工的能力（35%）、跨文化工作能力（33%）、促进变革的能力（32%）。其中激励员工的能力在百分制能力中占比最高，达到了35%，这足见激励的重要。

管理者需要及时给予员工正面反馈、表彰，让他们感受到工作得到了认可和重视，增强其满足感和工作动力。

1. 奖项表彰

可以按照月度或季度的周期在团队内举行一些评优活动。以阿里巴巴为例，在早期，阿里巴巴针对团队内高敬业度的员工有"沙僧奖"、针对敢于突破的员工有"悟空奖"、针对新人有"哪吒奖"，这些奖项的名字非常有趣生动，并且奖项和获奖人员的突出特点有机结合，很受大家欢迎。

对于获奖的员工而言，得到来自团队内部的及时肯定和表彰会更加努力。对于整个团队而言，这些日常荣誉激励可以在团队中树立一些典型标杆，起到榜样的力量，会激励其他员工。

只知道奖项表彰的意义还不够，要想让这件事情起到正向激励的作用，还需要提前做好流程设计，具体如下：

制定评选规则：团队内部的奖项评选方案一定要坚持集思广益原则。经过大家讨论并一致认可的奖项在后期推行时，员工的参与积极性才会高。制定方案的过程也可以彰显整个团队的开放文化。

设置团队荣誉墙：在团队办公区附近布置一面荣誉墙也是不错的方式。每月将获奖人员的照片和对应奖项在荣誉墙上展示出来，形成视觉看板会对获奖人员起到很好的激励作用。

配套物质奖励：可以给予获奖员工一些团队经费可控范围内的奖品，注意是有创意的奖品，不在于金额而在于其寓意。

2. 口头表扬

一个人内心中之所以会热爱一件事，是因为他在这件事情上获得了激励，获得了心理能量。

关于心理能量，可以理解为一个人因为做一件事情被肯定或表扬后内心感受到的积极的能量。心理能量会让一个人觉得特别开心、满足、有成就感。

如果继续做其他事情，这种能量会激励他做得更好。比如，一个小孩在学校自选了一门课是单簧管，最初吹单簧管时，吹不出声音，气息不足，跑调等问题频频出现。但是经过自己在家多次练习后再去课堂上吹时，小孩的专业课老师听完后说："你真棒，进步太大了，音调也很准，很动听。"小孩听到后非常兴奋，回家后跟父母分享了这份喜悦。小孩的努力被老师第一时间看到并给予了肯定和表扬，这份正反馈让其获得了心理能量，所以之后上课更加专注，更加主动利用业余时间练习。现在小孩在单簧管方面已经非常棒了，也加入了学校非常著名的管乐团，参与了盛大的音乐会演出。通过这件事情，足见即时表扬的作用有多大。

不论小孩还是大人，都需要被加点表扬的"糖"，才能动力十足。

哈佛大学的斯金纳教授认为，如果某种行为产生了一种积极后果，个体就可能有重复它的动机，称为"积极强化"。所以在团队中如果员工一件事做完后获得了积极的心理能量，他就会在下一次中做得更好，他的能力就会越来越强，这就是被激励后心理能量的力量。

樊登老师在北京办公，而樊登读书会的团队在上海，由于分处两地，他在管理团队过程中十分看重"二级反馈"。每当他发现某个同事做对了一件事，就会给那个员工发条微信并告诉员工这个事情做得很对，对公司有很大的帮助。他的这种异地表扬，带给员工巨大的成就感和责任感，工作也更加积极了。

表扬是最容易利用碎片化时间开展的激励形式。小团队管理者一定不要小看表扬的效力。

3. 会议上表扬

如果在全体员工都参加的内部会议上你对某个员工提出了表扬，那将具有很强的激励性。会议上表扬的沟通技巧有很多种，比如："我们团队的小王上个月在技术创新方面有了重大突破，提出表扬，请大家给他最热烈的掌声。"这种表扬，既表达了对被表扬员工的认可，同时又在暗示其他员工要向被表扬者学习，起到了一箭双雕的作用。

4. 1对1表扬

这种表扬不用很正式，但是也可以收到很好的激励效果。比如，员工向你汇报完工作进展你觉得很满意并超出预期时，就可以即时表扬。参考的沟通技巧有"最近工作开展得很不错，看好你"或"你在××方面最近进展不错，加油"。1对1表扬时，越具体描述员工干得好的方面，员工越能感触到被激励，被关注。

5. 跨空间表扬

如果员工是从别人口中得知上级领导对他高度肯定和赞美，那他一定会激情澎湃并干劲十足。这种表扬方式其实不是刻意为之，但是有很好的效果。比如，你在和其他部门沟通协作时，当提到你们团队的一个员工时你情不自禁说了很多关于他的优秀案例，这其实就是一种表扬。

6. 第一时间反馈

新生代员工更喜欢第一时间反馈，而非每年年底的例行绩效面谈。很多公司顺应移动互联网时代的变革趋势，进行了绩效管理体系革新，并给这些反馈取了很好听的名字，比如Adobe的检查机制，工作目标是每年设置但工作进展回顾会定期反馈。如果团队管理者针对员工做得好的方面进行了详细、有针对性的个性化评价和肯定，在信息化系统内第一时间反馈给员工，员工也会感受到你对他所从事工作的重视。

每个人都关注别人是否认可自己。管理者要在企业中倡导这样一种氛围："认可你的员工，找到一切可以表扬的点，贴标签、点赞、打赏，让员工感受到被关注。"认可员工对团队的价值贡献及工作努力，对员工的努力与贡献给予特别关注、认可或奖赏反馈，从而激励员工开发潜能并创造高绩效。

二、提供机会

相比外在看到的视觉上的激励形式，还有一种激励是员工在内心感受到的。这种形式或许是团队管理者用心良苦的表现。

1. 给锻炼机会

员工想提升哪方面的能力，你给他哪方面的锻炼机会，就属于一种激励。除此之外，对于一些能力很强但是不善于向上沟通的员工，你可以把一些向上沟通的机会给那位员工，让他得到锻炼。

2. 给学习机会

为员工提供学习和成长的机会，例如培训课程、工作坊和导师指导等。这可以增强员工的专业能力和自信心，使他们更有战斗力。

3. 给结识人的机会

人际资源是职场上有时候用金钱都换不到的。假如一个员工一直想结识一位行业内的重要专家，恰好你也认识，那帮员工搭线并把他引荐给想认识的人，这对员工来讲是再感激不过的事情了。他会对你更加崇拜和感恩，感恩之心会促使其在团队中努力发挥潜能。

三、提供弹性时间福利

职业生涯规划大师唐纳德·舒伯为了综合阐述生涯发展阶段与角色彼此间的相互影响，创造性地描绘出一个多重角色的生涯彩虹图。通过这个图可以很直观地看出一个人在不同年龄阶段身上有六个不同的角色，分别是子女、学生、休闲者、公民、工作者、持家者，交互影响交织出一个人独特的生涯。

通过生涯彩虹图，可以看出在职场上工作的员工不同的年龄阶段身上的角色会有区别，但是有一个很明显的趋势就是随着年龄的增加，员工身上的角色越来越多。从职场中30岁到50岁这样一个区间来看，员工不仅是一个工作者，还是一个需要照顾父母的子女，同时也是必须把一部分精力放在家庭上的持家者角色，除此之外还是想不断提升自我的学生角色、公民角色、休闲者角色。

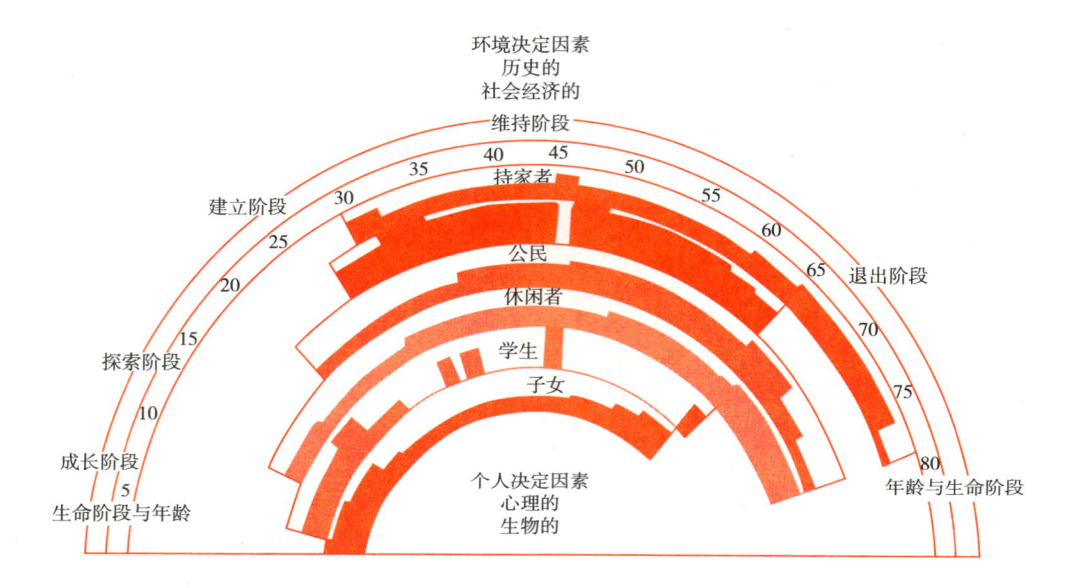

环境决定因素
历史的
社会经济的
维持阶段
40　45
35　持家者　50
建立阶段　30　　　　55
25　　公民　　60
20　　　　　　　65　退出阶段
　　　休闲者
15　　　学生
探索阶段
　　　　子女　　　　70
10
成长阶段　　　　　　　　　75
5　　个人决定因素
生命阶段与年龄　心理的　80
　　　　生物的　　　年龄与生命阶段

　　心理学上有一个著名的实验，叫"看不见的大猩猩"。有心理学家组织了一些人作为观众，在篮球场边观察和接受实验：球场中，有6个人在相互传球，其中3个人穿着白色T恤，另外3个人穿着黑色T恤。观众们的任务，是追踪计算3个穿白色T恤的人之间的传球次数。实验开始后，所有人都开始认真计数。在实验过程中，有一个人扮演的一头"大猩猩"走到球场上拍打胸脯，然后大步走掉。实验结束后，观众急着计算传球次数，教授问大家："谁看到大猩猩了？"实验结果让人惊讶，绝大多数人根本没有看到那只大猩猩。在这个实验中，观众就是典型地被困在了自己的"盲视"之中，即过度专注于某件事情的人，很容易陷入狭隘的视野中。

　　很多管理者就像那些"看不见大猩猩的人们"一样，只聚焦在只有员工角色的盲视现象中。团队管理者更应该在管理中观察到员工身上如同"大猩猩"一样的其他生涯角色，比如子女角色、父母角色、学习者角色等，更有

针对性地进行激励。

当团队所有人经过努力终于取得了一个重要项目投标中标后，在庆祝大家成绩的时候仅口头表扬显得有些单薄。如果为了这个项目大家时间加班很多，就有必要从劳逸结合角度给予关怀。

比如：每年 7~8 月是小孩放暑假的时间，很多有子女的员工想利用这段时间休年假陪孩子们外出旅游。如果在这个时间段能够给表现出色的员工一些带薪福利假期，或给大家安排几天时间进行调休，会比任何激励都让这些成员振奋和感激。

除此之外，给予员工弹性工作时间也是对业绩优秀员工的一种即时激励，因为大家可以在不影响工作的前提下，合理利用弹性时间处理自己生涯中各个阶段角色所面临的问题和重要的事情。

第二节　如何提升员工内驱力，让你不再又忙又累做"监工"

朗西斯曾说："你可以买到一个人的时间，你可以雇一个人到固定的工作岗位，你可以买到按时或按日计算的技术操作，但你买不到热情，你买不到创造性，你买不到全身心投入，你不得不设法争取这些。"

一个被称为高手的管理者，一定不会是一个又忙又累的"监工"。假如员工们都自觉高效开展各自工作，并有持续的成果输出，管理者自然不用浪费宝贵的时间去做"监工"。要想轻松带出好团队，最主要的就是要让员工自觉高效。

麦肯锡健康促进研究院曾针对15个国家近15 000名雇员和1 000名人力资源决策者开展了一项调查。调查发现，各国都面临持续性的职业倦怠挑战。如何突破职场倦怠，打造高效、有活力、有内驱力的团队？

著名哲学家、分析心理学创始人荣格将内驱力与集体无意识联系起来。他始终强调集体无意识是以集体观念为基础，以"生命驱力"为前提的。内驱力是在需要的基础上产生的一种内在唤醒状态或紧张状态，表现为促进生物体活动以满足需要的内部动力。

由此可见，激发员工底层内驱力是团队管理者要用心去做的一件很重要的事情。驱动力是"心灵扳机"，一旦扣动，力量迸发。如何激发员工的内驱力？核心重点就是要激励到人心上去。**"人心"是VUCA时代下每个团队管理者最需要抓住的关键切入点。**

一、解开员工心结

名列全球五十大管理思想家的埃米尼亚·伊贝拉在《逆向管理·先行动后思考》一书中提出一个新的观点，那就是先行动后思考。很多时候人们在行动前因为考虑顾虑太多，反而让一件事难上加难。但是如果先行动，就会有不一样的体验。

如果你是一个小团队管理者，你精心培养的骨干员工突然工作被动，消极抵触你给他的工作安排，你要有敏锐的洞察力。加强和员工的1对1沟通交流解开员工心结，一方面会让员工更加主动积极地开展工作，另一方面你也会因为主动就你看到的不好的现象和员工沟通后有了全新的管理体验。这种体验来自那个让你看着很不爽的现象消失了，问题解决了，这就是主动沟通的管理体验。

二、激发主动性

在《管理大未来》一书中，作者加里·哈默提出了"能力金字塔"模型。

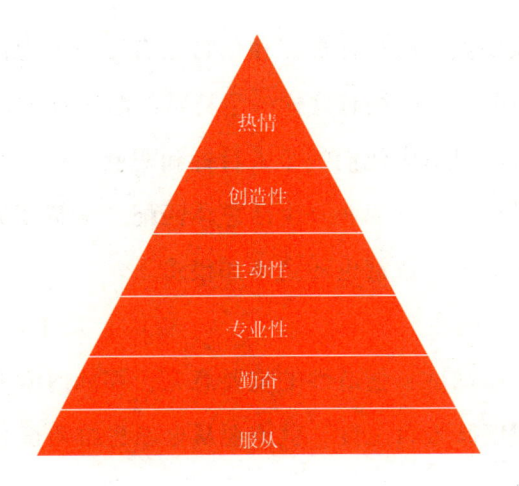

第五章
激活个体，让大家都发自内心想跟你干

金字塔层级（从顶到底）：
- 热情
- 创造性
- 主动性
- 专业性
- 勤奋
- 服从

在这个模型中，第一级是"服从"，第二级是"勤奋"，第三级是"专业性"，第四级是"主动性"，第五级是"创造性"，第六级是"热情"。"专业性"的上一级为"主动性"，当员工看到问题或者机会时会主动采取行动，他们不会等待领导的命令，也不会局限于岗位说明书上的责任，他们天生就积极主动。更上一级的能力是"创造性"，到这一级的员工，他们渴望向传统智慧发起挑战，总是从其他行业寻找伟大的创意。顶端的是"热情"，员工将工作视为使命，视为为世界创造价值的一种方式。对于这些热情的灵魂，职业和业余爱好的界限不那么分明，他们全身心投入工作。

有人曾问1981年诺贝尔物理学奖获得者阿瑟·伦纳德·肖洛："高创造力的科学家和低创造力的科学家之间有什么区别？"他的回答是："努力与爱好是最重要的。"

樊登曾经对外部分享过他的团队管理方式。他说他的团队在上海，他一个人在北京。他几乎两个月才去一次公司，并且每次去他都是和CEO以及高管团队吃饭、开个会，很少过问团队成员中具体工作的细节。他的主要工作是读书、养生、旅行。他的团队以"90后"为主，CEO稍微大点。就是这样一群从来没有创过业，没有在大公司工作过的人，每年创造着1 000%的发展速度。正如德鲁克说的，管理就是最大限度地激发他人的善意。樊登相信他的团队，他要做的就是让员工相信自己有能力成为自己的主人。

在德勤会计师事务所曾经有这样一个特殊的激励方式，允许员工"接受"或"拒绝"工作责任以适应他们的个人目标和职业目标。这种激励方式在推行后的一年时间里员工的"职业—生活总体匹配"满意度提高了25%，留在德勤工作的高绩效员工的数量也随之增加很多。

只有激发了员工的主动性、创造性和无限热情，员工才会创造无限可能。 前面讲了激发员工主动性、创造性的重要意义，那如何激发？在多元化的员工中，要想最大限度激发自主性，就需要从全新思维角度去考虑。

1. 用志向赋能

为什么有的人选择去学校教书育人，有的人选择从军报效祖国，有的人选择从医救死扶伤，因为他们有自己的志向，而这些志向是超越了金钱和地位的。**人们都倾向于在引以为荣的事情上无私奉献，管理者要善于用"志向"激发员工提升自身内驱力。** 要有这样的效果，就需要将团队所做工作的远大意义赋能大家。**员工心中有光，才会更加努力。**

罗伯特·史蒂文·卡普兰在著作《哈佛商学院最受欢迎的领导课》中写道："众人都希望对自己所做的事情引以为荣。是的，他们想要获得酬劳，但如果还想要他们都'团结起来'，继续待在目前的团队打拼，就需要其他理由。否则他们只会视目前的工作为走向更有意义生活的中转站而已。清晰勾勒出的志向，就是让员工每天早晨自发加倍努力的最佳理由。"

把团队打造成一个高效能的团队，前提是要让团队成员把这里当作自己实现事业理想的最佳场域，而不是"中转站"。

大国工匠中获奖的陈行行的颁奖词是："青涩华年化为多彩绽放，精益求精生成青春信仰。大国重器的加工平台上，他用极致书写精美人生。胸有凌云志，浓浓报国情。"

之所以取得这样巨大的成就，与陈行行内在工作自驱力息息相关。他平时除了抓紧工作时间不断深入实践研究外，更多利用下班时间去图书馆充实学习，将理论与实际结合攻克了一个又一个技术难关。什么让他对工作有这样巨大的热情和付出？既不是被他的上级领导要求的，也不是为了金钱地位。

陈行行在大国工匠获奖感言中说："一个人最伟大的地方就是他不在乎别人知不知道他，他只在乎他的事业，他参加的事业能够震动世界。"

每个团队都有可能创造出改变人们生活的伟大"产品"，让员工相信自己所做的工作的价值，这是员工产生内驱力的重要原动力。 团队管理者就要善于畅想未来，善于宣传所从事工作的伟大意义，善于描绘团队梦想。正如世界名著《小王子》的作者说的：如果你想建造一艘船，先不要把人们召集起来，采集木材，分配工作和发号施令，而是要引导他们向往浩瀚无边的大海……

2. 用文字触动"心灵扳机"

几乎每个团队内都会有微信群、钉钉群等，你可以在团队群里转发一些有价值的文章给大家，文字有时候比你苦口婆心讲道理更有作用。比如最近几年很不错的罗振宇的跨年演讲文章等都很值得大家去细细品读。虽然是站在宏观层面从政治、经济等角度传递一些观念，但是演讲中也会通过很多平凡人不平凡的故事激发大家正向积极、努力向前。把有价值的文章发在团队群内，不仅会引起员工思考，员工还有可能展开探讨。当然，有人会觉得工作时间发这些不合适，那就非工作时间发。唯有内在的东西被触发了，才会有外在的表现。比如，梦想被触发了，人才会更加努力。**当一个人被扣动"心灵扳机"，想一定要做出点什么的时候，就是梦想被点燃的时候。** 除了以上激励方法外，还可以按照不同维度来激励：

（1）按照性别不同给予不同的激励。比如男性员工比女性员工更希望有自主权，那就给他们更多独立的空间，比如授权。女性员工更爱学习和注重自我成长，所以在学习机会方面可以多些。

（2）按照年龄不同给予不同的激励。比如"Z世代"员工追求体验更多新鲜的事物，对于一些外部体验活动可以给予他们。对于"70后"和"80后"的员工则要考虑他们上有老下有小，需要更多家庭关怀，给予弹性工作时间等激励。

三、告诉员工真相

内驱力，一种来自员工的自我成长意识，一种来自危机意识。

华为前几年遇到了前所未有的困境，但是华为的各级团队管理者们并没有掩饰他们的困境，反而将外部所传言的困境和华为内部真正面临的困境都告知了员工。员工们知道企业所面临的危机真相后，反而更珍惜自己的工作机会，自发拧成一股绳，人人都做奋斗者。

小团队在发展过程中难免会经历风风雨雨，适时告诉员工真相，员工会更有主人翁意识，自发为团队作出更大贡献。

第三节 如何营造"Z世代"员工喜好的氛围，让"后浪"有激情

"Z世代"是1995年到2009出生的这一代人，"Z世代"与"千禧一代"不同，"Z世代"出生在互联网时代，成长在高速发展的社会，对数字科技很熟悉，受互联网、即时通信、社交媒体的影响很大，善于在互联网输出自己的意见，对多元文化、趣味生活都拥有独特追求。

在物质丰富的环境中长大的这代人，进入职场后更懂自己想要什么，具备更鲜明的个性，更关注个人的平等与彼此的关怀。"Z世代"员工真正喜

欢的是那些走脑走心、真实有大爱的管理者。想让这些"后浪"更有激情，就需要营造他们喜好的氛围。

一、让他们鲜活成长

《腾讯"00后"研究报告》，基于腾讯社交大数据，并结合部分"00后"网络日记、深度访谈及调查问卷综合得出"00后"员工有自我意识、不盲从权威。62%的调查者表示，"会对自己感兴趣的领域投入很多时间和金钱"；69%的调查者表示，"遇到不懂的问题，在询问专家后还会自己查资料"。"00后"的独立意识以及思辨能力相较于前辈更加突出，他们愿意表达自己的意见，不完全相信所谓的"权威"。

其实，这些外部研究还不够，还没有深度挖掘到"Z世代"员工的底层需求。

只有了解了员工底层的内心世界，才能像中医把脉一样，开出对症的方子。开方子不一定是治病，帮助对方加强保健也是一种目的。

研究"Z世代"的话题，初衷不是治病。因为他们身上有很多优点，也一定是未来的职场明星，要做的是让他们更好地发展，所以目的是开出强身健体的保健型处方。

1. 鲜活

鲜活，意思是鲜灵活泼，新鲜而充满活力。

首先，看"鲜"字。第一反应能够联想到的就是新鲜、鲜明。"Z世代"就是对新鲜事物特别感兴趣的一代，不仅对新鲜事物感兴趣，更希望去亲自体验。他们相比其他老员工更洒脱一些，工作上如果有不符合其预设的方面，更容易提出离职去追求自己想要的有新鲜感的工作。裸辞，已经是很多"Z世代"口口相传的词语。他们不像上一代人那样有更多顾忌，更遵循本心。"世界那么大，我要去看看"，这句话足以代表他们的追求。

其次，看一下"活"字。活着，真正地活着就应该追随本心，成长为自己想成为的样子。除此之外，还有与之相关的一个意思是活跃、活泼，他们喜欢活跃的团队氛围，所以期盼在团队快乐工作，比如干累了可以在办公室毫无顾忌地哼一首歌曲，干累了可以起身出去聊天等。

2. 成长

"Z 世代"员工是一个幸运、智慧、努力的群体，他们处在数字技术全面发展的时代，只要用心就可以获取到大量的外部信息，这对认知扩展有非常大的作用。他们还没有迈入职场就通过各种途径学习和了解自己感兴趣的职场知识和一些技能，可以根据自己的喜好提前规划想要的未来。因为有很明确的兴趣和想法，所以他们会很努力去实现自己的梦想。他们具有很高的效能感。

"Z 世代"员工是以个体的期望主导的，所以更在意团队的承诺能力。他们更希望你尊重他的专业和价值。他们渴望在成长的环境中工作，增长知识、提升能力、有个人发展，这些就是他们的直接动力。

如果团队满足了"Z 世代"员工对鲜活、成长的内在需求，让他们在一个可以遵循本心的工作场域内工作，"Z 世代"员工将大有可为。

二、变要求为吸引

"Z 世代"员工不同于其他代际，他们的自我意识更加凸显，能够吸引他们的项目即使再苦再累也会想办法完成。在工作中，激发他们潜能的最好方法是吸引，可以用黄金圈法则来阐释。

黄金圈法则是西蒙·斯涅克发现的一种思维模式，它把思考和认识问题画成三个圈：最外面的圈层是 what 层，也就是做什么，指的是事情的表象；中间的圈层是 how 层面，也就是怎么做，是实现目标的途径；最里边的圈层是 why 层，就是为什么做一件事。黄金圈是认知世界的方式，大众的思考顺序是由外而内，即从 what 到 why；而黄金圈是由内到外，具体如下：

➤ 从 why 出发，思考顺序是为什么要这么做？理念、原因；

- 接着思考 how，怎么做？方法、措施；
- 最后才是 what：是什么？做出来的结果/表现。

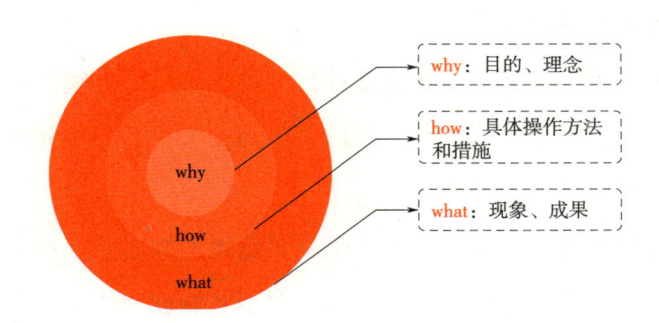

why：目的、理念

how：具体操作方法和措施

what：现象、成果

如何运用黄金圈思维？在安排"Z世代"员工做一件事、一个项目、一个方案之前，可以从这三个方面去吸引他们：

why：告诉员工为什么。确定原因、目标、理念是什么？

how：告诉员工可以怎么做？具体操作的方法、措施，比如可以通过文案宣传、产品设计、故事广告，来表达品牌的核心理念。

what：告诉员工是什么和做什么，产出的现象或成果。明确告知要输出的是设计的文案海报、设计单品、写出的品牌故事等。

作为团队管理者在布置任务时，要从内向外。要清楚地说明为什么要做、如何做、怎么做，而不是直接要求执行。

三、让他们参与决策

过去的工作思维为服从权威，上级用权力和地位要求下属服从执行，但是"Z世代"的员工漠视领导，崇拜心中的榜样人物。他们更加信服专业性和有个人魅力的人。因此管理中要更多利用个人的专业性和影响力让员工乐于接受工作分配。

如果能够让"Z世代"员工参与一些团队的政策制定和决策活动，他们会被管理者对他们的信任激励，这种激励叫作参与激励。根据心理学中的一项研究显示，员工参与组织决策和管理的程度越深，其工作积极性就高，对自己所在团队的热爱就会增加。特别对于现在非常有自我理念的"Z世代"员工来讲，团队内部越开放，他们就越愿意发挥潜能。

四、让表达公开透明

团队氛围又可以理解为团队温度计，是员工对工作环境体验的感觉。年轻一代的员工喜欢畅所欲言，一个团队是不是真的让员工有此自由，就能很好地反映这个团队的文化氛围。

在国内做得比较好的鼓励员工大胆发表意见的知名企业有很多，以华为内部网站心声社区为例，就足以看出他们并不是制度与文化分开的，而是真正有效推行。

《华为团队工作法》中写过关于华为内部鼓励员工在内部平台大胆发言的一个小故事。故事大意是，曾是华为心声社区的负责人找任正非说有一条信息批评了公司某一位高管，那个高管要查发信息的员工的工号。任正非知道后直接让那位负责人把他的工号给了那位高管。结果那位高管一查才发现是任正非的工号。在华为内部绝大多数公司政策、领导讲话都会第一时间发表在内部网站上让员工评论。谁都不能追查发帖的人是谁，完全是匿名操作。任正非规定查发帖人是谁时都必须经过他的批准。这个小故事可以看出华为真的把让"员工什么都可以讲"这个权利落在了实处，真正在推行。

除了华为，腾讯内部还有一个活跃的员工交流平台——乐问。在这个平台上，员工可以和管理者进行自由问答。

1964年发表在《哈佛商业评论》的文章《如何防止组织衰败》中写道："组织必须建立常规的自我批评制度。"对于小团队而言，也同样需要营造这种敢于让大家发掘问题、敢于说出问题的文化氛围。这就需要团队管理者具有很大的胸怀，敢于让大家把家丑提出来并讨论。

建立开放的沟通渠道，让"Z世代"员工们能够表达自己的想法和建议，不仅可以增加员工的参与感和归属感，还能够有效促进团队创新。

五、创意择优

鼓励员工多元化思考，以散焦思维寻找新的灵感是提升团队整体创新力的有效途径。"Z 世代"员工非常理解数字化时代的多元化环境，所以能够针对不同的环境和要求做出调整。他们力图展示多样性，而不是把自己限定在一种角色或者状态之中。他们希望自己的创新能够被领导们重视。所以，管理者要鼓励员工大胆创新。

在谷歌，"人"始终被当作企业唯一最重要的财富。谷歌为员工提供了 20% 的工作时间，用于员工自己的项目。正是谷歌这种鼓励创新的激励方式，才让如此庞大的员工队伍能够乐于工作、勤勉贡献，不断迸发出独一无二的创意，开发出优秀的产品。

知名企业中，很多在鼓励员工创新方面做得非常好。比如腾讯，为了激发员工的创意，在内部形成了激励员工自由创新的文化氛围。不仅为各方面平时有创新的员工设立了重奖，还定期开展各种创新大赛。腾讯每月、每年都会对"微创新"进行奖励，每名员工都可以申报自己的项目，然后在腾讯内部进行投票。为了鼓励微创新，腾讯还特别设立了创新中心，举办创新大赛。后来，腾讯将创新中心由腾讯深圳研发中心分离出来，专门负责收集、整理企业部门以及外部用户提供的创意，最终以"创新孵化器"的形式将创意演变为成熟的可供商用的业务平台。此外，腾讯还专门设置了容错机制，以鼓励每名员工不断试错、不断研发新的产品。腾讯通过一系列鼓励措施，为企业树立了重视用户、鼓励微创新的企业文化，大大激发了广大员工的创新动力与创新思维。

六、差异化福利

1. 固定时间放松法

员工每天 8 小时以上坐在工位上，如果每天能够给员工安排一个固定的中间休息时间，让大家放松哪怕一小会儿，员工也有不一样的感受。比如下午工作效率没有早晨高并且员工也容易犯困，在下午3点到4点之间安排一个10~20分钟休息时间，让大家站起来走动走动，去休息区喝点咖啡或吃点休闲零食再回来工作，大家的工作效率会提高很多。我曾在一个上市公司看到过员工下午3点都从办公区走到休闲区打桌球的场景，当时他们的总经理对我说大家中间休息娱乐，放松后又会回去工作。

很多团队的隐形文化让员工不敢站起来放松，而不是员工不愿意放松。

让员工劳逸结合，比如在固定的时间，安排专人在办公室里放一段让人愉悦的音乐，大家会在忙碌中意识到该休息会了。带着大家起身离开办公桌，走向窗前聊会天，或者端杯咖啡一起放松一下。长久下来就会形成一个每天下午10~20分钟固定放松的习惯。有了这样的放松调节时间，会发现比之前一直坐在座位上盯着电脑的效率高了很多，团队日常氛围也更活跃了。

2. 用心的礼物

每个人都喜欢有仪式感的时刻。员工过生日，如果团队管理者能够记住每位员工的生日时间，在员工生日当天送上你亲笔签名的贺卡和专门为他定制的符合他性格色彩的专属特色礼物，员工会有不一样的感受。

过生日那天在员工没有预先知道的情况下，送上了惊喜，那"Z世代"员工一定会长久记忆，因为他们就喜欢有仪式感的重要时刻。

3. 弹性工作时间

在以成果作为衡量员工工作效果的团队中，可以推行弹性工作时间。现在国内很多公司实施弹性工作时间收到了很好的效果，比如华为、中兴等。罗辑思维公司也是弹性工作时间。很多人都知道这是一家知名的知识服务运营公司，得到App就是该公司旗下产品。罗辑思维在管理中有个重要的特点，就是没有规定上班起止时间，也没有打卡机。特别是在城市通勤时间很长的情况下，这种规定大大提高了员工的自主感和幸福感。

4. 着装自由

集体主义理念下的领导非常喜欢各种场合的整齐划一，比如制服、行为举止等。这也不能说不对，但对于一些非必须标准化的行业，是否每项标准化都有实际价值，需要管理者花费心思去考察。"Z世代"员工非常反感每天穿工服，他们更喜欢能够体现自我审美和个性的服装，所以服装自由也是他们向往的团队文化。

团队文化的建立不是可以用"立刻""马上"等迅速建立的，团队文化一定是一点一滴体现出来的，是员工自己把所有经历串联起来感受到的。

第四节　如何减少老员工"躺平"现象，让团队更有活力

贝比·鲁斯曾说："球队成功的关键是，整个球队在比赛时就像一个人一样，你的俱乐部也许拥有世界上最好的球星，但如果他们不能齐心协力打比赛，这个俱乐部就一钱不值。"

很多管理者心中都有一个心结，这个心结就是自己曾经很看重的下属一副"躺平"的样子，每天混日子式上班。对于这样的老员工，你考虑到他们以往为团队创造的功劳，不好意思让其离开团队但又无法继续容忍这种现象。

《非暴力沟通组织应用篇》中举了这样一个例子：巴克敏斯特·富勒经常提到尾舵原则。尾舵是安装在船的方向舵上的一个小舵。它有何作用呢？要想让船转换方向，方向舵必须重新定向。然而，方向舵是一块大而扁平的板子，移动时会受到周围水压的巨大阻力。事实上，如果方向舵在转向时角

度太大、速度太快的话，它会断裂。尾舵是方向舵上一个很小的部件，因为尺寸较小，所以很容易转向。只要它稍微转动一下，就会打破方向舵的平衡状态，制造出低压真空环境，大的方向舵就可以轻松随着它转向。这说明一个相对较小的改变可以让一艘大船转换方向，否则就需要付出巨大的努力才能实现。

如果把组织或团体看作远航巨轮，为其工作的人就是方向舵。那么同理，在团队中只要老员工稍微自驱力强一点、向心力强一点，老员工那股要把工作干出业绩的冲劲上来了，团队就会发生大的改变，团队整体业绩就会提升，作为管理者你会更轻松。

"躺平"的员工其实是出现了职业倦怠，在工作压力下产生了疲劳感。比如，在情绪上表现为对工作没有热情，在个性上表现为刻意疏离工作环境，在成就感上存在过低的自我评价，认为当前的职业无法成就自我价值。如果想让老员工尽快改变"躺平"的现状，可以从以下三个方面尝试：

一、拓宽赛道

耶鲁大学组织行为学教授克雷顿·奥尔德弗提出的 ERG 激励理论认为，人们有三种核心的需要，分别是生存（existence）的需要、相互关系（relatedness）的需要、成长发展（growth）的需要。

（1）生存的需要。这与人们基本的物质生存需要有关，即生理和安全需求（如衣、食、行等），关系到人的生存，这实际上相当于马斯洛理论中的前两个需求。

（2）相互关系的需要。指人们对于保持重要人际关系的需要。这种社会和地位的需要的满足是在与其他需要相互作用中达成的，与马斯洛社会需要和自尊需要分类中的外在部分是相对应的。

（3）成长发展的需要。指个人谋求发展的内在愿望，包括马斯洛自尊需要分类中的内在部分和自我实现层次中所包含的特征。老员工都曾经意气风发，为什么到了一定阶段后就会和不思进取、"躺平"、"佛系"等词挂上钩呢？

追踪原因可以看出，他们在团队中已经工作有好多年，有了一定积蓄，也建立了比较稳定的人际关系。他们满足了生存的需要、相互关系的需要，在他们这个阶段更需要满足的是成长发展的需要。但是环境原因没有满足他们这项需要，所以就会产生即使再努力也只能是现在级别的想法，所以选择"躺平"。

华为前人力资源副总裁曾写道："绝大多数中国企业仅把绩效管理当作奖优罚劣的工具，即论功行赏。这很难经得起深入推敲。因为人不是简单的动物，不是喂饱了、吃好了就会玩命儿干活。有自尊和复杂心理活动的高级灵长类动物单单给钱还不行，如果给钱方式不合理，或者忽略钱之外的其他需求，都无法达到预期的激励效果。"

职业发展，就是员工除了金钱之外的一种非常大众化的需求。

当团队管理者发现团队中这种现象后，不要第一反应是找员工身上的问题，先进行自我反思。可以反思：员工有明确的职业发展通道吗？员工的发展通道是单一的还是多纬度的？

建立多重赛道，顾名思义就是不让员工限制在一条发展通道上。以华为五级双通道能力发展模型为例，可以看出华为为员工设置的每人至少有两条职业发展通道。以技术人员为例，在一定级别后可以根据自身特长和意愿选择向管理赛道发展，也可以继续在技术赛道发展。

如果员工的职业发展是单一维度，那他们很容易陷入"躺平"状态。如果有多重赛道，就会产生活力。

很多团队没有明确的职级体系，员工除了晋升管理职务外没有其他发展通道，容易出现薪酬倒挂之类的问题。对于没有明确的职级体系的小团队管理者，要积极和HR部门沟通，配合HR部门尽快搭建职级体系，为员工建立双通道机制。

所谓的双通道机制就是有管理方向发展通道和专业方向发展通道。管理方向发展通道，也就是管理职务晋升的通道，比如从文员到主管、经理、资深经理、总监、资深总监等。专业方向发展通道也就是专业技术职级晋升的通道，比如从初级工程师到中级工程师、高级工程师、专家、首席科学家。

二、用CD模型唤醒员工

任何行业、任何岗位，职业发展规律都是一致的。所有人的职业发展规律都可以用一个模型来解释，这个模型叫CD模型，也称"人职匹配模型"。

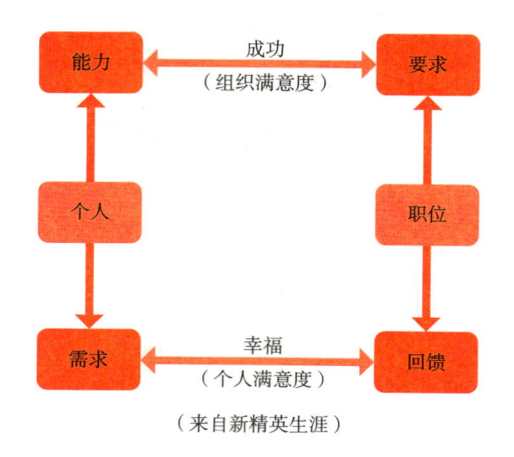

```
能力 ←—成功—→ 要求
       （组织满意度）
 ↑                ↕
个人              职位
 ↓                ↕
需求 ←—幸福—→ 回馈
       （个人满意度）
     （来自新精英生涯）
```

从纵向来看，左边这列的主体是"个人"，与个人对应的有"能力"和"需求"两个元素。再看右边这列，主体是"职位"，与"职位"对应的是"要求"和"回馈"两个元素。

从横向来看，当个人能力和岗位要求匹配的时候，就叫成功，这个时候企业的满意度很高。当个人需求和岗位回馈匹配时，员工个人的满意度就很高，员工就会有很强的职场幸福感。当老员工职场幸福感强时就会更加投入工作。

当和老员工沟通时，可以借用CD模型的内环策略进行沟通。可以参考的沟通技巧有"你需要为自己想做什么做准备。如果想升职那就要提升你的综合能力，而不是只做原有的那些工作。要多尝试，拓宽能力边界。当你的能力与要晋升的职位要求匹配时，你就会得到提拔、加薪等回馈。先要有成功线，才能有幸福线；务必要有职业好奇心，开阔视野"。

三、多问梦想

马斯诺曾经说过："音乐家必须创造音乐，画家必须绘画，诗人必须写作，否则他们就无法让自己真正淡泊宁静。"是什么人就会想做什么事，这种需求是自我实现的需求，也就是人们想把潜在的自我变成真实自我的倾向。

团队发展同人才发展，始终是螺旋式上升的过程。机会牵引人才成长，人才推动团队进步。在实践中，通过将团队发展所需的核心竞争力内化为员工的职业追求和能力提升目标，才能真正实现螺旋式上升。

在《中层领导力》中，作者约翰·麦克斯维尔写道：很多领导者看不惯下属追求梦想，并试图"说服下属放弃梦想"。可能有的人会不理解，领导怎么可能想说服下属放弃梦想呢。其实，真的有，只是很多管理者忽略了自己说的话。

举个例子，如果一个员工进入公司时是研发岗位，当有一天这个员工告诉管理者他的梦想是成为一个畅销书作者时，很多管理者第一反应是这个员工痴人说梦，随口就会打击下属说："这跨度太大了吧，我看难，你还是干好本职工作吧。"还有很多管理者会觉得这个员工对这个岗位根本就不热爱，怎么可能干好工作，不仅心里给员工贴了不爱岗的标签，并且也开始提前考虑这个岗位的备选人员。

但是，假如管理者对那个员工说："我支持你实现梦想。你做好现在的研发工作，不断提升业绩，为自己将来写一本专业研发方面的书积累素材。"员工会是什么反应？员工会特别感激遇到了这样支持他实现梦想的领导。

如果一个团队管理者了解下属的梦想，鼓励他实现梦想，将团队中对他实现梦想有帮助的工作机会给他，这个员工将会为团队创造很多奇迹。

《职业重塑》的作者曾分享过这样一个故事，很早之前她在一个法资企业工作，但她工作一段时间后对原本的岗位提不起兴趣。有一次她的领导问她未来3年的职业梦想是什么，她说想做培训师。后来她的领导就给她机会让她转岗做人才发展。于是她就利用业余时间不断精进，买了很多人才发展方面的书，研究了很多培训领域的授课技巧等。别人下班了，她还在为做好下一次员工授课而备课。有一次，公司员工都在吃午餐时，她自己在餐厅讲课。本来环境并不是最好的，却收到了非常好的培训好评。她说她一点也不觉得累，也不觉得在食堂讲课有多么低级，因为她知道她在为将来成为独立职业培训讲师积累经验。她说后来的工作中每隔一段时间她的领导就会问她的梦想是什么。因为不断被提醒，不断自我暗示自己在为梦想而努力，她的工作动力特别大，为部门创造了很多业绩。

沃尔特·李普曼是《新共和》杂志的创始人。他说："如果忽略一个人的梦想，那就等于忽略了他的动力源泉。"

多问老员工他们的梦想是什么，只有有了动力才会恍然大悟，赶紧赶路。了解员工想要什么，给员工创造机会，让员工转动自己的职业动力之轮。

四、多聊成就

很多老员工躺平是因为薪资没有增长，职位没有上升，嫉妒心理，精力分配问题。如果团队中出现了老员工工作积极性不高、主动性变差等，在你决定和老员工进行一次沟通前，需要先提前掌握一些信息，用"三维度分析法"提前调研，做到心中有数。

薪资维度：看老员工去年整体收入情况和同岗位同能力人员的比对分析，是属于高的还是低的？高的原因，低的原因？具体高出多少百分比，低多少百分比？

职位维度：查看老员工入职以来的岗位晋升变化周期、职位变动情况是否合理？

他人维度： 分析其他人的薪资、职位情况，进行横向对比，做到心中有数。

在掌握了老员工的现状信息后，接下来要做的就是和老员工进行一次深度聊天，注意这里讲的是聊天，而不是沟通。聊天，更像彼此信任的老朋友之间的交流。

第一步：拉近距离

想办法让员工放下戒备心理，所以管理者要先展示自己的至暗时刻。讲一个自己至暗时刻的故事，会迅速拉近管理者和老员工之间的距离。

第二步：启发式提问

询问员工："你人生中最高光的时刻是什么时候？当时如何做得那么好，有什么方面可借鉴到现在的工作中？当初选择加入团队是被什么吸引？"通过回忆成就事件，会帮助老员工找回信心，激发内心的能量。

成就事件梳理很重要，因为每个闪光时刻背后都藏着一个人的独有优势。比如：做的某个项目被大家高度赞美的时刻，和客户出色沟通达成合作的时刻。

第三步：讲你知道的

告知员工你对他这么多年贡献的肯定，将你提前分析的关于他的薪资变化情况、职位变化情况等告知他，员工会因你的格外关注而感到出乎意料并感受到对他的重视。仅这样是不够的，还需要给他信心，告诉他未来你对他的期望是什么。

五、走出舒适区

1. 鲶鱼效应

挪威人喜欢吃沙丁鱼，尤其是活鱼。市场上活鱼的价格要比死鱼高许多，所以渔民总是千方百计想办法带活沙丁鱼回港。虽经各种努力，可大部分沙丁鱼还是会在中途窒息而死。后来，有人在装沙丁鱼的鱼槽里放进了一条以沙丁鱼为主要食物的鲶鱼。沙丁鱼见了鲶鱼四处躲避，这样一来缺氧的问题得到解决，大多数活蹦乱跳地回到了渔港。这就是著名的"鲶鱼效应"。

所以，还有一种激发老员工活力消除老员工"躺平"行为的有效措施是通过引进优秀人才形成竞争趋势，以激活老员工的活力，产生一石激起千层浪的效果。

当然，这里的引进优秀人才是要伴随个别员工退出团队而并行开展的。

2. 共同面对事实

对冲基金桥水公司有一种文化，叫公开透明。瑞·达利欧说：为了避免员工担忧其生计而不告诉他们究竟发生了什么事，就好比让你的孩子长大成人后还继续相信世上有牙仙女和圣诞老人一样。尽管隐藏事实也许让人在短期内更开心，但从长远来看无法让他们变得更聪明、更令人信赖。只有让人们知道可以信赖的管理者所说的每句话，这才是真正的资产。直截了当说明事实是一种很好的做法，不管是尚未知晓问题答案还是宣布坏消息的时候。

瑞·达利欧在他的畅销书《原则》中曾回忆过一段往事：他们曾面对一个艰难处境时，管理委员会开始考虑重组公司的后台部门。后台部门主要为他们的市场交易业务（包括交易确认、结算、记录、记账）提供所需的支持保障服务。多年前他们就设立了这个兢兢业业、紧密团结的员工团队。但在当时，他们认为需要提升新的服务能力，仅在公司内部是无法实现的。所以，公司的首席运营官艾琳·马瑞提出了新的创意，把这个后台团队从桥水剥离出去，并入纽约梅隆银行，为桥水提供定制服务。

一开始这只是探讨性的讨论，他们还没想好是不是要这样做、如何去做，以及这对后台团队最终意味着什么。在大多数机构里，这类战略性决策往往都是秘密进行的，直到尘埃落定后才会公布。但他们觉得说明事实、公开透明是唯一负责任的做法，以便员工明了事情的进展。

最终，艾琳立即主持召开了一次后台部门全员大会。在会上，她以桥水领导者惯常的表达方式告知大家，很多事情她还不得而知，很多问题她还无法回答。因为公开透明，后台团队成员对他们这种追求事实和为团队着想的作风感到更有信心，并以善相报。

第五节　如何提升员工职场安全感，让工作投入度更高

有一个有意思的现象，上一辈人基本都是在一个岗位上一干一辈子，那个时候的工作条件和现在相比很艰苦，但是他们回忆起工作时的情景都是满满的"幸福"。然而现在物质条件越来越好，工作环境也越来越好，但是一些人觉得在工作中感受不到"幸福"，反而是更多的职场焦虑。职场人从早到晚，大部分时间是在公司、团队中度过的。**一个人的职场安全感越强，在工作上投入度越高。一个高绩效的团队，一定是由一群对工作无比挚爱的员工组成的。**

一、为什么要提升职场安全感

对一项权威数据分析发现，职场中员工比较关注的因素有：

➤ 有工作安全感；

➤ 优厚的薪酬、福利；

➤ 组织对于平衡工作和个人生活的支持；

➤ 弹性工作时间；

➤ 自我充电，学习新技能的机会；

➤ 在公司内的职业发展机会；

➤ 工作具有影响力；

➤ 感到幸福、备受鼓舞；

➤ 直属管理者乐于提供帮助；

➤ 团结协作的团队文化；

➤ 公司的价值观与自己的价值观相契合等。

可以看出，工作安全感就是员工关注的重要因素之一。 并且马斯洛的需求模型中最基本的第二层需求就是安全需求。安全需求中有人身安全、工作保障、财产所有等，与职场有关就是工作职位的保障。**当员工觉得他的工作不够安全时，很可能没有全身心投入工作中。**

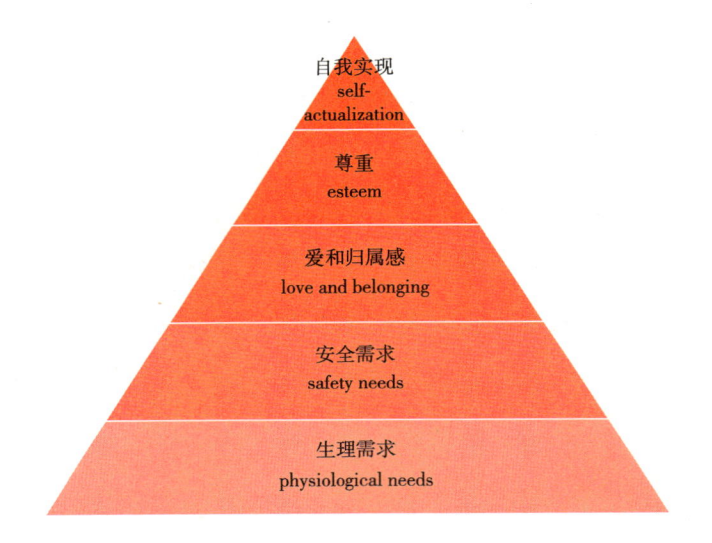

```
            自我实现
            self-
            actualization

              尊重
              esteem

           爱和归属感
         love and belonging

            安全需求
          safety needs

            生理需求
        physiological needs
```

缺乏职业安全感的原因主要有两方面：一个是个人职业危机，另一个是个人的职业发展被限制。 职位可替代性强、办公室政治、公司发展前景、能力与工作不匹配等，是最令职场人感到不安全的因素。

企业的发展趋势和团队的发展趋势都是影响员工工作安全感的因素。作为团队管理者，如果经常给团队成员讲公司亏损严重，大家就会感受不到"安全感"。

二、从现象到本质，到底什么是职场安全感

还记得你大学毕业时向往的职场是什么样子吗？优美的办公环境、和谐

的人际关系、匹配的薪酬待遇、公平的竞争体系、经过努力可以获得应有晋升、一项可以长久发展的事业等。但其实，真正走入职场后，一些人觉得没有获得匹配的薪酬待遇，在工作中有压力，还有随时面临调整等，没有踏实的感觉。

职场安全感，是在职业中获得的信心、安全和自由的感觉。"**安全感丧失**"**造成的心理危害，对职场身心健康影响很大**。

三、让员工感到"不安全"的职场事件有哪些

缺乏职业安全感时，员工往往会对工作产生恐惧和抗拒。因为安全感是人的基本需要，人只有有了安全感才可能安心投入工作。员工的职业安全感不仅有利于个人，对于团队来说也很重要。不能给予员工足够的职业安全感，员工流动率就会特别高，团队气氛也会比较紧张，导致员工工作低效，团队的业绩也会受损。但是，很多团队管理者会纳闷，为什么员工会有这种"不安全感觉"？接下来列举一些会让员工感受到不安全的场景：

1. 失去应有机会的职场妈妈

在激烈的职场竞争中，女性能够在众多求职者中脱颖而出已经很不容易了。女性进入职场后，经过多年的努力工作干出了业绩，获得了职位晋升。但是休完产假回到岗位后可能发现状况变了。某些团队管理者把应该给职场妈妈的机会转给了别人。

2. 错误目标绩效考核下的员工

如果你的团队也在实施"2-7-1"的绩效考核强制比例分布，那你回想一下实施这样的强制比例分布的初衷是什么？

团队管理者应该正确宣贯考核的意义，而不是将考核用来做权力的工具。曾经有一些员工说团队管理者对他有看法，每次考核时都负向打分。他觉得很难专心开展工作。

3. 能力强但没机会发挥优势的人

人天生是敏感的，如果一个能力很强的人在团队里没有用武之地，只是被安排做一些不痛不痒的辅助类工作时，他会思考是哪里出了问题，有一种不被重视的感觉。

樊登曾分享过这样一段故事：他从原单位离职后，曾创办过一本名为"管理学家"的杂志。有一次，他带着杂志的市场总监去跟其他单位谈合作。谈的时候全程都是他自己在说，市场总监在一旁插不上话。谈完刚出合作方大门，市场总监就非常生气地对他说他不干了。樊登很诧异，问原因才知道市场总监觉得樊登根本就不需要他这样的人，跟着樊登就像个无足轻重的助理，根本说不上话。樊登才意识到原来自己的无心之举，让市场总监误会了。原来员工觉得自己不被需要，内心是多么不安。

或许你是暂时没有想好给能力强的员工安排什么样的工作，想让他过渡一段时间，但如果没有及时和员工进行沟通，就会造成员工内心的不安全感。如果你觉得帮助员工做了本该他做的事情是为员工做了好事，那你就错了。因为你忽略了员工觉得自己不被需要的想法。

4. 不敢发表个人观点，只执行不思考的职场"隐形人"

著名管理学者帕特里克·兰西奥尼在代表作《团队协作的五大障碍》中提出了团队协作过程中容易产生五类阻碍因素，并且认为这五类阻碍因素之间存在层层递进的关系，它们分别是：

第一个阻碍因素是成员之间缺乏信任，表现为大家的心理安全感比较低，不愿意敞开心扉讨论一些棘手的问题。

第二个阻碍因素是决策时惧怕冲突。它是在第一个阻碍因素——缺乏信任的基础上产生的。因为团队成员间缺乏信任，在决策的时候就不愿意开诚布公地表达自己与他人不一致的想法。

第三个阻碍因素是执行过程中投入度欠缺。这一问题缘于决策时因惧怕冲突而不能提出反对意见，但是成员们可能内心并不认同团队的决策，因此在执行过程中自然不会有目标的承诺和行为的投入。

第四个阻碍因素，遇到问题，成员们都选择逃避责任、互相甩锅，难以实现相互监督与补位。

第五个阻碍因素，大家无视团队结果，将个人利益置于组织、团队利益之上。

员工在职场中的心理安全感低，是导致一系列团队问题的根源。要想让团队呈现高自驱力、高凝聚力、高效能，团队管理者要重视营造一个能够让大家感受到高心理安全感的团队氛围。

四、如何提升大家的安全感

提升员工的职场安全感是打造高绩效团队的基石。万丈高楼起于平地，只有员工先有了职场安全感，才会有接下来所谓的团队归属感，才会释放冰山以下的潜能，创造佳绩。

作为小团队管理者，你不可能做到完全消除员工的职场不安全感觉，但是可以尽量减少这种因为缺少上下级沟通而导致的"误会型错觉"。

在团队管理中要多造梦、多赋能，让大家充满信心。对员工多一点同理心，多想想团队中每个个体的欲望和诉求以及对成长的期待，这样才会让员工更有安全感，他们才会在工作中创造无限可能。

1. 要有职场共情力

共情，又称同理心、换位思考等，指站在对方立场设身处地思考的一种方式，即人际交往过程中能够体会他人的情绪和想法、理解他人的立场和感受，并站在他人的角度思考和处理问题。

管理者如果没有换位思考和换位感受的能力，就无法理解员工的需求，更无法激发员工的内在驱动力。

沃顿商学院《人见人爱的企业》一书的推荐语中写着这样一段话：当今

最成功的公司越来越多地在经营过程中融入爱、喜悦、真诚、同理心和真情实意；它们传递着情感、经验和社会价值，而不仅仅为了利润。

管理者要适时把自己从"管理者"这个"权力角色"中抽离出来，更客观地看待如何让大家在一种正向积极、有安全感的工作环境中发挥最大的潜力。

主观、缺乏同理心的管理者，从表面看带的团队一片祥和，但是这是一种"假象"。如果无法凝聚人心，就更不用提打造高绩效团队了。小团队管理者要有职场共情力，只有站在员工的处境感受他们身上的各种角色和不容易，才能在管理中有的放矢、力度适中。

2. 打造人人平等、公平竞争的团队氛围

不带着偏见看待职场妈妈，给她们提供公平竞争的机会，甚至对她们给予特殊的关注和团队福利，比如弹性办公，提供和以前一样参与重要项目的机会等。用共情打造团队文化，让她们感受到你对她们的关照和理解。

知恩图报，职场妈妈们会为自己在这样一个理解包容的环境中而更努力，因为她们比生育之前更坚强，更想事业有成。

3. 不把考核结果当作尚方宝剑

绩效考核结果被很多不懂管理的管理者用偏了。绩效考核总是最后的员工，如果你没有及时和他进行绩效改进沟通，那他肯定会失去安全感，觉得自己岌岌可危。

如果想发挥绩效考核的效力，就应该把绩效考核作为正向激励的工具，在团队中正向宣贯。正确的做法是加大对前 20% 员工的奖励力度，体现多劳多得的利益分配趋势；同时加强与后 10% 员工的绩效改进沟通，以教练身份帮助他们发现问题、制定目标、进行改进。

4. 营造高心理安全感的氛围

要实现比较高的心理安全感，团队内部要推行包容性管理，鼓励全体成

员参与决策，允许成员尝试新的方法，探索新的路径，给成员们一个容错的空间。这些包容性的管理措施能够增进管理者和成员之间的相互信任。

5. 遵循管理的秩序

在提升团队效能这个话题上，很多人都想找到灵丹妙药。万事万物都有相应的秩序，管理团队也一样。

很多团队管理者想创新，不想遵循管理的秩序，但往往事与愿违。以这几年被提及最多的一个词"降本增效"为例，降本增效本不应该只是在外部环境巨变或团队所在的企业出现生存危机时才被想起来，这个关键词应该贯穿于管理的任何阶段，是一种常态化的管理措施。很可惜，这个关键词总是被遗忘，等被想起来时，又被曲解了其本意。

降本，就是成本控制，但绝对不是狭隘的人工成本控制。很多时候一提到降本，某些管理者们第一时间想到的是减少人员。实际上，人员减少后，短期内看似成本降低了，业务也继续运转，但是一段时间后就会显现弊端。

有些团队管理者，希望留下的员工把所有的心思都花在工作上，恨不得让大家拼尽120%的努力。团队中余下的成员中一直处在"救火""应急""赶工"中。如果一个人的每分每秒都被压榨，极度疲惫的精神状态下的员工能够支撑多久？又能够有多少精力去思考和尝试技术创新？

被你千挑万选最后留下的人，你觉得他们内心应该是安全的，但其实这些人内心中早已没有了安全感。超负荷的工作，以及看到曾经的同事离开，他们的内心中早已不再平静。

遵循管理的秩序，其中有一项是确保团队人岗匹配。这里的人岗匹配不仅指员工的能力和岗位的需求相匹配，还有一个很重要的方面是岗位上的从业人数与岗位所需的人数相匹配。只有一切都在匹配的状态下，才会按照秩序正常运转，员工才会不断努力，创造佳绩。

第六节　组织什么样的团建活动，会让大家满意度爆棚

网络上有一种说法：团建是职场人的"酷刑"。可见，很多职场人对于团建并不喜欢，甚至讨厌。为什么会是这样？因为员工想要的团建和你给大家安排的团建不匹配。比如员工以为是放松身心的活动，结果团建把员工拉到训练基地进行拉练，员工个个累得抱怨不断；比如员工希望的团建是岁月静好去旅游，但实际上的团建是几天课程。团队管理者费尽心思组织的团建，员工怨气一片，这就完全达不到团建的目的。这样的团建已经被很多员工排斥。

一位前麦肯锡高级项目经理认为：团队活动不是团队经常聚餐、看电影、看马戏，即使很努力工作的人，大多数也希望有私生活，希望把时间省下来和自己的家人在一起。世界顶级咨询公司的前项目经理都有这样的想法，可想而知其他人会有什么样的想法了。最高级的团建是参加完团建后，所有人会发自内心地给自己的团队点赞，为自己在这样一个温暖的大家庭里而觉得幸福。

一、六个自由

要想通过团建提升团队凝聚力，起到积极正向的作用，就要做好活动的策划和组织，最好做到六个自由，具体如下：

1. 时间自由

很多企业为了方便组织，将团建活动安排在员工的休息时间，但是这样会让员工觉得自己的休息时间被侵占了，导致员工对团建活动产生反感。

因此，时间自由是第一个要考虑的因素。团建最好是在周内组织，不建议安排在周末或法定节假日，因为员工都想利用这些时间去陪伴家人或做些自己想做的事情。

2. 成员自由

所谓成员自由，就是不把团建人员限制在团队内部成员，团建活动可以让"家属"参与进来，注意这里的家属既可以是亲人也可以是男女朋友。让家属参与进来的团建会更增强团队人员之间的熟悉度，家属经常参与团队活动也会更加支持员工在团队中的工作。

3. 地点自由

团建一般都在企业所在城市周边。这些区域，也许公司的员工基本上都去过了，没有新鲜感，当团建内容也不新颖的时候，员工能愿意去吗？所以不要限制团建地点，集思广益让大家选择想去的地方。

4. 内容自由

有些企业在选择团建方式时，只考虑领导的个人喜好，而忽略了员工的接受程度，导致员工对团建活动不感兴趣、产生反感。领导自己觉得某些团建活动有价值，但是员工恰恰不这样认为。于是，团建活动虽然开展了，但是员工状态始终不在线。所以，忽视员工接受度的团建活动，也是员工所反感的。

5. 意愿自由

有些企业在团建活动中，会要求员工做一些有难度的拓展活动，这些活动可能涉及身体上的风险或者心理上的压力，导致员工对团建活动产生反感。

有些团建活动对个人身体有较高要求，或者对个人的反应能力、胆量等有一定要求，如果单纯出于所谓增强员工韧性、提高员工面对挑战的应对能力等而强制要求所有员工参与，这就属于典型的为难员工了。因为有的员工会怕参与高难度拓展活动受伤而产生恐惧印象。所以，要多方面了解员工的需求，根据员工的接受程度选择团建方式。

6. 经费自由

有些团队在团建活动中预算不够，实行费用AA制，这样会让员工觉得团队管理者过于吝啬，对团建活动效果产生不良影响。所谓经费自由，就是费用来自团队，而非员工个人。有时候，团队管理者自己出资进行团建也是非常有必要的。

二、常见的团建形式

集思广益胜过闭门造车，可以让员工投票选择最想参加的团建方案，比如技术团队比较流行的三国杀、桌球游戏、羽毛球比赛、乒乓球比赛、足球赛、篮球赛、游泳比赛等。

拓展式团建：是增强凝聚力和团队配合的游戏类拓展团建。

企业运动会：是锻炼身体，贯彻企业精神及文化的一种团建模式。

培训式团建：即军训、新员工入职培训等培训类团建。

"90后""00后"团建活动形式可以选择娱乐性较强、比较有趣的形式，下面推荐几种团建活动形式供参考：

剧本杀团建：剧本杀是近年来年轻人比较喜欢的活动，团建可以考虑剧本杀、密室逃脱等活动形式。

综艺型团建：也可以参考比较热门综艺，比如跑男、极限挑战等运动型团建活动，或是王牌对王牌、快乐大本营等游戏型团建活动。活动应该充满乐趣，如果活动缺乏乐趣，很难吸引团队成员积极参与。

旅行式团建：组织员工们一起去旅行，然后在游玩中穿插一些团建项目，既达到团建效果，又不缺少娱乐性和松弛感。

游戏型团建：以各种团队小游戏贯穿全程，在竞争和合作中感受团队的意义，室外、室内团队游戏的选择有很多。

序号	类别	形式	适用类型
1	体育类团建	篮球比赛	适合男员工多的团队，女员工很少参加
		足球比赛	适合男员工多的团队，女员工很少参加
		羽毛球比赛	男女都适合参加
		游泳比赛	男女都适合参加
		趣味运动会	男女都适合参加
2	健身类	健步走活动	男女都适合参加
		户外骑行	男女都适合参加
3	挑战拓展类	户外拓展	一般需要和第三方公司合作，避免安全隐患
		野外生存	
		峡谷闯关	
		水上皮划艇	
4	日常娱乐类	剧本杀团建	"90后""00后"喜欢的团建活动形式
		三国杀	一般场地不受限制
		桌球	适合男员工多的团队，女员工很少参加
5	旅游类	全员旅游	全员都喜欢参与，一般每年组织一次团队旅游
6	聚餐类	周期性聚餐	比如每季度一次聚餐，但要注意场地的选择

组织一场走心的团建，不仅会让员工印象深刻，而且会成为团队文化很好的宣传例子。团建活动中是否融入"客户体验"元素，是决定活动举办效果的重要因素。既然组织团建活动，就是想让大家从日常工作中抽离出来放松身心，彼此更加真实。要想组织一场让员工满意度爆棚的团建，最好集思广益让大家选择，遵循一个初心，以放松为目的。团建目的越简单，活动越成功。

像管理高手一样思考

（1）你在团队管理中是如何激励下属的？
_____
_____

（2）如果要用一个故事激发大家内驱力，你会讲什么？
_____
_____

（3）针对团队中的"Z世代"员工，你接下来想如何管理？
_____
_____

（4）如何和一位"躺平"的老员工开展一次有意义的对话？
_____
_____

（5）在提升员工职场安全感方面，你有什么触动？
_____
_____

（6）下次组织团建，你会选择什么形式？
_____
_____

第六章 06

提升效率，
让团队单位时间价值最大化

时间是世界上最短缺的资源，除非善加管理，否则将一事无成。

——彼得·德鲁克

第一节 如何让你不再做"救火队长",告别越管越忙

你知道自己是怎么利用时间的吗?你利用时间的方式与你的关键要务搭配得当吗?你正在写方案时,下属拿着需要签批的文件来找你说十万火急,你不得已先停下自己的工作审核下属要签批的材料,签批完正准备继续刚才的工作时,另一个下属又找你说客户那边投诉你们了,让团队负责人立刻电话解释一下。你不得已又给客户打电话了解情况。一上午你忙得连口水都没喝,要写的重要方案也毫无进展,这或许就是每日常态。

管理者经常发现自己陷入被动应对问题的局面,不断忙于处理紧急的事情,甚至丧失了时间和精力考虑团队战略性工作。这种状态让自己变成了"救火队长",难以脱身。如何告别这种状况,实现高效管理?

一、分清楚工作中的"真紧急、真重要"

很多时候你会被员工着急找你时营造的紧张气氛所迷惑,下意识就以为他们说的事情真的非常紧急,不处理就会造成很严重的后果。有时候是因为忙,无暇过问具体的细节,就帮员工解了围。也有一些时候是那个时间你不忙,但是也不想过问具体的原因。长此以往,团队里的员工习惯了每次都以"紧急情况"为理由去找你。所以,你的工作变得低效、被动。

想让自己不再低效,就不要让自己成为"老好人"似的"救火队长"。

很多时候不能深度开展工作的原因是被很多外界的事情打扰,比如参加一个接一个的大小会议、在各种内外部通信软件上回复各种信息、一个接一个的员工找你汇报工作进展等,一上午你好像很忙碌,但是这些都处理完毕

后发现自己原本想做的事情一个都没有做。导致这个问题的主要原因是你不够专注，没有进入深度工作的状态。

在《最重要的事，只有一件》中作者加里·凯勒和杰伊·帕帕森认为：成功的人所有行为和精力都紧紧围绕着他们的目标，成功就在于聚焦目标。"聚焦目标"需要明确每天哪些事情需要做，哪些事情不需要做，也就是要每天确定工作优先级，只做最重要的那件事。

为了说明每天只做最重要的那件事有多么关键和富有意义，帕帕森引用了多米诺骨牌效应更形象地支撑了他的观点。正如他说的，每块骨牌都代表一个单位的潜在能量，骨牌越多代表积累起更多的能量。积累一定量的骨牌后，轻轻一触就能激发惊人的效力，也就是说做好一件恰当的事情，其能量足以推动数件事情。完成最重要的事情就像推倒第一块多米诺骨牌，接着剩余的问题就会迎刃而解。

时间管理四象限法则，是著名管理学家史蒂芬·科维提出的一个时间管理理论。由坐标划分，分别为紧急重要，紧急不重要，不紧急不重要，不紧急重要。在此基础上，可以衍生出"工作类型四象限切割法"。

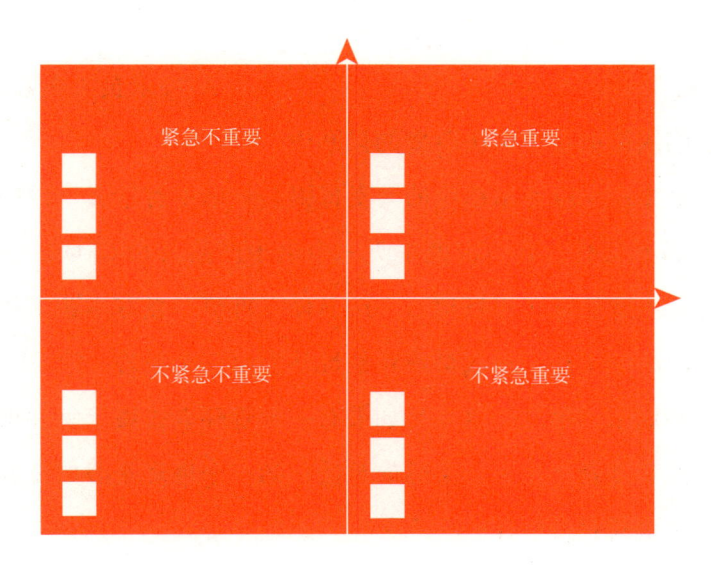

紧急不重要	紧急重要
不紧急不重要	不紧急重要

第一象限：指的是"紧急重要"的工作类型，这一类工作具有时间的紧迫性和影响的重要性，无法回避也不能拖延，必须首先处理、优先解决。你可以把重大项目谈判、重要的会议等列入这个象限。

第二象限：指的是"紧急不重要"的工作类型，这些不重要的工作往往因为紧急，就会占据你很多宝贵时间，比如下属找你签批文件等事情。

第三象限：这个象限的工作大多是些琐碎的杂事，没有时间的紧迫性，没有任何的重要性，比如例行的数据汇总等。

第四象限：这个象限的工作不具有时间上的紧迫性，但是具有重大的影响，对于个人或者团队发展都具有重大的意义。

管理者要关注"不紧急重要"这个区域的工作，因为很多时候这个区域的工作会变成重要并且紧急的。因为对于重要并紧急的工作，都提前给予足够的关注和支持，基本会按照计划提前开展。往往"不紧急重要"区域的工作容易被员工忽略，到最后时刻才发现来不及了，员工才寻求管理者的支持。这种支持有的是让管理者加急审批，有的是需要借用管理者的资源帮助处理等。

团队管理中还有一项能力非常重要，那就是鉴别能力，分清楚工作的"真紧急、真重要。"关注工作中"不紧急重要"的事情，并且提前跟进员工开展，而不是让员工把这类事情变为"紧急并重要"。要求员工做好时间管理，避免让自己陷入帮助员工解决急事的怪圈中。

著名作家艾森·拉塞尔在他的《麦肯锡》一书中有这么一段回忆。他说他加入麦肯锡不久后，有一次他去听一个电子产品公司 CEO 的讲座，那次讲座的内容是不要把球击出场地，一次只做一件事，做好本职工作，不要试图去做整个团队的工作。那次讲座让他恍然大悟三个道理：第一个道理是管理者不能事必躬亲；第二个道理是如果有一次管理者去做了每件事情，就会让周围的人对管理者产生不切实际的想法；第三个道理是假如没有满足这些期望，将很难重新获得信任。

桥水公司创始人瑞·达利欧提出了要避免"下沉现象"这个观点。他在他的每日原则中说："所谓的下沉现象是指管理者被迫去做下属的工作，而没有意识到问题。下沉现象与角色错位有相似之处，因为管理者跑去干本应属于别人的活。尽管为了达成目标，角色错位在临时情况下可能有一定合理性，但也意味着机器的某个部分发生了故障，需要修理。下沉现象则是管理者长期没有调整好职责，从而无法避免去做本应其他人去完成好的工作。当管理者更多地关注完成任务而不是操作机器时，你就能看出下沉问题的存在。"

二、多调用左脑思维

大脑中左右脑思维不同。左脑思维和右脑思维的区别在于左脑为理性思维，右脑为感性思维。左脑思维注重逻辑、语言、数学、文字、推理和分析，右脑的思维注重图画、音乐、韵律、情感、想象和创意。因此左脑思维更注重逻辑性，即逻辑性强，一般是在计算加科学思维的基础上，更依据事实做事情，一般做事有计划、有条理，思路非常清晰，一环套一环。右脑思维属于感性思维，是艺术性加富有创造性的想象力，容易脱离现实，同时有可能会表现思维跳跃，创造力会非常强。

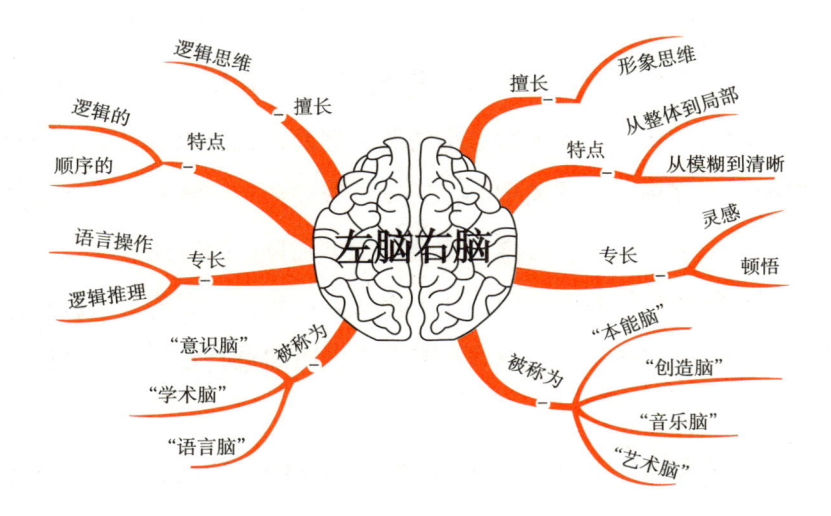

在工作中如果你是一个右脑思维多的人，容易感性，替员工着想。你会觉得如果不及时帮助员工，会让这个员工承担很不好的后果，所以你就帮助了。你会觉得如果不帮助员工回复客户投诉，这个员工处理不了会产生巨大工作压力。你往往会更多地站在对方角度考虑，而忽略了员工本身不能胜任岗位要求的事实。

不做被下属牵着鼻子走的管理者。下属说很着急时，立刻调动你的左脑思维理性思考，不要被右脑的情感思维影响。逐步把团队中"紧急"的事情变成"不紧急"。

所有的事情都有解决办法，凡事提前做，也就是一切都趁早，具体方法有：

1. 提要求

对于着急找你签批文件的事情，告诉员工必须提前发电子版给你审核，至少在签字前 1~2 天。这样既给自己留出时间提前审核，又帮助员工建立了凡事提前的意识。

2. 给教训

对于经常是员工个人原因导致的把不紧急工作变成紧急工作的，要制造一次不配合的事件。用一次教训让下属知道拖延的后果，增强改进意识。

三、明确时间颗粒度

新东方创始人俞敏洪在一次演讲中说他的时间颗粒度是 15 分钟，15 分钟解决一个问题。实在有突发紧急事情要处理的，也要以自己的一个时间颗粒度为周期处理完毕，不偏离中心。所以，管理者一定要有自己明确的时间颗粒度，有了明确的时间颗粒度，就会无比重视自己的时间。

为了更高效地进行时间管理，让工作富有成效，最好的办法就是保持高度集中的注意力去完成工作。对管理者而言，时间总是短暂而宝贵的，容不得任何浪费。

在外界流传着这样一段关于时间颗粒度的案例。管理学大师德鲁克曾描述过一位时间管理高效的人士，他是一家大银行的总裁，德鲁克每月都会与他会谈一次。在会谈之前，他们就约定好讨论的话题。这位银行总裁总是会事先做好充分的准备，在见到德鲁克之后，即开始就准备的议题与他进行讨论。在谈话时间将近 1 小时 20 分钟时，他就会提醒德鲁克时间快到了，对他们讨论的议题进行总结，并约定下一次会谈的主题。在 1 小时 30 分钟时，他就会站在门口与德鲁克告别。

对此，德鲁克询问总裁："为什么每次只会谈 1 小时 30 分钟？"总裁回答说："我的注意力最多只能集中 1 小时 30 分钟，一旦超出这个时间，我的注意力就会分散；如果时间少于 1 小时 30 分钟，那么重要问题可能就无法展开、讨论清楚。所以，我才把会谈时间定为 1 小时 30 分钟。另外，通常我还有其他工作要做，所以我将会谈的时间严格限制在这个时间内。每次会谈的时候，我都会告诉秘书'在会晤期间不接任何电话'，这样谈话就不会被打扰，效率就不会受到影响，其他工作也不会因此被耽搁。"

四、给予必要的授权

1. 增加淘汰事项

要淘汰不需要管理者出面处理的事情。比如，一些请假流程的签批、会议等，明确几天以内不需要管理者签批，哪些会议不需要管理者参加。

2. 优化团队流程

审查工作流程并遵循最佳实践。寻找潜在的瓶颈或重复性任务，并探索是否可以引入自动化工具或技术来提高效率。定期反思现有流程，进行改进和精简，从而节约时间和资源。比如一些工作的审批流程简化、对外协调工作的一些环节简化等。

3. 充分授权

授权一方面是调动下属积极性的需要，另一方面是提高下属能力的途径。授权是管理者与下属之间的一种信任与合作的良好体现。通过授权，不仅展现了对下属的信任和肯定，更是激发了下属的工作动力和创造力，同时也提高了组织效率，创造了更好的工作氛围，也解决了自己充当"救火队长"的问题。

第二节　专注的上午，深度聚焦开展核心工作

康奈尔大学的研究人员分析了来自80多个国家200多万人的5亿条推文后发现："人们的正向情绪在上午增长，下午大幅跌落，晚上又回升。"所以，上午是人们状态最好的黄金时段。

团队管理者要想让自己变得高效，就要牢牢抓住上午的时间，让自己深度聚焦开展核心工作，即深度工作。在畅销书《深度工作》中作者提出："深度工作是指在无干扰的状态下专注进行职业活动，使个人认知能力达到极限。这种努力能够创造新价值，提升技能，而且难以复制。"

每个管理者都需要养成在上午深度工作的习惯，可以从刻意练习中慢慢养成。

一、排除干扰

1. 减少员工干扰法

2009年《麻省理工科技评论》中有一篇文章中认为人脑的带宽只有区区60比特/秒。麻省理工学院的专家学者们也曾做过一项研究，表明人们的大脑同步思考能力其实非常有限。由此可见在同一时间要处理多个工作，或者回复多个信息并不可能产生高效的结果。《精要主义》一书中提到，人要在日益增多的"噪声"中学会选择、甄别和取舍精要之事和非精要之事。

很多时候，大家都觉得是员工打扰了自己，如何避免员工在你的黄金工作时间内打扰你？以下方法不妨试一试：

定规矩：在团队内部会议上提前告知员工上午尽量聚焦研发、方案撰写、报表分析等需要集中精力开展的工作，将会议、汇报等尽量安排在下午。如果这个规矩大家都知道，慢慢地整个团队就会形成这样一种默契，也会发现上午找你的员工越来越少。

直接拒绝：营销大师赛斯·高汀说："你可以尊敬地拒绝，你可以得体地拒绝，你可以在拒绝的同时建议他们去找能够说'是'的人。如果你答应了，那么原因仅是你无法忍受因拒绝带来的短期痛苦，并不是因为它有利于你的工作。"

有的管理者着急帮助员工解决问题，错失了自己的黄金深度工作时间。当员工找来时，可以告诉那个时间有重要事情，其他事情推后再说。看似不近人情的拒绝，其实是在给自己、给他人建立一种规矩。而这种规矩，会让自己在特定的时间内主导自己的时间，极大地提升了工作效率。

2. 提醒法

把找的人挡在"门外"，就一定能静下心聚焦你的核心工作吗？不一定，因为很多人往往会静不下心来。要想让自己的心完全静下来，深度聚焦自己的工作，可以采用声音工具提醒法、物理空间渲染法、视觉提醒法。

声音工具提醒法：给自己设置一个时间提醒，比如用滴答清单、闹钟、计时器等，上午一到办公室，当这些时间管理工具提醒你时，你就快速聚焦，集中精力处理对自己来讲非常重要的事情。

物理空间渲染法：也可以给自己设置"思考时间"，每当到了思考时间，你就起身去另一个便于深度思考的环境，这样让自己会更有意识不被其他事情打扰。比如在自己工位旁边设置一个"思考椅"，即使从一个椅子换到另一个椅子上这么简单的举动，也会让你更重视这段集中思考的时间。

视觉提醒法：神经学家研究发现，人类大脑中有 70% 的神经都和视觉有关，也就是说大脑活动总量的 2/3 都用于支持视觉工作。因为人们拥有一个视觉脑，所以就要多给自己设置一些视觉提醒，借助图像、色彩等也是激活大脑、让大脑发挥更大潜力的重要方式。

也可以在工作场域内多用视觉化介质提醒自己保持专注。比如：用便笺纸把上午要做的重要工作写出来，贴在电脑旁边或其他显眼的位置，比如放一本类似《深度工作》的书在办公桌上，这些视觉化的物品就会在潜意识里提醒你不要分心，一定要深度工作。

3. 远离手机

在这个信息爆炸的时代，每天都会收到来自四面八方来的信息、通知等。有的是社交网站上的，比如今日头条、微博、微信、抖音、小红书等，每当有新的推送消息很多人就会忍不住去点开看一下，感觉是了解新闻、扩充视野，但是信息过载会精力分散，忘了最应该关注的重点，耽误了时间。

除此之外，还有很多来自单位内部的信息，比如钉钉群里员工发的各种信息、公司微信群里团队成员讨论的事情等，都想爬楼看一遍。不仅如此，只要拿起手机可能又想到了要给团队成员分享一个重要信息。就这样，一上午都被手机魔力控制了。

自己的注意力没有因为别人的打扰而分散，反而被自己无法控制的好奇心所吞噬。

所以，在一天中非常重要的时间段上午阶段，刻意把手机收起来，放在不是触手可及的地方，比如要挪动一下才能取到的桌子角落，最底层的柜子里或者文件包里。经过长达 21 天以上的刻意练习，就会发现可以在上午集中精力干很多事情。

作家凯勒和帕帕森在他们合著的畅销书《最重要的事，只有一件》中曾分享过他们的一个宝贵经验，那就是"三英尺定律"。"三英尺"指的是伸出一只胳膊，从脖子到指尖大概三英尺的长度。在这个范围内，他们限制自己去拿随手可得的东西。在他们看来，他们所有的需求都要与终极目标有关。若无关，就要用各种办法去排除干扰。

当然，管理者也可以把宝贵经验分享给团队成员，让大家效仿。这样团队会逐渐养成不轻易分心的好习惯，工作效率会高出很多。

管理者不仅要让自己深度工作，也要带领团队成员一起在上午时间深度工作。

很多人工作效率低，是因为不在心流状态；很多人觉得工作无趣，是因为不在心流状态；很多人觉得感受不到工作的乐趣并倦怠现状，是因为不在心流状态。如何让团队中的员工能够进入工作的心流状态？一位中兴通讯的团队管理者对他的下属是这样说的："你只要认真工作，就会在工作中感受到快乐。你没有感受到快乐，是因为你没有全身心投入，没有认真工作。"

4. 给自己留出 2 小时

查理·佩勒林博士在中国的一次培训中分享过一个时间管理的重要技巧，这个技巧就是："每天预留 2 小时，和自己开会。"在给学员培训时，曾在美国国家航空航天局（NASA）工作，任天文物理学部门主任的查理博士说NASA 的工作节奏非常快，每个人都在马不停蹄地忙碌，而且大量的时间被需要协同的人占用。在这种情况下，想要拥有属于自己的时间和空间实属不易。即便如此，他也会坚持告诉秘书：每天给他留出 2 小时"开会"。在这 2 小时里，他谁也不见，也不安排任何会议，而是把自己关在办公室里，独自处理工作。为了避免不必要的麻烦，他告诉秘书，一旦有人来找他，就回复说"查理正在开会"。实际上，他是在和自己开会。

微软的创始人比尔·盖茨也会每周给自己留出时间进行思考，即使在公司发展最忙的时候，也会为自己安排出时间什么也不干，专注用来思考重要的事情，而那些专注的思考总会让他在关键时刻为公司做出重要的抉择。

留出时间让自己从工作场景中抽离出来进行深度思考对管理者来说非常重要。小团队管理者作为团队的领头人，要带领大家朝正确的方向努力，在黄金时间段的上午，如果能够留出时间深度思考，将会意义深远。

二、工作清单法

提到清单管理，有必要推荐一本很好的书，这本书是《清单革命》。这本书的作者是阿图·葛文德，曾是白宫最年轻的健康政策顾问，影响奥巴马医改政策的关键人物之一。葛文德认为，人类的错误主要分为两类：一类是"无知之错"，一类是"无能之错"。"无知之错"是因为没有掌握正确的知识而犯下的错误；"无能之错"是因为掌握了正确的知识，但是没有正确使用而犯下的错误。

工作中很多时候大家会犯下"无能之错"，比如明明知道上午时间重要，自己要完成一些工作，但是往往做了这个而忘记了原计划还要做另一个。所以，不妨要求自己和团队成员都开展工作清单管理，提醒自己不要忘记上午时间段要做的重要工作。

1. 列待办项目

把所有的待办事项列出来，并且坚持完成这些事。当坐下来的时候，看到自己列的清单，就会意识到时间有限。这样就能够知道要做什么，上午要产出什么样的成果才能让自己有意识地从不重要的琐事中解脱出来，从而节约时间，提高效率。

每天早上花10分钟时间，把要做的写下来。然后这一天所有时间都围绕这个晨间列表去执行。晨间列表的最大好处就是排除杂念，让一天的时间都聚焦在清单所列的事情上，简单、直接。一般来说，上午给自己定的工作清单内容项目数不在于多，而在于重要，一般三条以内就可以了。

2. 完成打钩法

每当完成任务的时候，就在清单后面打一个"√"，当看到每个项目后面都有了"√"，成就感就会增加。值得注意的是，这种日积月累的成就感是不能低估的，将会受益匪浅。

三、借用工具

如果想更有仪式感，可以买一个类似效率手册的工作本，上面有经过多次推敲后创作者设计的撰写清单的模块，可以认真在上面上写清单，完成后打钩。

管理者可以定制一批这样的效率手册发给团队，大家看到精致的效率手册，也会逐渐养成制定工作清单的习惯。有了自己制定的上午工作清单，大家就会集中精力开展工作，进入深度工作的高效状态中。

第三节 社交的中午，让午餐时间和社交时间折叠

基思·法拉奇、塔尔·雷兹在经典之作《别独自用餐》中说："人际关系网的流通就跟那些在好莱坞想要成为明星的人一样：没有存在感比失败更糟糕。也就是说，你要时不时地去跟其他人接触。"

麻省理工学院教授黛博拉·安科纳和她的同事不断地研究后发现：拥有卓越成就的领导者不会把时间花在各种内部事务上，相反会作为团队内部与外界环境之间沟通的桥梁。

作为一个团队管理者，要像一座桥梁一样积极去连接不同的人和组织。

团队管理者有一个很重要的工作是获取信息和资源，并及时利用信息和

资源带领团队不断精进。资源，既指公司对团队的资源支持，也指从外部获得资源支持。公司对团队的资源支持，有财务上的支持，还有人力上的支持。比如：同样是生产部门，要提升产能，你提出要购入新的设备，另一个生产部门也想购入新的设备。如何说服上级领导同意给你的部门增加投入，这就需要你的沟通和资源争取。还有人员方面，如何让公司同意给你的团队多加一个人应对旺季人员工作超负荷问题，这些都需要你这座"桥梁"发挥作用。

在团队管理中，交际是不可或缺的一环，而中午是人们进行交际和社交的重要时段。权威研究发现人们在就餐时会产生更多的多巴胺，多巴胺是由大脑分泌的神经传导物质，可以让人感觉良好、放松、愉悦。

有效利用时间是每位团队管理者都必须面对的重要课题。如何高效利用午餐时间？可以从这三个方面尝试：

一、向上社交

很多小团队管理者带队伍很厉害，但是容易忽视和上级领导的非正式交流。主动邀请上级领导一起共进午餐是展示主动性和对上级领导尊重的一种很不错的方式，这样可以提供一个轻松、非正式的环境。

在《南史·荀伯玉传》中有这样一句话："高帝重伯玉尽心，愈见信任，使掌军国密事。"职场中，不可否认和领导交流越多，越容易被"信任"，越有助于帮助团队争取更多的资源。

迈克尔·坎贝尔在《向上管理——赢得高层支持的项目管理之道》中提到了沟通存在层级，分别是交际、疏导、信息、说服。他提出这样一个观点："交际式沟通级别最低，却是建立关系的真正基础。疏导式沟通是通过开放表达强烈情感来传递放松或紧张。信息式沟通就是反复传递数据或内容。说服式沟通用来改变某人的想法或意见。"

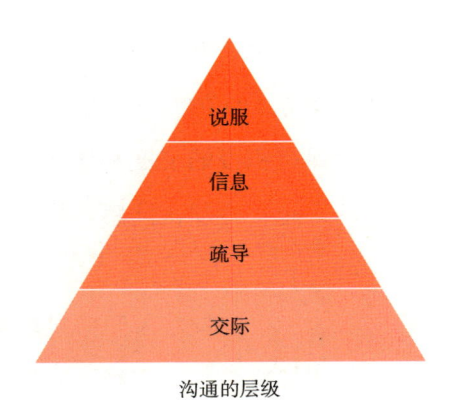

第六章
提升效率，让团队单位时间价值最大化

沟通的层级（金字塔由上至下）：说服、信息、疏导、交际

在这个沟通层级中，说服式沟通被认为是最应该巧妙避免的向上沟通形式，最推荐的向上沟通是交际式向上沟通。可见，职场中的非正式沟通非常重要。

一般上级领导每天的工作日程排得都比较满，想单独约一个小时和领导交流一般很难。有时候，在办公室里没有被赞成的方案，可以换个场域尝试再沟通一次，或许会有转机。

高效利用上级领导的非工作时间就是一个很好的机会。一天中，非工作时间一般有早晨没上班早到办公室的时间、午餐时间、晚餐时间。早晨的时间一般都是黄金时间，上级领导会格外珍视他的那段有限的时间并进行自我安排。晚餐时间，又占用了领导下班时间，把你本想不是很故意的交流变得太刻意，所以也不是明智之举。相对而言，共进午餐是最适宜的一种形式，因为午餐大部分人都是在公司或公司附近用餐，一起去吃饭显得顺其自然。

午餐时可以先和上级领导聊一聊公司最新动态，然后很自然地汇报一下团队的进展情况以及自己的工作重点等，比如出差见了哪些客户，成果是什么，接下来有什么计划，还需要一些什么支持。即使当时领导没有承诺什么，但是也会听到心里，在后续帮团队留意这方面的资源。

在与上级领导共进午餐时，要保持专注和尊重。不要把注意力分散在手机或其他事务上，要积极回应领导关注的一些话题。午餐时间是一个放松和愉快的时刻，团队管理者应该保持积极的态度和谈吐。避免过多诉苦或抱怨工作问题，尽量聚焦于积极的话题，增加认同感。除了共进午餐外，也可以参与上级领导的饭后散步活动。

上级管理者之所以能够在他所在的位置，是通过多年业务积累、努力工作打拼来的，必然有着丰富的职场经验和人生经验，值得下级学习的地方有很多。如果上级领导有午餐后散步的习惯，可以加入其中。

午餐后和领导一起散步时，也可以聊一些题外话，营造轻松的散步氛围。比如，可以向领导请教一些个人成长方面的经验，拓宽自己思想的边界。可以这样说："领导，您工作都那么忙了，怎么还有时间出去进修，陪家人旅游？"通过找一些正面积极的沟通话题，可以拉近彼此的距离。和上级领导沟通频率高了，领导也会逐渐加深信任，对团队的关注度就相对高一些，支持度也会高一些。

二、向外社交

一个优秀的团队管理者还需要有调动资源的能力，要调动资源就要先积累人际资源。

理查德·菲利普斯·费曼是美国国家科学院院士，诺贝尔物理学奖获得者，曾是加州理工学院理查德·托尔曼理论物理学教授。他就是一个很善于利用午餐时间积累外部人际资源的专家。

在普林斯顿大学工作时，和他同在这个大学的很多人都是各个领域非常厉害的人物，他们一般都在食堂吃饭。费曼曾经给自己定了一个特别的目标，就是要求自己每天和一个领域的专家在食堂一起共进午餐，并且每两周换一个领域和不同专家交流。就因为这与众不同的午餐体验，让他收获了很多领域的专家资源，为后来他带领团队开展工作带来了很多外部机会。

为保持员工活力，提升公司战斗力，华为创始人任正非2014年在一次与上研专家的座谈会上提出了"一杯咖啡吸收宇宙能量"的理念，鼓励大家多出去与客户交流沟通，汲取外界能量，从而进行能力提升。

任正非曾说："入乡随俗，多出去与客户交流沟通。不要自闭于代表处，自闭于首都，要大胆融入当地社会，更重要的是要融入当地生活，市场的机会、格局的形成，都在他们手里。西方人好运动，你们固守在'闺房'中，如何交朋友？打球去、滑雪去、玩水上运动去。一切运动都是接近客户的机会。没咖啡，胜似咖啡。"这段话足以体现和客户沟通的重要性。

团队管理者要有针对性地找那些对自己或团队发展有价值的人，利用吃饭、喝咖啡等时间去拉近彼此关系，获得信息来源，寻求指点。

如果管理者充分利用午餐时间，主动扩展社交圈，就可以为自己和团队带来很多意想不到的"资源"。比如从外部咨询公司的咨询顾问身上可以获取到很多新建议，从第三方视角看到团队工作如何提升效率；从其他部门联系中获取对本团队的大力支持，推动团队工作高效开展。向外社交可以参考的方式如下：

（1）与同行业或相关领域的人交流。可以通过参加行业会议、研讨会或社交活动等方式，结识新的人际资源。

（2）与潜在的业务合作伙伴或供应商交流。共进午餐，探讨合作机会，有助于增加团队的业务资源和发展机会。

（3）与行业内的专家或学者交流。共进午餐，深入探讨行业动态和前沿知识，有助于扩大自己的知识储备和职业能力。

（4）与同行或其他团队管理者交流。共进午餐，互相交流经验和解决问题，提供帮助和支持。相互支持和帮助可以促进良好的工作氛围和合作关系。

在与外部人士共进午餐时，要保持礼貌和尊重。遵守餐桌礼仪和社交规范，展示自己的职业素养和形象。深入了解对方，在午餐期间积极聆听对方的观点和看法，了解他们的需求和期望。这些有助于建立更好的关系，为未来的合作奠定基础。

三、向下社交

每天都在各种各样的事情中忙碌，几乎没有时间和员工交流一些非工作上的事情，这是职场中团队管理者的常态。但是千万不要忽略了对员工非工作事情的关注，因为这些看似与工作无关的事情，有时候对员工来说非常重要。你越是知道得多一些，越能够更深层了解员工。

有效的领导力建立在人际关系基础上，忽略人际关系的领导者只能依赖职位。 如果你一直没时间和员工聊天，那午餐时间就是一个很好的时间。把午餐时间和社交时间折叠在一起，也是高效的时间管理。

花旗银行马来西亚分部管理者实施的"把脉午餐"就是把午餐时间和向下社交折叠融为一体的典范。管理者们通过这种方式解决了客户忠诚度和员工士气下降、员工离职率上升这些紧迫的问题。在非正式午餐聚会中，管理者通过与员工交流并倾听他们所关注的事情（即为他们把脉），从而根据这些事情进行针对性变革。这种方式使客户忠诚度和员工士气提高了50%，员工离职率也降至极低。

李开复2000年被调回微软总部出任全球副总裁时，他当时觉得要干好这份工作就一定要重视和员工沟通。他每周会选10名员工共进午餐。在和员工吃饭时，他会让每个人分别说一件在工作中遇到的最兴奋的事情和最苦恼的事情，然后再邀请对方提出问题，然后边吃饭边一起交流寻求最好的解决方案。他的这种和员工交流的方式特别有效，受到了员工的一致好评。

所以，有效利用这个放松时间和下属交流，积极倾听会拉近上下级关系。但只是一起就餐可不行，一定要多聊一些非工作上的事情。在交际的中午有效利用时间，不仅能提高工作效率，还能增进与团队成员的沟通，促进团队凝聚力的形成。

1. 聊一聊隐藏区

乔哈里视窗是一种关于沟通的技巧和理论，也被称为"自我意识的发现—反馈模型"，根据"自己知道—自己不知道"和"他人知道—他人不知道"这两个维度，依据人际传播双方对传播内容的熟悉程度，将人际沟通信息划分为四个区：公开区、盲区、隐藏区和未知区（也称封闭区）。人的有效沟通就是这四个区域的有机融合。

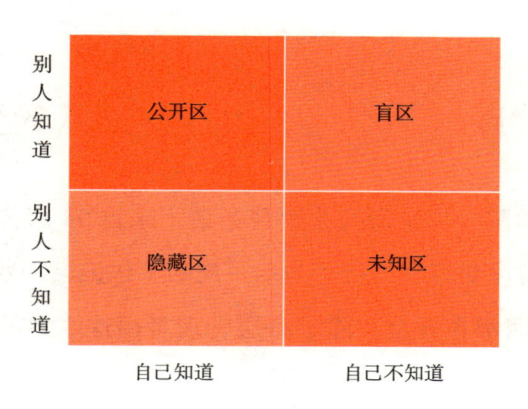

	自己知道	自己不知道
别人知道	公开区	盲区
别人不知道	隐藏区	未知区

午餐时间主动打开你的隐藏区，会很好地拉近上下级关系。隐藏区是自己知道、别人可能不知道的秘密。在有效沟通中，适度地打开隐藏区，是增加沟通成功率的一条捷径。管理者先展示了自己的隐藏区，员工才会放下戒备展示他的隐藏区，这样管理者会了解更多。

可以给员工分享的有周末活动，聊聊和孩子之间的趣事，还有关心一直单身的某位下属是不是有了新进展等。

2. 聊一聊热点新闻

员工和领导吃饭时总会有一些紧张，所以很多员工宁愿自己一个人吃饭也不和领导一起。要想消除员工的紧张感，管理者要特意制造一些轻松的大家能聊到一起的话题，比如热点新闻。热点新闻不论什么年龄段的员工、婚否都能聊到一起。聊着聊着他们也就激动地插上了话，这对于拉近员工关系有很好的帮助。

3. 聊兴趣爱好

每个人都有自己的兴趣爱好，小团队中本来人就不是很多，哪个员工喜欢干什么基本上大家都会知道，所以和员工共进午餐时可以从聊对方兴趣入手，这是最简单最容易的话题。

第四节 跟进的下午，高效能团队的会议这样开

哈佛大学商学院的一个研究小组曾邀请了来自 94 家公司的首席执行官的行政助理，对首席执行官进行了为期一周的工作记录。数据显示，这些高层管理者 60% 时间都在开会。除了高层管理者用这么多的时间开会，各个层级的职场人几乎都是奔走于各个会场。

有的团队开会时把所有成员集中到大会议室里，开会时除了几个人发言外，其他人几乎是去陪伴的。有的会议经过一番讨论后，还是没有结果。网络上流传着这样一句话：会议室是低效的重灾区。

要想打造出高效能团队，就一定要提高会议效率。提高会议效率，最重要的就是养成团队好的"会议习惯"。高效能会议习惯的建立并不难，只要提前建立开会规则，形成会前会中会后三部曲就可以。

一、做好会前准备

1. 给会议做减法

早在 14 世纪时，维廉·奥康对当时无休无止的关于"共相""本质"之类的争吵感到非常厌倦，于是他著书立说，宣传只承认确实存在的东西。维廉·奥康认为那些空洞无物的普遍性要领都是无用的累赘，应当被无情"剃除"。因为他来自奥卡姆，后来人们为了纪念他，就把他说的这句话称为"奥

卡姆剃刀"。他所主张的"思维经济原则",概括起来就是"如无必要,勿增实体"。所以,之后就有了奥卡姆剃刀定律。即"简单有效原理"。在职场工作中适用"奥卡姆剃刀定律"的场景也有很多,最典型的使用场景就是开会。

一般会议按照内容维度可以分为四大类:决策类会议、进度管理类会议、信息传达类会议、创意类会议(选题策划会)。按照时间维度可以分为周例会、月例会、季度例会、半年会议、年度会议。还有的公司要求每天早晨开晨会,这种可以称为日会。除此之外,还有很多临时增加的会议。

时间对每个人都是宝贵的,精减团队管理者自己的会议,才会有更多时间留出来做外部资源协调、团队整体规划等大事;精减成员的会议,才会让大家有更多时间真正沉浸在工作中,在工作上有所突破。所以最好的办法是带领团队梳理整个团队的会议,按照时间维度盘点团队所有会议。

第一步:盘现状

安排团队中一个人,把上一年全年团队开过的会,按照会议盘点表进行梳理,全部列进这个表单中。

原有会议盘点						
序号	会议类型	会议频率	主持人	原有参会人员		会议时长
				必须参会人员	旁听人员	
备注:会议类型:决策类会议、进度管理类会议、信息传达类会议、创意类会议(选题策划会)、其他							

经过会议盘点后,可以让下属把会议时长合计,会发现一个惊人的开会时长数字。

第二步:圈重点

管理者要和团队中负责不同业务的核心骨干一起,讨论并确定重要的必须要开的会有哪些,把这些会议圈出来。注意,不是管理者来圈重点,而是和负责不同业务的核心骨干一起。因为这样才会兼顾管理者和员工的想法,避免错误的预判。重点要开的会，明确频率和必要参会人员，特殊标注。

第三步：做减法

与核心骨干一起继续筛选，给团队会议做一次彻底大瘦身。具体做法是：把性质类似的会议进行合并，把没有必要开的会议进行筛减。

类别		需常规召开会议					参加人员	备注
		频次						
		年度	半年度	月度	周度	不定期		
团队内	工作计划会	√	√	√			全员	
	工作总结会	√	√	√	√		全员	
	述职会	√	√				全员	
	业务类会议					√	以参会人员精准，人数最少为原则	例如方案讨论会、项目问题协调会等
	专题会议					√		例如竞聘会议、预算分析会等
团队外	行业会议					√		
	上级组织的会议					√		
	协作团队的会议					√		
	客户方联席会					√		

第四步：定结果

将讨论的结果进行整理定稿，以邮件形式发布告知全体员工。

2. 指定专人负责汇表

指定团队中一个人每周五下午提前汇总大家下周计划要开的会议，包含团队内部和外部需要团队成员参加的，你进行审核后发布在团队工作群内。这样大家可以提前了解下周你的会议安排，对于他们要参加的会议，可以提前做好其他工作的安排，避免时间冲突。

3. 所有会议都要有主题、附件

亚马逊公司开会也和大多数公司一样，会使用PPT来做演示。但5年后的某一天，老板杰夫·贝佐斯突然提出："会上严禁使用PPT。"要求会议资料以文章形式呈现。因为杰夫·贝佐斯觉得，从不熟悉的人写的PPT

里揣测每个要点背后的思路很难准确把握，还是写成完整的文本比较好——不省略任何文字，应该将想法全部写清楚。所以，亚马逊规定，会议资料要以文章形式呈现。因此，主讲人多用 Word 文档撰写资料，提前打印出来，开会时分发给与会者。

对于小团队来讲，虽然开会不一定要让员工像亚马逊一样准备 Word 文档并且写得无比详细，但是会前的一些材料有必要提前发给参会者了解。要达到这个目的，需要对会议主持人进行要求。比如，要求会议主持人提前将会议主题、目录、会议召开目的等以文本形式写出来，作为附件下发会议通知时一起发送。这样就会提醒参会人带着目的开会，对于要讨论的提前有准备，而不是一头雾水。

二、会中控场

1. 推行"电梯法则"

常见的汇报类会议有周工作会、月总结会、半年总结会、年度总结会。这些会议一般是让下属汇报工作的会议，不开则起不到过程监管的作用，开则需要明确会议规则，让此类例行会议变得高效。

有一次麦肯锡的一个项目负责人在电梯间里遇见了一个重要客户方的董事长。那位董事长问麦肯锡的项目负责人："你能不能说一下结果呢？"由于那个项目负责人没有准备，而且即使有准备，也无法在电梯从 30 层到 1 层的 30 秒钟内把结果说清楚。最终，麦肯锡失去了这一重要客户。从此，麦肯锡要求公司员工要在最短的时间内把结果表达清楚，凡事要直奔主题、直奔结果。麦肯锡认为，一般情况下人们最多记得住一二三，记不住四五六，所以凡事要归纳在 3 条以内。这就是如今在商界流传甚广的"麦肯锡 30 秒钟电梯理论"。

麦肯锡的 30 秒电梯理论不仅用在向客户汇报方面，也可以用在日常的团队会议中。如果提前给团队提出明确要求，每人只有 30 秒发言时间，想必每个发言的成员都会精简内容、重点突出。当然，实际会议中你作为团队负责人不可能像客户一样只能给你的下属每人30秒时间，毕竟会议是解决问题的。一个计划如果策划人在30秒内讲不清楚，说明计划有问题并且计划不具有操作性；同样，一个员工如果在5分钟内讲不清楚目前发现的问题、解决建议、预期效果是什么，说明员工没有提前思考、重视这个问题。可想而知，整个会议是多么低效。

所以，对于汇报类会议，可以规定每人只给5分钟讲清楚目前发现的问题、解决建议、预期效果。在长期的这种规范化要求和实际执行中，会发现团队在会议效率方面提升了很多。

2. 建立超时惩罚机制

超时不可避免，但是要建立惩罚机制。比如开会时提前明确了每人的发言时间，但是还有员工汇报没有时间观念超时，就是员工准备不充分、缺少时间观念。为了提升员工时间管理意识，可以采用小惩罚方式来帮员工记住这次失误。所谓小惩罚，可以是超时2分钟以上让超时员工请大家喝奶茶等。有了小惩罚机制，大家就会在日后的各种会议中想办法严格把控时间。

3. 让大家动起来

要提升会议的召开效果，除了要在会中组织好会议，还要借用一些介质帮助大家加深对会议内容的吸收和思考。有效利用会议室里的白板、笔、多媒体手写设备等。会议主讲人除了坐着讲之外，不妨起身站起来，走到白板前，拿起笔边讲重点，边将关键词写在白板上，画流程图等。同时，也要邀请员工走到白板前参与讨论。

最后也可以让大家起来围着你之前写满重要内容的白板站成一圈，做最后的总结回顾，这样比坐着讲更容易使大家集中注意力。

三、会后输出落实

会议后一定要形成纪要，并跟踪落实。关于会议纪要，很多人有误区，比如纪要一定要非常正式。对于小团队而言，或许没有专职文员写，写一篇正式的纪要也要时间。既然追求高效，采用"敏捷会议待办清单"来形成会议输出就很不错。

敏捷会议待办清单在具备"主题""日期""主持人"三要素后，重点突出的会议待办事项，目的是会后有清晰的追踪清单，最终形成会议闭环。这个清单很直观，简洁实用，非常适合高效能工作使用。

形成团队内敏捷会议待办清单后，在团队工作群内群发。要求所有人周五反馈即可。每周会议按照这个模式，大家会高效很多。

四、避免沉默式会议

《哈佛商业评论》曾经发表的一篇文章中提到，良好的沟通对于打造成功团队至关重要，不亚于其他因素加在一起的综合作用。而良好沟通有五个特点：

- 团队每个成员发言和倾听的时间基本相同，每个人发表观点都言简意赅。
- 团队成员面对面沟通，话语和手势都积极有力。
- 团队成员相互直接联系，而不是仅与团队领导沟通。
- 团队成员还在非正式场合或私下进行交流。
- 团队成员定期分开，去外部探寻资源或信息，并把信息带回团队。

团队每个成员发言是会议成功与否的重要因素之一，而这一条往往容易被小团队管理者忽视。

在工作中，为了提高团队效率，你做了大量工作精减了团队中很多不必要的会议，但是假如留下的会议在召开时大家都习惯保持沉默，只有你一个人是主角讲得最多，那整个团队的会议效率还是会很低。

如果你发现自己主持的会议上大家都很少发言，那就需要进行反思了。为什么大家都很少发言？是你太"专制"，还是员工太"懒"？弄清楚为什么，再找出改善这个现象的解决办法。

第一类问题：管理者太"专制"

看到"专制"这个词，你可能会觉得不可思议，这个词与自己沾不上边。你觉得自己并不是独断专行，是希望集思广益听到来自基层的声音。但是，行为说明一切。

举个例子，一个互联网企业技术部门的负责人，很少在会上提反对意见，因为被他们总经理吓怕了。他平时去汇报工作时，总经理有时候和颜悦色，有时候不顾及他人就在敞开式办公区里大声指责他某件事情没办好，原本他有充分的理由想解释时，总经理轰炸式把他指责一通，不给解释的机会。时间久了，就对总经理产生了"怕"，怕说错话、怕没面子，所以多一事不如少一事，给自己定了一个坚持"少说为妙"的原则。现在总经理说任何事情，他都只执行不多说，不再提出不同意见，会议上也闭口不多讲一句。

其实这样的情况很多，相信很多职场人都会遇到。小团队中基本也是这样，如果你的团队开会时，只有管理者一个主角在讲，那一定要反思一下是不是平时太威严，给下属造成了太强势的"错觉"，不敢提出不一样的意见。还是管理者本来就是想独断显示权威，就按照自己的想法去做，会议只是一个形式？对于走形式的会议，不妨断舍离。

第二类问题：员工太"懒"

对于这个问题，是典型的员工不想动脑思考的原因。想改变这种现象，就要明确提出会议要求。比如，要求每次会议每个成员必须发言，采取顺时针轮流发言等。因为被要求发言，员工一般都会提前准备，会通过思考提出一些好的创意。管理者不仅要表达，更要擅长聆听，鼓励团队成员发言，其实也是鼓励他们思考，甚至表达不同意见。

不仅如此，还要在团队中对积极提出建设性建议，对团队发展有重大作用的员工进行表扬。当然，将员工好的建议落地实施，是最能激励大家在今后的会议中积极参与讨论的，因为大家看到了自己的意见被采纳会产生一种成就感，也相信自己所在的团队是开放和求真务实的团队。

第五节　充电的晚上，心流时间下的"游戏式学习坊"

著名心理学家、积极心理学奠基人米哈里·契克森米哈赖在他的书中最早提出了"flow"这个词，后来我国的著名译者把其译作"心流"，意思是在做某种事情时，全神贯注、投入忘我的状态。比如，如果你完全沉浸在某种活动中，无视其他事物存在，在这个过程中体验到了非常大的喜悦。

在《轻松主义》中，作者说："为什么一旦某件事情能让我们享受其中，它就会变得不再令人难以忍受呢？因为我们总是把'重要'的工作和'不重要'的娱乐严格区分。"人们总认为要先努力工作，然后才可以痛快玩耍。对于很多人来说，事情分为重要的事情和享乐的事情。但是这种错误的二分法会产生恶性循环。由于认定重要事项必然是乏味的，所以人们总是推迟或完全逃避它们；其次，会对上述逃避行为反复感到内疚，因而会降低其他愉快体验所带来的乐趣。

对于那些重要的事，如果可以"享受"，又何必"忍受"。

把最重要的事项和愉快事项结合，就连最沉闷、最难以应对的工作都可以变得轻松。

一、游戏式学习

乐高公司的名字乐高（LEGO），来自丹麦语"leg godt"，意思是"玩得开心"。第二次世界大战破坏了玩具行业，但克里斯蒂安森没有放弃和关闭工厂，而是充分发挥想象力开发出乐高的第一款"自动拼搭积木"。后来，克里斯蒂安森和他的团队邀请孩子们去他们的办公室，在观看孩子们玩要时，克里斯蒂安森再度受到启发，开发出了整个"游戏系统"，配有人物、建筑、道路和汽车的城镇，这使他们的业务得到指数级增长。至今乐高的办公室仍然充满了喧闹和欢乐。

假如每天晚上让员工一直长时间加班，效率也一定很低。因为工作了一天的员工在晚上的工作效率一定会大打折扣。在忙碌的工作之后，如何才能既让员工放松身心，又帮助员工提高自己进行充电？

游戏，想必大家都喜欢，因为游戏可以唤醒人们的积极情感，让参与者更积极地调动自身的所有神经系统，然后沉浸在一种快乐的状态中。同时还会使人们注意力高度集中，陷入一种忘我的境界。最重要的是，玩游戏的人会因为最终在游戏中获得成功而感受到一股强大的成就感。这就是娱乐时的心流。

近年来，游戏式学习越来越受到人们的关注，它结合了游戏的趣味性和学习的实用性，为职场人提供了全新的学习体验。游戏式学习是指将游戏的元素、机制和设计理念融入教育领域，使学习过程更具互动性、趣味性和吸引力的一种新型学习方式。

为了评估游戏式学习的效果及推广价值，知名研究机构曾对100名年龄在18~60岁、具有一定教育背景的不同职业人群进行了为期一月的实验性研究。通过对比传统教学方式与游戏式学习方式在学习效果、学习兴趣、团队协作能力等方面的差异，发现游戏式学习具有以下优点：

➤ 提高学习兴趣：游戏式学习将教育与娱乐相结合，使学习过程更有趣味性，能够有效提高学习者的学习兴趣和动力。

➤ 提高学习效果：游戏式学习通过模拟真实场景、任务和情境，使学习者更容易理解和掌握知识，从而提高学习效果。

➤ 培养团队协作能力：游戏式学习通常需要学习者之间的合作与竞争，有助于培养学习者的团队协作能力和竞争意识。

➢ 增强自主学习能力：游戏式学习强调学习者的自主学习和自我探索，有助于培养学习者的自主学习能力和创新思维。

二、游戏式学习应遵循的原则

将心流理论应用于游戏式学习，可以帮助学习者更好地进入状态，提高学习效果。在心流时间下进行游戏式学习，应遵循以下原则：

目标明确原则：为学习者设定明确、具有挑战性的目标，使其能够全身心地投入学习过程。

及时反馈原则：为学习者提供及时、具体的反馈，使其能够了解自己的学习进度和不足之处。

逐步提升原则：为学习者设计由浅入深、由易到难的任务和挑战，使其能够逐步提高自己的能力。

激发兴趣原则：通过有趣的游戏元素和情境设计，激发学习者的学习兴趣和动力。

鼓励创新原则：鼓励学习者发挥自己的想象力和创造力，尝试不同的方法和策略，以解决学习过程中的问题。

三、心流时间下的"游戏式学习坊"

心流时间下的"游戏式学习坊"，集游戏化学习、协作学习和项目制学习于一身，通过将游戏的元素和机制融入学习过程中，为学习者提供一个充满趣味性和互动性的学习环境，让参与者在参与的过程中能够相互对话沟通、共同思考、既能学习到知识又能有很好的娱乐体验的一种学习形式，通过比较轻松、有趣的互动方式达到一起学习的目的，具体实施过程如下：

1. 明确有吸引力的主题

要想让学习活动吸引员工积极参与，就需要设计一个有吸引力的主题。设计主题时最好结合团队员工的兴趣来设计。要确保活动既能带来欢乐，又能让员工在学习中有成就感。而具有成就感的活动无疑是各种各样的游戏，因此近些年游戏化设计相关理念越来越多地被借鉴到工作设计当中，其中的几个关键元素是：挑战、竞争、奖励或反馈。

2. 设计有挑战性的任务

根据学习目标和学习者的特点，设计相应的游戏元素和任务，包括角色设定、剧情设计、关卡挑战等。引入游戏元素，将游戏元素融入学习坊中，以创造积极的竞争氛围，并体现团队合作精神。为团队成员设置具有挑战性和启发性的任务，就可以激发他们的主动性和创意思维。例如，设置任务关卡、积分系统或团队挑战任务等，这些都可以激发团队成员的参与和动力。

如果一项任务无论如何都缺乏挑战性，怎么办？知名连锁零售商 Target 通过设计一款游戏巧妙地解决了这个问题。Target 超市里的收银员看似和其他收银员没有什么区别，但是他们的结账速度却是其他地方收银员的 5~7 倍。奥妙之处在于，该企业设计了一种游戏，让收银员每结完一单都能从电脑屏幕上看到自己的结账时间在所有收银员中的排名，排名和当日奖金额度挂钩，日清日毕。竞争/排名本质上也是在增加挑战性，只不过有挑战的不是工作本身，而是这个竞争排名的系统。

一项任务如果缺乏挑战性会让员工难以保持持续的动力，例如很多重复性的工作；而如果一项任务挑战性太高，则会让员工产生畏惧心理，或因为完不成而产生挫败感，两者都会影响成就感的塑造。

进行恰当的任务分配，确保团队成员对"游戏式学习坊"的目标、规则和期望有清晰的认识非常重要。这能帮助他们明确自己的职责和参与方式，增加效率并促进合作。

3. 多维度体验式参与

既然是"游戏式学习坊"，就要给大家提供一个轻松愉快的环境，有必要增加一些幽默和趣味元素来缓解压力，激发员工创造力和团队互动。这个过程中要围绕现在的网红词语"体验"来设计。同时，可以通过设定有趣的命名、颁发奖项等方式，营造轻松友好的氛围，同时要巧妙利用道具。

只有员工有了好的体验，才会在活动中真正有所收获并乐于参加，而员工有收获并学得高兴就是这种晚间学习活动的价值所在。

（1）使用卡片或棋盘游戏。将任务转化为卡片或棋盘游戏。例如，Scrum中使用的敏捷估算卡片，团队成员可以通过不同颜色的卡片进行估算和优先级排序。这种游戏化的方式能够增加互动和乐趣，促进团队合作和决策能力的培养。

（2）利用现代科技工具和平台，提供互动性和协作性。例如，使用在线协作工具、虚拟白板或沟通平台来促进远程团队的合作和沟通。在线头脑风暴工具可以用直观的方式展示创意，激发创造力和想象力。此外，还具有组织和整理功能，方便团队分类、筛选和发展创意。通过使用这些工具，团队能够更高效地协作，促进创意的涌现，以清晰而有序的方式表达和发展想法，从而推动头脑风暴。

（3）采用可视化和互动。利用图表、图像和演示等可视化工具，使工作坊更具吸引力和互动性。这有助于提高团队成员的参与度和理解力，并使信息更易于消化。

四、"游戏式学习坊"的形式

1. 角色扮演

角色扮演，也叫扮装游戏，是一种人与人之间的社交活动，是一种综合性、创造性的互动活动，人们通过进行角色扮演活动，可以分享和感知经验与心得。角色扮演可以是游戏娱乐、表演、实景练习、心理引导、自我思考等。

角色扮演法有利于充分调动和发挥员工在学习过程中的积极性、主动性和创造性。在活动过程中需要增强员工的角色意识，让参与的员工通过角色而有所体验、有所感悟。角色扮演法的运用要点如下：

要点 1：要设计好主题及场景

只有适合角色扮演的职场主题，才有可能达到理想的活动效果。在选择主题时，尽量选让员工讲话多、肢体动作多的主题；任务既不能太难，也不能太容易，要有一种挑战的感觉。有挑战就会让参与的员工有一种成就感，有利于培养大家的兴趣和激发热情。

要点 2：准备丰富的道具

角色扮演法要在一种模拟场景中进行，模拟场景要尽可能逼真。场景中的设备必须与现实的情景相似，使演示过程中具有真实性，从而提高大家对演示的兴趣，激发员工的表演欲望。另外，还要准备评价表。评价表是根据大家演示的内容制定出来的。

要点 3：要做好评价

有效的反馈和评价非常重要，积极评价会让扮演者对自己充满信心。或许有些员工担心自己扮演得不好会造成尴尬就不太积极参与，所以管理者一定要在过程中营造一种和谐、积极、平等的气氛。

比如，为了帮助团队成员更好地理解客户需求和体验，可以进行模拟客户和销售的角色扮演活动。这样的活动能够增强团队成员的沟通技巧、问题解决能力和创新思维。

著名的亚马逊公司在团队会议上经常采用角色扮演法，模拟客户和市场情况，并且鼓励创新和想法分享，给团队成员提供展示和分享想法创新的机会。创造一个开放的环境，鼓励他们提出新观点、解决问题，并向团队分享成功经验和教训。

在苹果公司中，每个员工都被要求扮演"顾客"的角色，以了解产品和服务的质量。员工必须通过模拟购买和使用苹果产品，提供反馈和建议来提高产品的质量和用户体验。

在微软公司中，员工经常被要求扮演"领导者"的角色，参与各种决策和管理活动。这种角色扮演可以帮助员工培养领导能力，提高团队协作和管理技能，以推动公司的发展和创新。

2. 翻转课堂

为了进一步检验平时大家对某次培训的学习效果，可以组织员工与讲师进行角色互换。让员工做讲师，结合自身工作中的应用和感受进行分享。利用晚上工作时间，每个员工逐一轮换然后进行分享。这样员工会将所学的课程更好地吸收成为自己的知识，再讲给大家听一遍又增加了对所学知识的巩固，这是一种很好的"用输出倒逼输入"的学习方法。这种分享可以不像培训那样正式，中间可以穿插一些互动环节、游戏环节，增加趣味性。

要想让大家积极参与，有吸引力，还要有设计思维，增加一些游戏元素在翻转课堂中，以下两个要点值得注意：

要点1：制造"痒感"

让想参加翻转课堂的员工进行自愿报名，并将报名要分享的题目、日期、助教写在一个大的海报上，确保海报张贴在团队最显眼的墙上。之所以要张贴在最显眼的墙上，就是想让没报名的人内心有一种"痒感"。

所谓"痒感"，就是看到别人干了一件事情，自己有了想干的冲动，犹豫纠结的感觉。

要点2：制造"魅力"

要把参加这个翻转课堂可以带给分享人的"利益"宣传出来，当然这里的"利益"指的是给大家讲授或分享的利益。比如几个金句就能让很多人立刻提笔去白纸上写上大名。这些能够直击人心的金句有：

➤ 教是最好的学。

➤ 与其坐在台下看别人，不如让自己成为台上的主角。

➤ 人生最大的遗憾不是我做不到，而是本来我可以。

➤ 听到的不是你的，讲出来才是你的。

3. 头脑风暴

在团队中开展创新性的讨论有助于问题解决。例如，苹果公司以其创新设计和独特产品而闻名，经常使用头脑风暴来发现新的想法和解决方案。适度娱乐，缓压释能，游戏产生心流，可以让员工全神贯注、身心投入，忘却时间、代入角色。

管理者要善于将工作场景改变，通过明确的目标，及时反馈，适度挑战，让工作任务化、任务行为化、行为积分化、积分游戏化、游戏激励化、激励日常化。

第六节　AI时代，高效能员工的时间管理秘诀

一只南美洲热带雨林中的蝴蝶，偶尔扇动几下翅膀，可以在两周以后引起美国得克萨斯州的一场龙卷风。其原因是蝴蝶扇动翅膀的运动导致其身边空气系统发生变化，并产生微弱气流，而微弱气流的产生又会引起四周空气或其他系统产生相应的变化，由此引起连锁反应，最终导致其他系统的极大变化。这就是著名的蝴蝶效应。蝴蝶效应，指在一个动力系统中，初始条件下微小的变化能带动整个系统的长期的巨大的连锁反应。

如果把每天的时间都合理利用，那就会像蝴蝶效应一样，长久下来整个团队的效能就会达到最大化。

在职场中，时间是一种非常宝贵的资源。能否合理地管理自己的时间，直接关系到员工的工作效率，更关系到整个团队的整体工作效率。因此，要让整个团队变得高效，需要每个员工都做好个人职场时间管理。

一、明确工作目标

小团队管理者在上午聚焦重点工作的方法也适用于团队中每个员工。因为早晨人们的大脑比较清晰，逻辑思考等都是最高效的时候，所以要高效利用早晨的时间。人们的正向情绪都在上午增长，下午大幅跌落，晚上又回升。最好也倡导员工们在上午的黄金时间集中精力开展重要工作，把汇报、跨团队沟通、电话跟进客户等工作放到下午去做，上午集中精力做重要工作中觉得最难的工作。

开展团队时间管理需要清晰的目标和明确的工作计划，以确保成果的实现。要想让员工工作高效，就需要让员工有明确的工作目标。只有明确了工作目标，员工才会知道自己需要在什么时间必须完成什么任务，达成什么样的结果。

员工制定目标前首先要知道上级分配的任务是什么，所以小团队管理者一定要在分配任务时确保明确，讲清楚你具体要的结果是什么、时间节点是什么时候等。这样员工才能够根据这个大的任务进行分解，制定自己在每个阶段的小目标。有了每一步的小目标，员工接到工作任务后不会觉得难完成，有抱怨、推诿等现象。因为他们看到了完成一个一个小目标并不像自己想得那么难，所以也就会更有信心，员工少了拖延的时间，团队管理者也将重新协调这项工作由谁来做的时间节省了，整个团队的工作效率也会大幅提高。

二、优化团队工作流程

1. 工作标准化

办公室里的每个人看似都很忙，仔细梳理后才发现很多时候忙的工作都是重复性劳动。让重复性工作流程化、标准化，将会大大节约每个员工的时间并提高工作质量。即便有的员工已经十分熟悉某项工作，若不能使之流程化，仍然可能因为忽略某些关键细节而没把事情办好。举个常见的例子，工作中经常会有新员工到工作岗位后，对公司一些基本的工作流程不熟悉，一般第一反应是让他问老员工，这样一问一答的过程其实就是双方时间的内耗。

团队管理者要经常站在新人的角度来审视整个团队的工作流程，把某项工作由几部分组成，每部分又由几个分项组成，它们之间的内在联系如何，每个环节的主要人员及办理时间是什么等形成内部的固定流程单，标准化后共享出来，让新人来了第一时间就能自己看到并自学，这样团队整体时间就会节约很多。

还有一些是不同业务之间协作的工作，有的工作在两个业务中都在做，就要考虑去掉其中一个环节了，用最简单的环节办最重要的事，极简也是工作中提升效率的重要方法。

2. 自我检查法

有时候有的工作做了，但是因为忘记自己是不是做了，又重新做一遍的现象在工作中经常有。为了避免员工因自己遗忘而导致重复劳动，可以在对工作任务的各个环节和要素都了解清楚后，让员工建立一个自查清单。在清单上列出执行步骤，注意详细写明每个步骤的要求和目标，可以细致到每个步骤需要哪些人员参与，需要哪些图表，以及注意事项等，总之越细越好。这个表做好后，可以把它当作工作模板，下次再处理同样的任务时，就可以照着模板执行，节省思考和准备的时间，等任务结束后还可以对照模板查漏补缺，保证工作顺利完成。模板建立好后，还要注意根据工作环境的调整和变化，随时对其进行调整优化，让模板与实际工作要求保持一致。

3. 批量完成同类型的工作

在一个合理的时间段内连续完成重复、同类型的工作，工作效率会按照一定的比率递增，从而大幅度减少完成一定任务量需要的时间。

在团队内部推行批量完成同类型工作就是一种很好的时间管理方式。比如行政人员发放办公用品，如果每个人随时都去领办公用品，那这个行政专员每天几乎没有整块的时间去做她的重要工作，固定好每周某一天的下午集中发放一次办公用品，行政专员的效率就会高很多，才可能会有工作上的其他业绩，这就是让员工批量完成同类型工作的意义。

三、提倡工具化办公

哲学家、数学家阿尔弗雷德·诺思·怀特海说过："文明的进步，来自不假思索即可执行的重要操作的增加。"简单来说，就是人们应该尽可能多地让重要步骤和事项自动化。

1. 紧跟 AI 潮流

科技的发展日新月异，作为职场人要有市场敏锐度。在很多新兴的领域要多学习，对于可以提升办公效率的新事物、新技术要鼓励大家积极使用。比如 ChatGPT 的产生就帮助职场人可以提高很多方面的效率。ChatGPT 是一款聊天机器人程序。它能够基于预训练阶段所见的模式和统计规律来生成回答，还能根据聊天的上下文进行互动，真正像人类一样来聊天交流，甚至能完成撰写邮件、视频脚本、文案、翻译、代码等任务。让员工学习并掌握，就可以在一些工作上极大地提升工作效率，节约很多办公时间。

以运营岗位为例，以前要写一篇文章需要先找素材，构思很久，但是现在很多在线平台都提供了 AI 写作功能。只需要输入想写的主题，发送正确的提问指令，就会立刻看到一篇文章。先不谈论 AI 输出的文章质量如何，这样至少会提供给一些写作思路和灵感，让写作效率瞬间提高很多。

不仅如此，不少公司推出 AI 大模型，推理速度快，还能提供同时理解文本、图像、音频等内容的多模态能力，并且实现了实时语音对话等，这些都将极大提升职场人的办公效率。

2. 善用时间管理工具

高效的工作者不是通过工作更长时间完成更多的工作，而是将有限的时间投入最有价值的工作。为了提升大家的工作效率，可以让员工用以下三个问题来评估正在开展的工作：

- 如何在最短时间内完成这项工作？
- 如何在最短时间内创造更多的价值？
- 我的时间投入产出比是多少？

日常工作中大家经常会面临很多干扰，比如社交媒体、聊天群等很容易让员工分心，影响工作效率。管理者不可能不让大家使用这些，但是可以分享一些好的时间管理工具，或者分享一些自己用的好方法，比如番茄钟工作法，将工作时间划分为25分钟的工作和5分钟的休息，劳逸结合，提高工作效率。员工是聪明的群体，肯定会领会领导的意思。鼓励大家不断去寻找好的时间管理工具并进行内部共享也是一种不错的方式。

3. 80/20时间分配法

对于企业来说，80%的营业额通常来自20%的企业产品或销售渠道；80%的利润往往来自20%的客户。对个人来说，80%的时间被用于处理无关紧要的琐事，只有20%的时间才是真正高效的。

在员工日常工作中，80/20法则同样具有特别的价值。可以让员工把工作任务进行分类，然后再按照紧急和重要程度处理，集中精力把20%的时间投入去完成重要的工作，剩下的时间再考虑处理其他事情。

有效的团队时间管理需要减少浪费，专注于真正重要的事情。所以，团队应当学会合理安排工作时间，以平衡任务紧迫性和个人效率。

四、加强团队协作

高效的团队是所有成员协同合作的结果。加强协作，加强时间管理不仅让每个员工成为受益者也可以让整个团队成为明星团队。

丹尼斯·舍伍德在写《系统思考》一书时曾对顶级的足球队进行过研究。他发现一支顶级的足球队由11个配合默契、独立思考、同时追求个人成功的球星组成，每个球星的价值都比只"做好自己的事"要大。如果每个球星都只"做好自己的事"，控球但不传球，只愿意自己站在聚光灯下，不愿队友们得到机会，这样的球队肯定会输得很惨。因此，为了使球队这个整体聚合表现出高水平，个体的行为就必须受到约束。这样，每个球员在任何时刻准备进行选择时（我应该自己带球通过，还是应该传球），所做出的选择都会是从球队的角度出发的最佳选择（我还是传球吧）。为了促成这种情况的发生，每个球员都必须不停地接收和处理信息流：关于对方球员队形的信息，以及自己队友站位的信息。如果给一名球员戴上眼罩，让他无法得知什么球员在什么位置，他就无法发挥作用。正是这种对信息的持续处理，结合球员自我约束的个人意愿，使得整个球队能够展现辉煌。

五、有张有弛

当然，也要倡导员工学会合理安排工作和休息时间。一整天长时间高强度工作容易导致工作效率下降，并且工作任务的紧迫性等也会导致员工身心紧张和疲劳。学会在办公环境中使用放松技巧，减轻压力和焦虑，对于员工提高工作效率和保持身心健康非常重要。

为了保持团队工作的高效，可以倡导大家在一定工作时间后站起来活动一下，办公室里可以开展的活动有：

➤ 做伸展运动：颈部转动、手臂伸展、腿部伸展等。

➤ 做眼部放松：进行眼球转动、眼部按摩等眼保健操，缓解眼部疲劳。

➤ 把上午或下午工作时间段的 1/2 间隙定为团队"小课间"等。

除此之外，每个人的职场时间管理方法和经验都不相同，管理者要带领员工不断总结和改进时间管理的方法。

像管理高手一样思考

（1）你经常充当"救火队长"吗？打算如何改变？

_____

_____

（2）一日之计在于晨，你每天上午的时间是如何分配的？

_____

_____

（3）午餐时间你在向上、向外、向下社交三方面中，哪方面做得不好？接下来的改变计划是什么？

_____

_____

（4）你打算今后如何提升团队会议质量？

_____

_____

（5）心流时间下的"游戏式学习坊"对你有什么启发？

_____

_____

（6）AI时代下，你还想做哪些更好的提升团队效率的尝试？

_____

_____

第七章 07

自我精进，
你是高绩效团队里的"灯塔"

如果一株百米高的橡树拥有和人类一样的心灵，那么它顶多能长到十米。

——哈维·艾克

第一节　要管理好一个团队，首先要管理好自己

曾经有人做过这样一个调查，就是把同样的员工由不同的团队管理者管理后，产生的业绩相差甚远。从这个结果可以看出，一个团队管理者对这个团队的业绩影响之大。

这个世界上没有十全十美的事情，也自然不会有十全十美的个人。管理者在带团队过程中有两个角色，一个角色是团队的领导者，另一个角色是需要不断进化的自己。

彼得·德鲁克认为："一个人能否真正管理他人还有待进一步证明，但管理自己是始终可以的。"要想管理好一个团队，首先要管理好自己。在管理好自己的众多方面中，比较重要的三个维度是：自我认知管理、个人形象管理、信誉管理。

一、自我认知管理

在古希腊的雅典，德尔菲神庙的阿波罗神殿门前的一根石柱上，刻着这样一句话："人啊，认识你自己。"这句话曾引起无数人的深思。

知人者智，自知者明。清楚地认识自己，是任何人在做任何事情前最重要的一件事情。

认识自己，有的人看到这四个字可能心想："真可笑，难道我还不了认识我自己了？"有的人觉得肯定认识自己，但是这个认识往往只停留在宏观层面。有多少人花时间来专门来认识微观层面的自己？宏观层面的自我认识一般用很优秀、很出色、业绩突出等这样的词汇来形容。但是微观层面的自我认知应该与真实、视觉化、具体化这三个关键词相对应。

1. 活得真实

在莎士比亚的戏剧《哈姆雷特》中，波洛涅斯向他的儿子雷欧提斯提出建议说要忠实于自己，告诉他最重要的事情就是做真实的自己，而不是伪装、矫饰，要准确进行自我评价。

日常中有很多团队管理者其实是处在一种"拧巴"的工作状态中。对员工提的很多要求自己都没有做到，还要假装自己很厉害的样子，这样的"伪装"就是一种"拧巴"的状态。

还有一些被调到新的团队担任管理者的人，虽然每天看似很忙碌，对下属说要爱岗敬业，但其实自己并不喜欢现在的工作，享受不到工作过程中和同事同频共振的工作心流，更何谈带着团队去拼，去创造佳绩！"己所不欲，勿施于人"，做管理也是。

首先你要发自内心地热爱你的岗位、热爱你的工作、热爱你带领的团队，你才能在悦己的同时带出一支高绩效的团队。

27岁创办京都陶瓷，52岁创办第二电信的日本著名实业家稻盛和夫曾提出：要想成功，要想取得卓越的成就，就必须先热爱乃至痴迷自己的工作。

痴迷自己的工作，这是多么好的一种对工作状态的形容。不仅要热爱自己的工作，同时要让自己成为团队的榜样，做到言行一致。不论你身处何方、身处何位，任何时候只有知行合一，才可能创造佳绩。

要知道，下属会仔细观察管理者的言行举止，每天拿着"放大镜"观察管理者。他们可以从管理者的言行作风中看出他相信何种事物、珍视何种价值。平时多问自己这三个问题，就可以随时做到自省。

问题1：我的言行举止足以成为榜样吗？

问题2：我的言行一致吗？

问题3：我的表现和我所提倡的价值观一致吗？

2. 视觉化分析自我

视觉化分析自我，就是通过明确的自我分析，通过表格、记录、图画等形式帮助自己更清晰地认识自己。要想让视觉化呈现出最好的效果，可以借用一些工具模型先分析，再视觉化呈现分析结果，比如在社会比较理论、SWOT模型分析的基础上再视觉化呈现，就是一种很好的认识自我的过程。

（1）社会比较理论

社会比较理论是由心理学家利昂·费斯汀格提出的，指的是很多时候只有通过与他人进行比较，人们才知道自己是谁，有什么能力。也就是说在评估自己能力水平时，把其他人作为标准进行比较。比如上学时的成绩，你拿到成绩后怎么知道考得好还是不好呢？你需要参照全班同学的成绩，比如最高分、平均分等。所以，认识自己的过程也需要有对标对象。

（2）SWOT分析模型

在理解了社会比较理论后，再来看SWOT分析模型就简单了很多。这个模型由著名的竞争战略专家迈克尔·波特提出，原本用在企业内部分析上，是对企业所处的情景进行全面、系统、准确的研究，从而根据研究结果制定相应的发展战略、计划以及对策等。这个模型也同样适用于个人进行自我分析，并且很直观。

每个团队管理者只有认真对自己进行分析，才不至于总陷入自我感觉良好，看不到自身劣势，没有前瞻意识看不到威胁的状态中。用深度分析来不断激发自己的深层次思考，是团队管理者自我成长的一个有效途径。

SWOT分析模型中S（strengths）代表优势，W（weaknesses）代表劣势，O（opportunities）代表机会，T（threats）代表威胁。如何用SWOT分析模型进行自我分析？有三个步骤、三个要求，分别如下：

第一步：理解模型，画出框架

在A4白纸上画一个矩阵图，在左上方写S，右上方写W，左下方写O，右下方写T。

S	W
O	T

第二步：对照关键词，写出真实的自我现状

在下表对应的优势区、弱势区、机会区、威胁区分别写出三点自己的具体方面。

S（strengths）优势区	W（weaknesses）弱势区
1. 2. 3.	1. 2. 3.
O（opportunities）机会区	T（threats）威胁区
1. 2. 3.	1. 2. 3.

第三步：白纸黑字，认真回答三个问题

（1）通过自我分析，我发现了什么？

_____

（2）我此时此刻有什么感受？

_____

（3）我的后续具体计划是什么？

针对优势：

针对劣势：_____

针对机会：_____

针对威胁：_____

结合以上的自我分析，你才会看到具象化的自己，知道自己的优势、劣势、机会、威胁，并有了明确的改进计划。认识自己之后，最重要的是要有后续的具体行动。

沃伦·巴菲特曾说："能力圈的大小并不重要，清楚自己的能力圈边界才是至关重要的。人最可怕的认知偏差是盲点偏差，看不到自己的不足，就是'不知道自己不知道'。"

能力圈就是了解自己能力的边界，在这个边界里面做事，就能比别人更有优势。了解你的能力圈可以改善决策和结果。当你知道自己的不足时，就会知道自己的弱点以及可改进的地方。

3. 不做"穴居人"

一个好的团队管理者可以激发员工的工作积极性和热情。团队管理者应该成为员工的榜样和引导者，给予他们正确的方向和指导。不仅如此，还应该具备良好的沟通和管理能力，与员工保持良好的关系，及时解决他们的困惑。

能够用自身影响力激发员工的工作热情，让他们更加投入和热爱自己工作的团队管理者才是一个成功的管理者。

一位知名撰稿人在一篇文章中说："一个管理者，若没有权力的加持，他只是普通人，不是超人。世界上最能腐化人的是权力，甚至包括财富，也是权力的一种衍生物。如果管理者能够清醒地意识到自身的所谓影响力、所谓威信，背后是公司赋予的权力的光环，就会谨慎地运用权力，谨慎地在制度的轨道之内让权力最有效地发挥作用，而不能成为'权力洞穴中的穴居人'，因为'穴居人'的思维是封闭的。"

在这个不断变化的 VUCA 时代，小团队管理者思维上有封闭性是可怕的。要让自己走出管理上的这点小权力的洞穴，就要从知道自己只是个普通人开始。

二、个人形象管理

管理者展现出的样子就是别人看到的样子，很少有人能知道自己真正的样子。

1. 服装形象

莎士比亚曾经说：一个人的穿着打扮，就是他的教养阅历和社会地位的标志。你的形象很重要，着装、发型、讲话方式、办事风格等随时都在帮你塑造外界对你的印象。

心理学家和传播学家艾伯特·梅拉比安曾提出了"55387 定律"。这个定律讲到在日常工作生活中，一个人的印象 55% 体现在外表、穿着、仪容方面，38% 是讲话时的语气、语调、肢体语言等，7% 是讲话者所讲的具体内容。所以，不要忽略你的服装形象，要重视你的服装形象。

在平时的着装中比较常用的方法是"5-3-1 穿衣法"，具体如下：

5：指的是一周 5 天工作日，最好每天穿不同的服装。

3：指的是全身服装颜色搭配不超过 3 种。因为研究显示，一个人身上的颜色多于 3 种，就会显得凌乱。

1：指的是有时候 1 处点睛之笔胜过烦冗复杂的多种装扮。

作为管理者，要有自己的穿衣风格。从形象美学专业角度来讲，这个风格是从服装的量感、形态、轮廓三方面展示的。其中量感受服装的质地、颜色、质量共同影响。小量感的服装显得年轻，中量感的服装显得平稳大气，大量感的服装显得沉稳大气。平时穿的服装面料最好选择质地较好、厚度适中的面料，首选棉、羊绒、羊毛等，避免选择过于薄、透或易皱的面料。在职场穿搭中，图案的选择也十分重要，比如有的行业要避免过于花哨、繁复的图案。任何时候，展现出干练、利落感觉的服装都不会出错。

对于女性管理者，通勤类职业装风格的、彰显气质的服装都是不错的选择。如果在工作中穿职业装比较多，可以搭配一枚精致的胸针，提升整体感觉。如果全身都是黑色系的服装，那不妨搭配一个红色的有质感的小手包，也是一种点睛之笔搭配法。

对于男性管理者，黑、白、灰、藏蓝等是常用的服装基础色，当然也可以选择其他色系。但是，一定注意做好搭配，务必注意细节。对于金融业从业人员和律师来说，西装、衬衫是标配，就要注意穿深色皮鞋时不要配浅色袜子，西装裤腿要盖过脚面，穿西装时西装纽扣不能全部扣上，最下面的一颗一定要解开等。

当然，不同行业有不同的着装风格，任何时候坚持干净、整洁是第一要素。

不论在什么类型的企业中，不论带领什么样的团队，团队管理者都需要穿出管理者该有的样子。

2. 品格形象

每个团队都有属于团队本身的特有"基因"，这个"基因"很大部分来自这个团队的管理者。**小团队管理者不仅是一个独立的个体，更是一个重要的点灯人，并且会把灯火传给每个团队成员。传的是什么？传的是属于管理者自己的"特性"。**

每个人都喜欢德高望重的领导，作为小团队管理者，如何成为大家喜欢并愿意追随的人？你的行为、你的大事件处理方式等日积月累会成为员工对你品格形象的判断依据。

古今中外，优秀的团队管理者虽然握有职权，一般却不会利用职权去强迫下属，而是通过言传身教进行潜移默化的影响。当下属对管理者有了崇拜之心，管理就变得轻松了。

如何建立良好的品格形象？两个重点：公平公正、不独揽功劳。

（1）公平公正。自古以来，都讲究"以德服人"。有一个很优秀的技术骨干离职，因为他发现一直敬仰的领导在一件事情的处理上，为了保护一个过错员工的利益，刻意颠倒黑白把责任归咎到另一个人身上，他对上级管理者失去了追随的信仰，所以决定离职。可见，一个团队领导者在管理员工时坚持公平公正的原则是多么重要。

（2）不独揽功劳。担任领导并不意味着给你授予了王冠，而是赋予你一项职责——帮助其他人发挥身上最好的潜质。有的管理者在向上汇报时夸大自己的功劳，完全不提及下属在具体实施时付出的努力和巨大贡献。事后被下属们知道后，觉得自己的上级是一个抢功劳的人，所以在后续的工作中积极性大打折扣。管理者正确的做法是基于事实公开透明，极度求真。把有核心贡献人的功劳透明化，面对集体荣誉做到荣誉和奖励共享。

三、信誉管理

信誉可以分为两个关键要素：能力和可信度。能力指的是知识、技能、专业水准；可信度指的是一个人是否值得信赖，价值观是否被其他人认同。不仅如此，信誉的积累还在于日常，比如对上承诺的事情一定要办到，对外能够帮助并且达到双赢的事情一定去帮助，对下能够规划员工未来的发展。

古希腊科学家阿基米德在《论平面图形的平衡》一书中提出了杠杆原理。杠杆会使付出的努力产生巨大的效果。如果你获得信誉，人们就会慕名而来，机遇也会来找你，资源也会涌向你，这就是信誉带来的杠杆效应。

第二节 双向发展，既是"管理精英"也是"业务专家"

遇到职业瓶颈，产生职业迷茫，任何人都可能会有，即使团队管理者也可能会有。

有的小团队管理者突然觉得自己不像以前那样被上级领导重视了，觉得自己的管理权力慢慢被减弱。如果在自己的岗位上还有备岗，内心中难免会产生危机感。如果你也有同感，出现这种现象的原因之一，可能是你没有了核心竞争力和稀缺性。

在这个不奔跑就会落后的时代，要想具有核心竞争力和稀缺性，就要避免单腿走路。

一、避免单腿走路

实际工作中，团队管理者经常容易出现两极分化，单腿走路的现象。常见的有两类管理者，分别是彻底放飞型管理者和角色未转换型管理者。

1. 彻底放飞型管理者

一看到彻底放飞型管理者这几个字就很容易让人联想到一幅很惬意、放松并略带放纵的工作画面。通常彻底放飞型管理者在新晋管理者中比较常见，有一些新晋管理者因为之前在基础岗位上一直从事具体工作，初次被提拔为团队负责人，掌握管理权限后便过度放飞自我，以为升职就是"纯管理"，庆幸自己终于脱离了业务，把工作全分配给手下员工去做，自己只是进行审批、开会等非业务类的工作。

然而，因为不深入一线业务，不亲自参与一些重大工作项目，时间长了很容易把管理做成了只管表面、管不到内在的虚拟管理。这样的虚拟管理会让自己在向上汇报时缺乏汇报深度，向下管理时缺乏服众基础，久而久之就会失去自己的核心竞争力。

2. 角色未转换型管理者

以研发型企业中的管理者为例，因为很多研发团队的管理者是技术背景，之前一直做具体技术开发工作，被提拔为团队管理者后因为身份角色未及时转变，依旧只重视技术轻管理，觉得技术大于一切。对于向下沟通、跨团队沟通、团队内部建设、人才培养等几乎都不重视。这样的管理很容易造成人才流失，即使团队技术积累很好，但是缺乏团队凝聚力，大家因为得不到重视，觉得没有团队归属感而各奔东西，最终团队内部管理陷入僵局。

要想成为一名优秀的团队管理者，切忌单腿走路，把自己局限在纯管理或纯技术上都不是上策。真正有竞争力的团队管理者通常是双腿走路，因为这样才能走得更远。

二、综合发展

外界对"管理精英"的定义有很多种，比较恰当的一种定义是在团队中具备出色管理能力和领导素质的人才，不仅要拥有卓越的沟通、决策、协调和团队建设能力，还要能够推进团队目标达成。

业务专家是在特定领域或行业具备丰富经验，对于自己所从事的领域了如指掌，在相关业务方面具备卓越的技能和洞见的人，通常在解决问题、提供建议、执行实施和创新领域中发挥重要作用。

在当今激烈的竞争环境中，管理者面临着巨大的压力和挑战，不仅需要具备出色的管理能力成为优秀的"管理精英"，还要具备深入的行业知识和专业技能成为"业务专家"。在这方面做得好的国内外知名人物有很多，比如杰夫·贝索斯，他作为亚马逊的创始人和首席执行官就是一个典型代表。杰夫·贝索斯不仅是一位卓越的管理者，还是一位业界公认的业务专家。他在创建和发展亚马逊的过程中，不断学习和研究行业趋势，积极参与业务决策和创新。他的成功是同时兼顾管理和业务能力的典范。还有赫伯特·诺斯特·施瓦布，他是菲利普斯石油公司前首席执行官，被认为是一位出色的管理者和业务专家。他在石油行业的深厚知识和经验使得他能够领导公司应对行业挑战和变革。

在现代商业环境中，要求管理人员具备深入了解业务的能力。同时，业务专家需要具备一定的管理和领导技能，以更好地协调与管理。管理精英和业务专家两方面发展可以促进不同领域的沟通和理解，为跨团队合作打下基础。

一般的晋升路线有管理层级晋升和专业路线晋升两个方向。晋升为团队管理者之后，如果只是纯管理，不再涉及业务，把工作全让下属干，在最初影响不大，但是长久来看，其实会让自己的竞争力消失，信服力消失。**如果还没有晋升到很高的管理级别，就不要丢了专业，多干一些，把雪球滚到最大。**

管理者要在专业领域内拥有深入的专业知识和技能，同时关注并学习与管理相关的知识和技能，如战略规划、领导力、沟通与协调等。通过综合发展，使个人成为综合能力强大的管理精英和在特定领域中有优势的业务专家。

1. 制订个人发展计划

制订个人发展计划，明确自己的学习目标和计划，并定期进行评估和调整。

2. 不断扩充领域知识

持续学习并保持对行业最新趋势的了解。参加相关培训、研讨会、行业活动，与同行交流，拓宽自己的业务视野。时刻关注行业动态，了解行业趋势和发展方向，阅读相关行业报告，有高质量的精准信息输入。

通过跨学科学习，可以在不同领域间建立联系，掌握不同领域的知识和技能。这有助于拓宽视野，提高问题解决能力和创新能力。

3. 寻求挑战和专业成长

主动寻找并承担对业务知识和技能有挑战的项目。通过接触复杂问题和解决方案，提高自己的判断力和应变能力。还可以寻找导师提供意见和经验，帮助自己进一步成长和发展。

4. 培养卓越的管理技能

除了业务专业知识，管理者还需要具备出色的管理技能。投入时间和精力来学习和培养有效的沟通、协作、决策和领导力等方面的技能。通过培训、阅读管理书籍和参与领导力发展项目，不断提升自己的管理能力。

5. 实践锻炼

要想保持长久的竞争力，即使已经成为团队管理者也不要让自己与团队的专业技术脱轨。要让自己不仅做好管理，也要成为技术专家。通过深入参与实际项目和业务活动，将管理理论与业务实践相结合，不断提升自己在实际工作中的能力和经验。主动参与涉及特定业务领域的项目增加对业务的理解和经验。

利用公司对管理干部开放的轮岗机会，主动申请跨部门锻炼也是快速提升管理能力的途径。比如：业务型团队管理者可以申请到职能团队中轮岗一段时间，也是快速掌握知识的有效途径。

主动寻求更高级业务专家的指导和建议，从他们那里学习并获得实践经验。加强和更高阶管理者的沟通，多请教，从优秀的榜样身上汲取经验，不断提升自己。

6. 每天反思和记录

养成每天反思的习惯，思考当天在业务上的成绩，还有哪些需要改进的地方，记录自己的思考和学习过程，建立个人知识库，使其成为双向发展的持续参考。

三、应对挑战

双向发展需要个人在时间和资源上做出一定的投入。不仅成为管理精英还要成为业务专家，这需要花费较多的时间来提升自己全方位的能力。

拥有管理和业务领域的知识和技能将使自己更具竞争力，适应快速变化的商业环境。通过持续学习，参与跨职能项目和工作，实现在两个角色上均衡发展。尽管面临一些挑战，但这种双向发展对于个人和组织都会带来长久的价值。

第三节　学会宣传，你和团队的品牌价值千万

宣传和推广已经成为这个时代个人和团队提升品牌价值的重要手段。正如著名市场营销专家塞思·高汀所说："没有宣传，就没有生意。"

乔布斯成功将苹果品牌塑造成一个与众不同、创新领先的形象。通过独特的产品设计、精心策划的宣传发布活动和引人入胜的演讲，他成功吸引了全球消费者的关注。

商业明星顾问汤姆·彼得斯曾说："不论你多大，身兼何职，也不考虑我们所处的商业社会，每个人都必须知道品牌推广的价值。我们就是自己的CEO。身处今日的商业社会，我们的首要任务就是要做好个人品牌的营销官。"汤姆·彼得斯还说："每个人必须把自己的工作、部门整合到一起，让他们都隶属于'你'这个公司，每个人必须拿出让人惊叹的东西来，才能有立足之地。"

工作中其实也一样，团队管理者需要带着大家被看见，被看见才有更多机会和资源。

想要被看见，就少不了宣传。如何高质量宣传？

宣传是一个长期的过程，需要坚持与持续投入才能实现长远价值。宣传主要有两种形式：一种是向公司外部宣传，一种是在公司内部宣传。向公司

外部宣传，有正式宣传和非正式宣传。正式宣传一般是以团队产品、团队服务等为主的介绍宣传。非正式宣传主要是团队管理者和团队成员的非工作场景中，通过在个人社交媒体（微博、微信、小红书、知乎）等平台发布的日常记录，形成宣传效应。

在各大平台上积极建立个人和团队的品牌形象，发布有价值的内容、互动和回应粉丝等，也是塑造团队品牌形象的过程。

一、重视社交媒体

1. 真情会被放大

自媒体时代，如果选择做一个隐形人，那就是放弃了一个人人都可能被看见、被放大势能的机会。

有一位老师曾是新东方的功勋教师，现在是新东方直播间的负责人。她在微信、微博等社交媒体上经常会分享和团队成员一起努力的照片。有一次她发的是和团队成员在冰冷的图书仓库披着军大衣现场直播的照片，有一次她发的是为了帮用户选到好产品她和大家出差外地在艰苦环境下实地考察的照片。有一次她在混沌商学院的大课上分享了新东方直播间从零到亿的"一"思维。她的个人分享让越来越多关注她的人被"新东方人"热爱工作的激情所感动。原本只关注她的人，开始关注新东方直播间并相信她的团队带给大家的都是甄选好物。她让越来越多的人看到了她的团队很了不起。

如果你的团队成员很优秀并努力，他们就值得被更多人看见。不用刻意放大任何素材，利用社交媒体真诚表达和分享团队的成长过程、高光时刻，就会带来意想不到的惊喜。

发自内心挚爱团队，真情流露并及时分享，你就是团队品牌形象的塑造者。

真情和真实，是天底下最打动人的。你越努力，你就会获得更多支持。你的团队越努力，就会吸引到更多的资源。

2. 多做个人分享

作为职场人，在社交媒体的宣传上要呈现职业化。有输出才会有输入，团队管理者可以分享自己在管理方面一些好的经验、心得等，形成有影响力的"指尖文化"，可以参考的形式有：

（1）**分享每日精进金句**。每周在社交媒体上分享一些关于管理方面的思考、技术上的思考等，以金句形式分享。

（2）**发表原创文章**。通过微博长文、微信公众号、知乎等平台全网发布自己的管理经验，分享自我精进心得体会等。乔治·奥威尔曾说："如果你无法写好文章，这意味着你无法好好思考；如果你无法好好思考，那么其他人就会代替你思考。"你写的是一篇文章，在多个平台发布后就相当于一次付出多次呈现。你不仅通过输出文章将自己的知识体系化。并且大家会为你的文笔和系统思考成文能力折服，你可以逐步成为相关方面的"分析高手"，最终形成个人影响力，随之带动很多团队合作的可能。

（3）**发表短视频**。新媒体是不需要许可就能使用的"杠杆"，在原创输出的金句、文章基础上进行提炼、整合，将精华内容用短视频形式呈现，在视频号、抖音、小红书、微博等平台发布，会收到意想不到的惊喜。发的内容对"粉丝"必须有用、有价值，利他思维是核心。把好的观点、经验等分享出来，当别人看到你的专业性时，后续团队寻求外部合作、产品推广时，会更有机会。

二、参加公开演讲

《演讲的本质》作者、国际顶级演讲导师马丁·纽曼提出了"3V 理论"，"3V"即视觉（visual）、听觉（vocal）、语言（verbal）。纽曼认为在一场演讲中演讲者是通过视觉、听觉和语言去影响观众的，演讲对于一个人的个人品牌作用重大。的确，成功的演讲会让现场的观众快速对讲话者产生认同、信任和好感。如何做好公开演讲？

1. 在内部培养感召力

小团队管理者很多时候只抓业务而忽略了个人感召力的运用。语言的力量是无形的，但却是强大的，管理者要善于用自己的语言感召力来带团队。最好每半年组织员工开展一次个人演讲或正式分享，这种团队管理者的文化传递会发酵、激发团队成员，起到的效果超乎想象。

2. 在外部公开演讲

公开演讲是提高知名度和影响力的有效手段。利用演讲机会可以展示专业知识和经验，向受众传递价值观，提高个人或团队的声誉。小团队管理者可以经常参加外部演讲，通过讲台上的分享，让自己被更多人认识，进而触发更多人深入了解你的团队，最终认可你的团队产品，促成更多合作。

先认识，才可能合作，才可能创造无限合作可能。

新东方创始人俞敏洪每次参加外部大型演讲时，他的演讲中有对很多时事热点的认知看法分享，更有他对新东方这个大团队的积极宣传。新东方在俞敏洪的带领下有一种不服输的韧劲。东方甄选在红遍全网后又推出了新的文旅产品。现在东方甄选很受市场欢迎，很大一部分原因是俞敏洪在公开演讲等场合的宣传效应。

小米创始人雷军，自2020年起每年都会举办一场大型个人演讲。他的演讲不仅讲他自己的故事，更是和小米的产品宣传有机结合在一起的，毋庸置疑这种推广效果非常好。

公开演讲很重要，然而要做好一场公开演讲，需要提前做到以下几点：

（1）设计吸引人心的开场。一个好的演讲开场白可以激发观众的好奇心，迅速建立和听众之间的感情，拉近心与心之间的距离，让大家愿意听下去。演讲中典型的开场白有四种形式，分别是开门见山式、赞美观众式、提问式、故事式。相对来说以故事开场的形式比较常见，这样比较容易吸引听众的注意力。然而，要以故事开场，就需要提前设计要讲的故事。

（2）提前准备好自己的故事。英文内容营销中有一个流行词叫 storytelling，直译成中文就是"讲故事"。内容营销的本质，就是把自己的故事用别人喜闻乐见的方式进行表达，这样可以激发受众的兴趣，搭建起品牌与客户之间的桥梁。讲好一个故事只需要七步，分别是目标、障碍、努力、挫败、意外、转折和结局。

可以尝试用个人品牌故事模板来讲自己的故事。先讲述自己普通、平凡的事实，这样可以让听众快速产生代入感，产生"我也是这样的人啊"的共鸣。然后讲述初心、梦想和曾经做某件事情的动机，获得认同感，觉得这件事情有意义。讲故事的过程加入跌宕起伏的亲身经历，比如曾经被轻视、打击等细节，并且带上丰富的情感让故事更逼真。经过自己坚定的信念和不断努力，终于柳暗花明，获得了某方面的成功。当然，讲关于自己的故事一定要与想表达的主题相关。

好故事需要具备的四大要素，分别是曲折的情节、丰富的情感、生动的细节和突出的主题。

3.提前准备好自己团队的故事

团队故事是指发生在管理者和团队成员之间的故事。团队故事是管理者对团队中发生的有重大意义的事情的浓缩和提炼，好的团队故事可以让大家明白团队有怎样的文化、怎样的价值观、怎样的工作方式。

在团队故事中要重点描述团队的工作状态、工作氛围、团结向上的团队文化。一位非常著名的教育集团创始人在一次对外演讲中，为了体现他是带着一群年轻的毕业生在创业，分享了这样一个故事。

他说，在他们公司有一个要求，就是每人每天都要在钉钉里提交工作总结，每天都要写工作日志。目的是让大家及时复盘当日工作。有一天，他看到一个"95后"实习生钉钉里的工作日志写着："我太难了，每天要面对这么复杂的关系。"紧接着看到一个"90后"员工在下面留言："我也太难了。"这个"95

后"实习生回复："我是个宝宝。""90 后"员工继续说："我也是个宝宝啊。"

在这位教育集团创始人分享的故事中，他提到了一个细节就是团队全员写工作日志。围绕员工写工作日志发生的事，让听众既感受到他们团队成员的年轻有为、风趣幽默，还有轻松开放的工作氛围，进而也对团队有了更深刻的认识。

三、不忽视企业内的宣传

除了要在外部提升个人和所带团队的影响力，还要重视企业内部的宣传，内部宣传是获得更多上级认可的重要桥梁。

管理者要让团队成员、团队业绩在企业内被高级领导、被更多同事看见，让团队成为所在企业的"明星团队"。

公司内宣传团队的途径有通过公司办公系统宣传、公司社群宣传、公司官方外部媒介宣传等。及时将团队成员先进事迹、团队事迹等素材组稿提供给公司相关部门，配合公司宣传部门进行宣传也是非常重要的一项工作。

有的小团队会有项目助理或行政助理等岗位，团队内部宣传工作安排起来比较容易。当小团队里没有这个岗位时，把兼职宣传的工作安排给任何一个员工，大家都会觉得是工作之外的事情。想要把内部宣传工作有效推进，可以参考以下方法：

（1）发掘团队中有宣传才华的人，赋予此项工作职责，并就这项工作和员工达成共识，列入员工的考核指标、明确加分项等。

（2）没人愿意承担此项工作时，采取轮流制。因为一年轮不到几次，可以采取比拼形式，内容优质的给予奖励等。

有一点要注意，那就是不抢功劳。有的团队管理者在员工的稿件上署自己的名，员工表面说没什么，内心很介意。所有人都想让自己发光，不要抢占员工的功劳。比如，在一些细节处理上，拟稿人写员工名字，审核人写自己。这些细节处理好了，就会激发大家的积极性，整个团队的宣传意识会越来越强。

写作，写着写着就会有"手感"；宣传，宣传着就会有"宣传感"。当宣传感在整个团队流行时，团队会越来越正向积极。

打造高绩效团队过程中，有时候一件事情做好了会牵动其他很多事情顺利推行，甚至产生惊喜。

四、众人拾柴火焰高

一个团队的业绩好不好，能不能成为一个高绩效团队，不是团队管理者拼命、事必躬亲的结果，而是团队集体努力的结果。

团队管理者个人品牌很重要，毋庸置疑。但是，真正让团队强大，经历外部检验后能够收到各方客户好评，靠的是组织整体的力量。

众人拾柴火焰高。对一个小团队来讲，组织力量就是团队中每个员工充分发挥潜能后的合力，员工潜能一旦被激发，这种合力将非常大，甚至产生奇迹。最初很多资源要靠团队管理者的个人品牌去获取，但最终能够产生更大效力的是整个团队的团队品牌。

每个员工都是团队品牌的塑造者，每个员工也都是团队品牌塑造事业的"合伙人"。

当团队成员都有了这样一个团队品牌意识，最终团队将势不可挡，变得卓越。职场路上，每个人走过的每一步都算数。不仅是团队管理者，所有努力奋斗过的团队成员最终都将走向各自职业生涯的下一个巅峰，因为他们在一个高绩效团队中有一个了不起的管理者。

第四节　深度复盘，从反思中找到提升效率的捷径

复盘，来自围棋领域的一个术语，也称"复局"，指对局完毕后，复

演该盘棋的记录，以检查对局中招法的优劣与得失关键。客观地表现出来，即当时是如何想的，为什么走这一步，是如何设计，预想接下来的几步。棋手通过还原整个过程，反思自己当时的下棋思路，从而思考整个过程。这个方法也可以用在管理中。

通过复盘，一方面可以发现团队中过去做得不好的地方，找到问题原因，制定改进方法；另一方面，也可以发现团队做得好的地方，提炼出可以强化的好的方面或是改进现有工作方法，让团队有所提升。

古诗中有这样一句"不识庐山真面目，只缘身在此山中"。这句话也同样可以用在管理中。管理者需要每隔一段时间，从工作的场域中抽离出来，留出时间进行反思。

深度复盘，是管理者对过去一段时间的工作进行全面回顾、总结和分析的过程。通过深入挖掘问题根源，找出问题的本质和关键因素，并制订相应的改进计划，以提升个人能力和团队绩效。

一、常用复盘四步法

管理者总是各种日程排得满满的，觉得不停赶路很重要，但是适时停下来进行深度复盘也很重要，深度复盘可以按照如下四步来实施：

第一步：收集和整理数据

深度复盘的第一步是收集和整理与工作相关的数据和信息。这包括项目进展情况、团队成员的工作表现、客户反馈等。通过收集和整理数据，管理者可以全面了解工作的情况和问题。

第二步：分析问题的本质

在收集和整理数据的基础上，管理者需要对问题进行分析，找出问题的本质。这可以通过提问、讨论和倾听团队成员的意见来实现。找出问题的本质是解决问题的关键，也是提升个人能力的基础。

第三步：制订改进计划

在分析问题的基础上，制订相应的改进计划。改进计划应该包括具体的目标、步骤和时间表，以确保改进计划的实施和监控。制订改进计划是解决问题和提升个人能力的关键步骤。

第四步：落实改进计划

制订好改进计划之后，积极推动改进计划的落实。这包括对团队成员进行培训和辅导，监督工作进展，及时跟进问题的解决情况等。只有将改进计划落实到位，才能真正解决问题和提升个人能力。

二、深度复盘的工具

深度复盘的工具有很多，如下就是管理界比较常用的复盘工具，团队管理者可以根据不同的复盘内容选择适合的工具进行复盘。

1. 常见复盘方法

5W1H法，5W1H法是一种常用的复盘方法，它通过回答五个W（what、when、where、who、why）和一个H（how）的问题，来全面了解事件的各个方面。通过5W1H法，可以梳理出事件的全貌，并找到事件发生的原因和背后的问题。例如，当团队在某个项目中取得不理想的成绩时，可以通过5W1H法找到问题的根源，并进行改进。

4P法，4P法是一种用于分析问题的方法，它包括问题、原因、解决方案和措施四个要素。通过这四个要素的分析，可以找到问题的原因和解决方案，并制定相应的措施。例如，团队在某个项目中出现质量问题时，可以通过4P法找到问题的原因，从而制定改进质量的措施。

PDCA循环法，PDCA循环是一种持续改进的方法，它包括计划（plan）、实施（do）、检查（check）和行动（action）四个阶段。通过这四个阶段的循环，可以不断分析和改进团队的工作。例如，团队管理者可以根据团队的实际情况进行计划，然后实施计划并进行检查，最后根据检查结果进行行动。

假如你是销售团队的管理者，今年一次重要的销售活动成绩不理想。使用 5W1H 法，可以找出销售活动不理想的原因和问题。原因可能是团队成员在活动前没有充分准备和培训，问题可能是团队在销售过程中没有充分了解客户需求和竞争对手信息。

使用 4P 法，可以分析销售活动的问题和解决方案。问题可能是团队在销售过程中没有充分了解客户需求和竞争对手的信息，所以解决方案是加强市场调研和客户沟通，并制定针对性的销售策略。

使用 PDCA 循环，可以制订改进计划，计划在下次销售活动中加强团队的市场调研和客户沟通，实施计划并进行检查，最后根据检查结果行动。

还有一些针对某典型项目的复盘如下：

序号	方法	主要步骤
1	KPT 复盘法	·K（keep）：有哪些方法后面需要继续保持 ·P（problem）：遇到了哪些问题 ·T（test）：有什么想法可以在下次进行测试，尝试改进
2	3R 复盘法	·record 记录：完整记录事项推进的过程，以便反思每个步骤的合理性 ·reflect 反思：反思项目过程中做得好的，做得差的 ·refine 提炼：从实践中提炼方法，形成方法论，制定统一标准
3	KISS 复盘法	·K（keep）：需要保持的 ·I（improve）：需要改进的 ·S（start）：需要开始的 ·S（stop）：需要停止的
4	GRAI 复盘法	·G（goal）目标回放：对目标进行回顾，明确工作/项目的目标 ·R（result）结果评估：基于目标评估是否达成，差距在哪里 ·A（analysis）过程分析：分析关键事件/动作，回顾形成差距的主观原因和客观原因 ·I（insight）规律总结：针对差异原因制定改善措施并形成经验总结
5	STAR 复盘法	·S（situation）：情境，即描述背景，当时所处的环境或者面临的挑战 ·T（task）：任务，指描述当时的任务，或在当时环境下所承担的职责 ·A（action）：行动，即表述团队如何克服挑战 ·R（result）：结果，解释所采取的行动产生了什么结果，学到了什么

2. 常用复盘工具

（1）SWOT 分析。 SWOT 分析也是一种常用的复盘工具，能够帮助团队管理者分析团队内外部的优势、劣势、机会和威胁。通过 SWOT 分析，团队管理者可以了解团队在项目或活动中的表现，并在此基础上制定改进措施。例如，当团队在某个项目中表现出色时，团队管理者可以总结团队的优势，并找到进一步提高的机会。继续上面的例子，你是销售团队的管理者，今年在一次重要的销售活动中团队成绩不理想，你决定进行复盘。使用SWOT分析工具，可以分析团队在销售活动中的优势、劣势、机会和威胁。可能发现团队的优势在销售技巧和产品知识方面，劣势在销售团队协作和市场竞争力方面，机会在客户需求增长和市场扩展方面，威胁是竞争对手的价格战和市场份额下降。

（2）五力模型。五力模型是一种用于分析行业竞争力的工具，包括竞争对手、供应商、顾客、替代品和新入者五个要素。通过对这些要素的分析，团队管理者可以了解团队在行业中的竞争环境，并找到提高竞争力的方法。例如，当团队在市场份额上存在较大威胁时，团队管理者可以寻找新的市场定位和差异化策略。

（3）Gantt 图。这是一种用于展示任务和任务之间关系的工具，可以帮助团队管理者了解项目进展和任务分配情况，并及时进行调整。通过 Gantt 图，团队管理者可以识别任务执行中的瓶颈和问题，并制定相应的解决方案。例如，当某个任务延迟时，团队管理者可以重新分配资源或调整优先级，以确保项目顺利进行。

3.团队平衡轮复盘法

在职业生涯领域有一个个人复盘常用的工具就是生涯平衡轮，我每年都会用它进行个人复盘。"生涯平衡轮"也可以迁移到团队复盘中来，帮助团队管理者看到团队的全貌。

我在生涯平衡轮基础上推演出了一个关于团队复盘的很好用的工具——**管理者复盘平衡轮**。这个工具适用于团队管理者进行年度复盘，很直观，简单实用。在年底用管理者复盘平衡轮时，可以按照如下步骤开展：

第一步：定份额。画一个大圆，平均等分为 6 份或 8 份，份数可以根据实际需要确定。

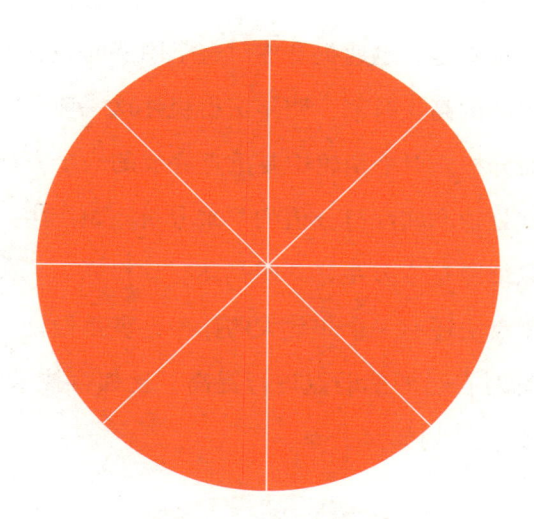

第二步：填充内容。给圆的每一个部分分配一个定义，比如人才培养、技术创新、团队目标达成、核心产品等。也可以根据自己的实际情况进行划分，原则是重点关注项不重不漏即可。

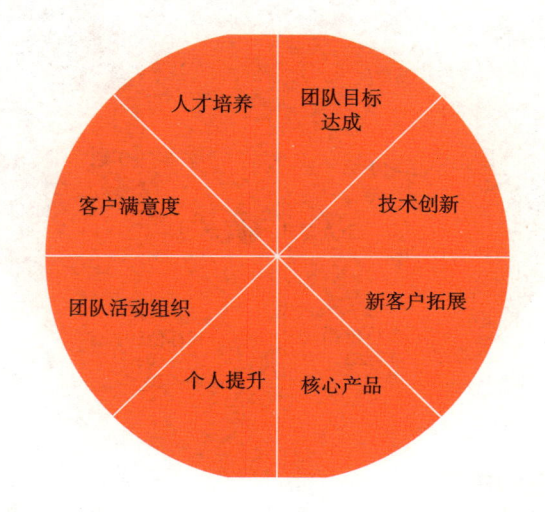

第三步：打分。给每个部分的现状打一个分数，虽然满分是100分，但一般情况下根据自己年初计划想达到的分数进行比对，毕竟会有客观原因导致不能达到满分的状态，根据全年实际打分。

第四步：核心项分析。检视平衡轮的所有项目，看看哪一项分数最低，如果提高这一项，是不是会迅速提升你对整个团队的满意度；看看哪一项分数最高，那便是团队的高光时刻，明年记得稳住这一项。

第五步：全面分析。对平衡轮中要重点完成的八个方面的情况逐一进行分析。根据年初计划值和实际打分值的差来分析差距产生的原因。明确接下来再做些什么可以缩减这个差距，列明具体行动计划。

团队平衡轮复盘法还有一个非常大的作用，就是做计划，客观地把平衡轮画出来，然后针对自己的薄弱点进行提高。比如：技术创新现在 30 分，1 年后想达到 80 分，计划如何做等。

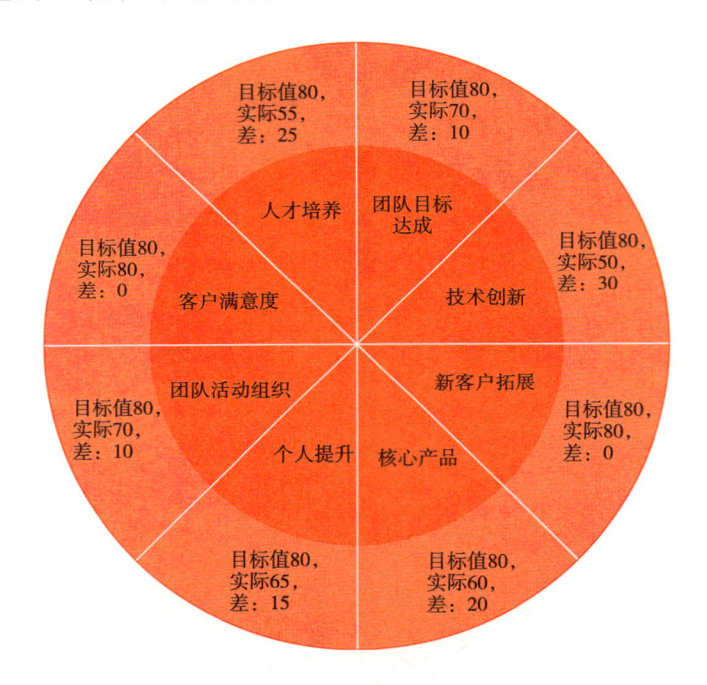

目标值80，实际55，差：25 — 人才培养
目标值80，实际70，差：10 — 团队目标达成
目标值80，实际80，差：0 — 客户满意度
目标值80，实际50，差：30 — 技术创新
目标值80，实际70，差：10 — 团队活动组织
目标值80，实际80，差：0 — 核心产品
目标值80，实际65，差：15 — 个人提升
目标值80，实际60，差：20 — 新客户拓展

三、深度复盘的技巧

复盘是一个看见的过程，看见是为了更好地"接纳"或"改变"。团队管理者在进行深度复盘时，要善用以下技巧：

1. 主动倾听

作为管理者，主动倾听团队成员的意见和建议是深度复盘的重要技巧之一。通过倾听，管理者可以了解团队成员的想法和需求，找出问题的根本原因，进而提出更好的改进计划。

2. 多提开放式问题

在深度复盘的过程中，提问是非常重要的。提出开放式问题，鼓励团队成员发表个人观点和意见，帮助团队成员思考和分析问题。开放式问题可以促进思维的多样性，发现问题的多个方面，有助于深入复盘。

3. 信息共享

在深度复盘的过程中，与团队成员分享所收集和整理的数据和信息。通过信息共享，可以增加团队成员的了解和参与，激发他们的创造力和积极性，共同解决问题和提升个人能力。

第五节　逆向思考，你需要做一些有"远见"的事

物理学家杰弗里·韦斯特在《规模》一书中，用大量的数据说明：企业和生物一样不会一直保持线性增长。

麦肯锡研究显示，1958年美国标准普尔500强中的企业最长可保持61年，而今天只有18年；1955年《财富》世界500强榜单上的企业，到2014年也只留下61家。这些数据警示：企业在成长过程中会迎来成熟期和规模扩张期，但各种风险都可能会有。作为企业中的一个小团队，同样伴随企业的外部竞争而面临各种难以预测的挑战。

查理芒格认为："一个企业的竞争优势是该企业的'护城河'，是保护企业免遭入侵的无形壕沟。优秀的公司拥有很深的护城河，并且它们把护城河不断加宽，才能够为公司提供长久保护。"

企业战略管理中有一个很重要的模型叫"PEST 分析模型",这一模型主要是讲影响一切行业和企业的各种宏观因素的宏观环境,主要包括以下四方面:政治方面(political)、经济方面(economic)、社会方面(social)、技术方面(technological)。这四方面影响着企业的外部环境因素。近些年来,国内外竞争环境变得日益复杂,企业面临的挑战和机遇都遇到了前所未有的新形势。

越来越多的企业不可避免通过不断调整战略发展规划等措施去适应外部复杂环境的变化。阿里巴巴在 3 年时间里进行了大大小小近 18 次组织架构调整,还有 IT 领域大家熟知的华为、腾讯等知名企业也是不断优化企业组织架构,开展了诸多变革。更不敢想象成千上万的小型公司进行过多少次内部改革或分分合合了。

对于团队呢?如何才能让团队不因激烈的市场竞争和职场竞争而失去长久发展的优势?如何加宽"团队护城河"?

作为团队管理者,既要做好团队现在的管理,还应该为建造团队护城河而提前规划。在不断变化的 VUCA 时代,只有带领大家不断加固团队护城河,才会有更长久的发展。

企业面临外部危机时,很多时候会采用断尾求生策略,团队要想不成为企业要断的那个尾,就要未雨绸缪,而这个需要未雨绸缪的人就是团队管理者。

一、避免青蛙效应

19 世纪末,康奈尔大学曾进行过一次著名的"青蛙试验"。他们将一只青蛙放在煮沸的大锅里,青蛙触电般蹿了出去。后来,人们又把它放在一个装满凉水的大锅里,任其自由游动。然后用小火慢慢加热,青蛙虽然可以感觉到外界温度的变化,却因惰性而没有立即往外跳,直到后来热度难忍而失去逃生能力被煮熟。科学家经过分析认为,这只青蛙第一次之所以能"逃离险境",是因为它受到了沸水的剧烈刺激,于是便使出全部力量跳了出来,第二次由于没有明显感觉到刺激，这只青蛙便失去了警惕，没有了危机意识，它觉得这一温度正适合。然而，当它感觉到危机时，已经没有能力从水里跳出来了。

"青蛙效应"说明，竞争环境的改变大多是渐热式的，如果管理者与员工对环境变化没有疼痛的感觉，最后就会像这只青蛙一样，被煮熟、淘汰了仍不知道。

一个团队不要满足于眼前的既得利益，不要沉浸于过去的胜利。管理者应该居安思危，适时唤醒员工。很多时候一些看起来很不起眼的小事，经过"连锁反应""滚雪球效应"有可能造成团队的大危机。

冰球运动员韦恩·格雷茨基曾说，他的挑战不在于滑向冰球去过的地方，而是预期冰球的去向，再朝该处滑过去。管理团队就好比打冰球，团队管理者需要有预见团队未来发展趋势的能力。

比尔·盖茨有一句名言："微软离破产永远只有18个月。"因此，要避免团队"温水煮蛙"的现象，就一定要具备危机意识，提前加固属于你们的"团队护城河"。

二、勇敢走出舒适区

《史记》中有这样一段话："明者远见于未萌，智者避危于无形。"意思是明智的人在还没有出现任何征兆的时候就能够预见未来可能发生的事情，有智慧的人可以在危难来临之前，想办法避开灾祸。

企业的发展要经历初创、成长、成熟、衰退四个阶段，是一个非线性的发展态势。团队是伴随企业发展而发展的，必然会有一些相关性，但不完全一样。布鲁斯·塔克曼提出了团队发展阶段模型，这个模型提出团队发展的五个阶段是组建期、激荡期、规范期、执行期和调整期。

任何团队都有可能面临被调整或者解散的一天，在团队的"有生之年"如何让自己成为智者，保护好这个"家园"，这是每个想成为管理高手的人

都需要认真思考的问题。

不确定性无法消除，但不确定性可以尽全力降低。团队其实和个人一样，把团队视为一个人，管理者需要提前给团队这个"人"做好规划，还在舒适区的时候就要开始做规划了。

1. 了解未来趋势

持续关注行业和市场的动态，研究趋势变化，以便预测未来发展方向，尽早调整团队战略，准确把握机遇。

2. 全员持续学习

建立学习型团队，鼓励成员不断学习和提升技能。培养员工的学习意识，推动知识分享和跨部门合作，从而推动团队的创新和进步。

3. 激励员工成长

重视员工的个人发展，提供丰富的培训和发展机会。投资于员工的职业发展和技能提升，增强员工的归属感，提高他们的工作动力和绩效。

4. 鼓励跨团队合作

逆向思考意味着打破团队之间的壁垒，促进团队间的合作。通过搭建跨团队合作机制，促进知识共享和资源整合，实现团队之间协同工作，提升团队综合实力。

5. 引进新技术和工具

紧跟科技快速发展的步伐，及时关注新技术和工具的出现。从长远出发，引进新技术有助于提高工作效率和竞争力。

6. 培养核心后备人才

作为管理者，要有长远眼光，通过指导和培养，使年轻员工在专业知识、领导力和决策能力等方面成长，为团队的未来发展储备核心后备人才。

7. 营造创新开放氛围

逆向思考要求打破常规，鼓励团队成员提出新想法和解决方案。管理者应营造开放的创新环境，培养团队的创新意识并提升风险承受能力。

三、打造稀缺团队

很多创业公司最初就是一个小团队，如果你就是这个人数很少的创业团队领导者，你想过公司将来靠什么在市场竞争中接受冲击吗？如果你是一个公司中某个小部门的负责人，你想过如果部门不能持续创新，会在组织变革中被留下吗？

要想让团队处于安全地带，就要有团队的核心竞争力，保持稀缺，并且要有为企业盈利的能力。 即使团队现在是企业利润的贡献者，也要考虑外部趋势对未来几年的影响。

一个出色的团队管理者，既是愿景家、教练、导师、组织架构师，还是推动变革的主要力量。**做一个"睿智船长"，纵然无人能知前方会出现什么，员工们仍愿相信船长有足够的能力领航前行。**

查理·芒格和巴菲特在漫长的经商生涯中，他们了解到，能够经历数代不衰的企业非常少。作为创始人如何确保自己的企业百年长存呢？企业如此，部门亦如此，任何一个小团队都如此。芒格经常说，投资者能够从工程学的"冗余思维模型"中获益。工程师设计桥梁时，会给它一个后备支撑系统提供额外的保护性力量，以防倒塌。小团队管理，其实也是如此。所做的这些其实就是给自己的团队打造一个"安全边际"。

这个团队的保护性设计就是团队现有工作重心之外的其他的"能力"。作为小团队负责人，就要发掘和培养团队具备这样的能力。团队管理者要花时间学习、思考。

那么，到底该如何加固团队护城河？

带领团队，使团队具有稀缺的市场竞争力，这就是加固团队护城河最好的方法。

管理团队就像打球一样，要让记分牌上的得分增加，就必须盯着所管理

的这个"球场",而不是盯着记分牌。团队管理者若被团队现有成绩蒙蔽双眼、沾沾自喜,而不关注提升团队的核心业务,团队护城河将越来越窄,最后甚至倒塌。

四、迭代产品

把"迭代"这个词刻在脑海里,只有不断迭代自己的团队"产品",才有可能更好地应对内外部变化。

逆向思考和有远见是团队管理者成功的关键所在,做好如下三点:

第一,不断提升产品质量:高品质的产品才能留住客户,不能为了一时暴利而选择不良品质的产品,高品质才能换取长期的复利。

第二,探索可持续发展产品:挖掘出可持续发展产品或新技术领域,是长远发展的关键。

第三,花精力维护好新老客户:有客户才会有持续的盈利。做好一条龙服务,从售前、售中、售后提升客户体验。

在日常管理中,要善于洞察未来趋势,通过创造学习机会、提倡多样性和包容性、激励员工成长等方式,做一些有远见的事情。通过逆向思考和长期规划,就能够引领团队取得持续的成功,并实现个人和团队的长远发展目标。

第六节　持续学习,高绩效团队打造路上的必修课

哈维·艾克在他的畅销书《有钱人和你想的不一样》中写道:"如果你想要这个世界成为某一种样子,你必须先成为那个样子。如果你想要世界变成更好的地方,你要先让自己变得更好。这也就是为什么我相信,让自己成长到可以发挥最大潜能,创造丰裕和成功的人生,是你自己的责任。为了达

到这个目的，你必须能够帮助其他人，用正面的方式为世界添加益处。"

《把时间当作朋友》一书则写道："如果说，车是人类腿脚的延伸——使人们走得更远，望远镜是人类眼睛的延伸——使人们看得更清，计算机是人类大脑的延伸——使人们算得更快……那么，学习就是人类所有能力的延伸——使人们拥有更多能力，并且往往主要取决于你花费的时间与精力。需要注意的是，学习是投资回报率最高的行为。"

很多身价过亿的企业创始人在人生巅峰，即使年龄很大了依旧能够保持学习的热情，对于每个普通的小团队管理者，还有什么理由在学习领域自我满足、停滞不前？

一、用好企业资源

一天 24 小时中除去休息时间，职场人的其他大部分时间都是在企业中度过的。在企业这个场域内，如果有可以帮助你学习提升的资源，就要珍惜并合理运用。

1. 进行学历深造

有的企业对符合条件的管理人员给予学历深造方面的福利支持，比如支持上 MBA、攻读博士等，有的企业会支付全额学习经费，有的企业只支付一半学习经费，当然没有这项福利的企业占大多数。

一般企业支持管理人员深造学习并给予经费支持时，会要求签订服务期协议，约定在企业的服务年限等。有的人会抓住这样的机会去学习。有的人会因为已经离开校园多年已经无法集中精力学习，或者觉得学习太辛苦，需要承诺的企业服务期限等问题瞻前顾后、放弃机会。

如果有幸在一个很不错的企业，企业有针对管理人员的学业深造方面的福利政策，恰好又符合享受这项政策的条件，建议最好抓住这样的机会。

为什么说要抓住这样一次机会？这不仅是费用分摊的问题，更重要的是这种形式的在职深造很少因为学习过程中的枯燥或遇到的困难而中途放弃。

毕竟在企业领导和员工面前都立下了目标，为了面子，无论有多忙，有任何困难，大部分人都会狠狠地逼自己完成。

进入社会后，能够再重回校园就是人生的奢侈品。不是所有企业都会提供这样的机会，遇到了就排除万难先抓住。即使和企业签订相关服务协议也没有什么，在不确定性面前，首先要抓住能确定的机会。

2. 主动申请走出去

见识决定高度。作为团队管理者要有足够的外部信息输入，才能做好团队未来规划，才能带着团队与时俱进。不要总坐在办公室里，一定要多申请主动走出去，获取一手信息。

多参加一些行业峰会、名企参观交流，外部有价值的培训，而这些信息一方面来自公司相关部门下发的通知，征求意见自愿报名；一方面要靠自己主动争取。

对于知名培训机构的联系人可以保持联系，对方为了完成业绩会定期把各种培训课程发给你，你选择有价值的参加就行。还有一些协会每年会定期组织一些高规格会议，与这些协会联系人也有必要保持联系，一般第一年参加过后，对方会把你加入他们的客户资源库，第二年会继续提前邀请你。

在企业中，小团队管理者外出参加培训等自然需要得到上级领导的批准，申请外出学习时一定要准备好理由，建议从对团队业务的帮助、从回来后做内部分享知识等角度，争取外出学习的机会。

很多时候要自己争取外出学习的机会，而不要被动等待学习机会，因为只有自己知道自己最需要提升哪方面的能力和提升这个能力有多么紧迫。多去参与外部有价值的重要培训，不仅可以扩充自己的知识面，而且可以结交很多优秀的同行，互相交流获取能量。

二、持续精进

斯坦福大学心理学家卡罗尔·德韦克将人的思维模式分为两种：固定型思维和成长型思维。固定型思维的人，止步不前；而拥有成长型思维的人，心态积极，持续精进。

1. 多看书

哈维·费尔斯通曾说："我发现，如果一个人的全部信息都局限于他的工作领域，那么他的工作就不会做得很好。一个人必须有眼光，他可以从书籍上或者从人们身上，最好是两者兼有，培养眼光。"

查理·芒格任何时候都会随身携带一本书，即使他坐在经济舱的中间座位上，他也随时在看书。他手里只要有一本书，就不会觉得浪费时间。

稻盛和夫每天即使深夜下班，也仍然不会忘记读书。他总会在床头放一本书，甚至在浴池里也读书。每周周末有空暇时间时，他会把一天时间用来阅读。他不管在哪里，都可以在有限的时间里抽哪怕几分钟，翻开一本好书，读一篇好文章，都会有所感悟。他认为自身的直接经验加上读书得来的间接经验，构成了人生的成功。

著名投资人吴军就是一位读书爱好者，他曾经很多次阅读《富兰克林自传》，每次都会有不同的感受。那些内容会不经意间提醒他一些内心明白却总是被淡忘的道理。在书中富兰克林是一个活生生的人，对比富兰克林，他可以审视自己的不足。吴军在畅销书《见识》中写道："阅读不仅让我们在冷酷无情的科技时代获得喘息，而且重启了大脑深入思考的功能，还是抵抗狭隘、思想控制和舆论支配的方式。"

很多人可能会说：你说的我都懂，但是我就是没有时间看书，有的书也看不进去。的确，在信息爆炸的这个时代，每个人都难以阻挡智能手机带给人们的"快、爽、新"的信息获取魅力，大家都追求便捷化的信息索取，真正静下心来看书的人是极少数。

要想做一个管理高手，就要让自己成为那极少数中的一员。让自己养成有时间看书，喜欢看书的习惯。 世上无难事，只怕有心人，可以参考如下四种方法：

▶ **摆脱没有时间的魔咒**：作为小团队管理者每天是很忙，但是不是每天再忙也会不由自主拿起手机刷消息，看各种所谓的头条信息、微博热搜？把这些时间挤出来看书，会收获不一样的精神食粮。减少对手机的依赖，回归书本，才会真正静下心来审视自己。

> **让自己爱上看书**：当每天留出一点时间让自己真正投入读书后，就会慢慢进入忘我状态。可以从兴趣入手，如果之前不喜欢看书，让自己喜欢上看书最开始的办法，就是先选看起来不那么晦涩难懂、自己感兴趣的书。过一段时间后，再逐步扩充到管理领域的书、专业领域的书等。也可以加入高质量读书会，因为一个人可以走远，一群人走得更远。承诺的事情，会更努力去做。高质量的读书会，首先需要你付费加入，人一般会对花钱买的东西更重视一些。另一方面，读书会一般有每月共读书单推荐，也有固定的每本书的共读时间安排，可以参照。也可以和爱看书的人一起交流被熏陶，这类人的某句话或许就可以触发想看书的想法。

> **有计划地选好书**：管理就是计划、组织、指导、协调与控制，除了这些外，还要有对员工在愿景、价值观、心智模式方面的引导，所以要多读书，逐步刻意练习去读一些虽然晦涩难懂，但是对事业有帮助的经典好书。

华为首任人力资源部长曾说："一个优秀的团队管理者既要有管理知识与技能，以行使管理权的能力，还必须有思想信念上的影响力。一个管理者最高的领导力是对员工思想信念的影响力。任正非认为最大的管理权是思想管理权。任正非为此写了不少文章，写的还真走心。作为一个企业家，假如你是学工科的，最好补一点文科，看一点哲学，看一些故事。我是学工科出身的，在四十五岁以前，都是与数学物理打交道。但是在五十岁后进入管理领域，要解决员工的思想问题，就读书。没有思想，要管理员工是不行的。"

"70∶20∶10"投资是指：将70％的资金和时间用于充实现有服务，20％的资金和时间用于充实现有服务的周边服务，10％的资金和时间用于全新的未知领域。我的朋友筝小钱在她写的书中把这一基准引入阅读领域，她提出了"70∶20∶10书单配比法"，具体如下：

70％的时间用于技能提升类阅读，因为信息时代对每个人的要求逐渐提高。除了专业能力和管理能力提升类的书之外，沟通、演讲、写作、PPT 制作、销售等方面的书都值得你看。

20% 的时间用于增长见识和格局的阅读，因为决定一个人最终是否能够成功的一个很重要的因素是个体认知。作为小团队管理者，如果能够更开放，更加长期主义并且更加利他，有了大的格局后，自己也就会有更大的发展空间。

10% 的时间用于感兴趣的领域阅读，可以作为忙碌之余的调节媒介，让自己更愉悦。所以，每年给自己列读书清单时，70% 的书应该以提升业务能力为主，20% 的书应该以提升见识、格局为主，剩下的 10% 可以根据自己的喜好选择。如果不知道选哪类书读，这个"70 ∶ 20 ∶ 10 书单配比法"可以参考。

▶ **花钱买的书更愿意读**：纸质书和电子书选择之间，更推荐购买纸质书，因为纸质书有书的味道和氛围。尤其在读纸质书时，你得在一个相对安静的环境下，把其他事情放在一边，投入进去。为一本书付了费，就会更愿意打开它。只要打开了，就会有收获，哪怕一个观点、一个金句或者一个案例。

2. 付费学习

沃伦·巴菲特认为："优秀的管理者知道只有通过自我投资才能带领团队和组织取得长期成功。"

付费学习，投资自己的途径有很多，比如努力进行学业深造，参加与工作和未来职业规划相关的培训，参加有价值的高端工作坊等。当然，这些价格都比较贵，但是贵的课程有贵的价值。如果几年前就想学习一门课，一直觉得费用太高拖着没有报名直到现在依旧想学，那就快速行动去学吧。毕竟人生中没有几个几年，并且市场上好的老师的课程价格每年都会上涨，等待和犹豫对应的是沉没成本。

当然，并不是说费用低的就没有学习的价值。其实，日常中有很多好的学习资源值得你用起来，比如《得到》就是很不错的线上学习资源。大家都是在不断主动输入后再不断主动输出，才慢慢变得优秀的。

刻意输入无比重要，当然最主要的是你要坚持输入、深度思考，并且创造出属于你自己的"作品"。

除此之外，对于团队管理者来说，研读文献资料也非常重要。乔治·米尔科维奇痛心疾首地指出："经理人员阅读研究资料很有必要……如果你不能成为一名研究文献的读者，就会变成最新的商业快餐文化的俘虏。信仰，甚至热情，并不是有见地判断的好替代物。"每天抽出一点时间来研读文献，一年下来就会比别人收获更多。每天只要比别人多学一点点，一点点一点点加起来，也许半年、一年看不出成果，但是5年、10年后一定会收获硕果。

3.管理圈子

最直接的学习途径之一就是加入牛人圈子。比如想提升行业知识和人际资源，就加入一些行业内的高端社群；想提升自己的英语演讲能力，那就加入当地的头马俱乐部；想打造个人品牌，就加入IP领域剽悍一只猫的社群等。

要坚信，只要你想加入一个圈子，就一定有办法加入。做长期主义者，不要短视，要有远见。

4.向榜样人物学

找到那些你崇拜和喜欢的人，清晰具体地写出你崇拜和喜欢的理由。不断重复这个练习，久而久之，你就会和你崇拜的人越来越像。

向优秀的榜样人物学习，这样成长最快。向榜样人物提出让你困惑的问题，哪怕被点化一点点也会让你少走很多弯路。不仅是学习，还需要执行行动计划去刻意模仿，在行动中让自己真正学有所获。

5.制定有挑战的目标

想法产生感觉，感觉产生行动，行动产生结果。给自己定一个"必须"完成、看似有点挑战的目标。对团队成员要严格要求，对自己更应该狠心。没有高标准要求自己，又怎么有职业资本去带领员工。

找到一个对自己未来有帮助、在目前看来有挑战性的事情，设定目标，然后用行动去努力达成。

当这件事情是"必须"要做的时候，你就会克服各种困难，放下各种理由去完成。最终你就是自己的"英雄"。

三、重视复利效应

巴菲特说："人生就像滚雪球，关键是要找到足够湿的雪和足够长的坡。"复利是一个数学模型，投资中用"利滚利"来表示，简单来说，就是在有限的时间，把有限的精力和财富，持续而反复地投入某一领域，长期坚持下去，最终产生积极影响，如雪球越滚越大，带来的回报一定超过你的想象。这就是复利曲线。

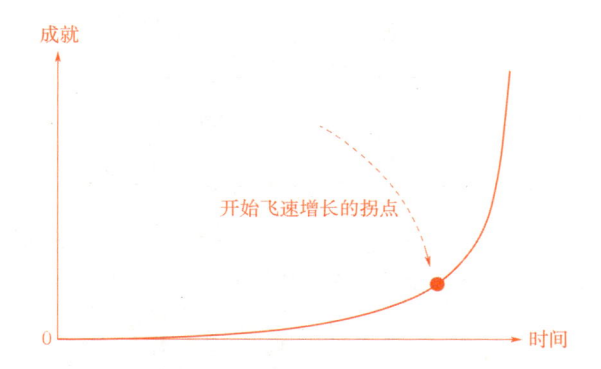

很多人终其一生都不会运用复利，也体会不到复利带来的成就。复利思维，就是用发展和长远的眼光去看待事物。

金钱不是唯一可以复利的东西，技能、想法、著作等，只要是你自己积累或创作的，都可以为你带来复利。

把自己"产品化"，经常问自己这样一个问题："我能提供什么样的价值？"运用专长，结合杠杆效应，把精力投入自己感兴趣的某一领域，不断精进，这才是美好的一生。做长期主义者，属于你的雪球会越滚越大，回报也一定会越来越多。心中有光，在成为更好的自己这条路上不断跃迁，相信未来的你一定大有可为。

人生中的大部分事物都由自己的内心所塑造，犹如电影放映机将影像投到屏幕上一样，你内心描绘的未来，会在你的人生中如实出现。

像管理高手一样思考

（1）你最想讲的个人品牌故事是什么？

_____

_____

（2）你最想讲的团队故事是什么？

_____

_____

（3）团队平衡轮复盘法的具体步骤有哪些？

_____

_____

（4）你在逆向思考方面做了哪些事情？

_____

_____

（5）列出至少3个你心中的榜样人物，想一想他们在持续学习方面哪些值得你学习？

_____

_____

（6）想一想未来你想成为的样子。看完这本书，你会第一时间去做什么？

_____

_____

结束语

世间万物，都在不断进化。人，亦如此。

你只有不断思考，才能作出符合趋势的决策。你只有不断行动，才能有稀缺的竞争力，才能收获硕果。

你现在是一个小团队管理者，那你以后想做什么？你想将来继续在企业里一路高升成为核心高管，还是有朝一日成立自己的企业做 CEO？万事皆有可能，你可以成为人生赢家。你自己的愿景是什么？

《爱丽丝漫游仙境》中有这样一段话：

"你能告诉我应该走哪条路吗？"爱丽丝说。

"这得看你想去哪儿。"猫说。

"去哪儿都无所谓。"爱丽丝说。

"那走哪条路都没多大区别。"猫说。

抽时间让自己从忙碌的工作中抽离出来，想一想有限的一生中自己希望成为什么样子。你的目标越具体，你就越容易制订计划；并且计划越详细，你越容易实现你的目标。

一定要相信，你可以实现梦想！

致　谢

感谢秋叶老师对我的肯定和鼓励，感谢优秀并敬业的晓露。

感谢李海峰老师，2020年我的第一本合著书出版。感谢我的生涯规划导师古典。

感谢华夏基石管理咨询集团副总裁、高级合伙人、华洋管理研究院院长徐继军老师，感谢阿联酋AIM全球基金会中国区董事总经理尹慕言老师，感谢安徽广播电视台主持人金星老师，感谢耶鲁大学博士生导师张凯老师。

感谢我的爸爸、妈妈，因为他们的付出，我才能有更多时间和精力投入这本书的写作之中。特别感谢我的妈妈，一位曾教书育人并有着崇高职业理想的女性，她见证了这本书从签约到出版的整个过程。

感谢我的先生和我的儿子、女儿，他们给了我最大的支持，让我在成就自己的路上内心丰盈，胸怀大志，实现了一个又一个人生梦想。

感谢这些年在职场上遇到的让我感恩的领导们，是他们在我热爱的领域中给予了指导和机会，让我快速成长。

感谢高崑、苏玉红、胡煜、潘孝丽、秦瑞庆、宋宋、段芳、赵冰、梅俊博士、李晶晶、张晓楠、郭奕翎、温迪、廖舒祺、孙莉、路静、蔡连余、季玲玲、辛诚、莫毅君等。

感谢人生路上，虽然没有列到这里，但一直在我心底的导师、朋友、同学、同事、亲人们，你们丰富了我的人生。

最重要的是，我要真挚感谢正在耐心阅读这本书的你。见字如面，相识就是你和我之间最大的缘分。希望这本书带给你能量和惊喜，也期待你在未来实现你的人生大志。

感恩有你们！相信相信的力量！

美好如愿，愿我们在人生更高处相见。